国家治理研究书系

邢华／著

跨域合作治理

府际关系与机制选择

中国人民大学出版社
·北京·

图书在版编目（CIP）数据

跨域合作治理：府际关系与机制选择 / 邢华著. --
北京：中国人民大学出版社，2023.11
（国家治理研究书系）
ISBN 978-7-300-32204-9

Ⅰ. ①跨… Ⅱ. ①邢… Ⅲ. ①地方政府-行政管理-
合作-研究-中国 Ⅳ. ①D625

中国国家版本馆 CIP 数据核字（2023）第 178388 号

国家治理研究书系
跨域合作治理：府际关系与机制选择
邢 华 著
Kuayu Hezuo Zhili：Fuji Guanxi yu Jizhi Xuanze

出版发行	中国人民大学出版社	
社　　址	北京中关村大街 31 号	**邮政编码**　100080
电　　话	010 - 62511242（总编室）	010 - 62511770（质管部）
	010 - 82501766（邮购部）	010 - 62514148（门市部）
	010 - 62515195（发行公司）	010 - 62515275（盗版举报）
网　　址	http://www.crup.com.cn	
经　　销	新华书店	
印　　刷	天津中印联印务有限公司	
开　　本	720 mm×1000 mm　1/16	**版　　次**　2023 年 11 月第 1 版
印　　张	16.25 插页 1	**印　　次**　2023 年 11 月第 1 次印刷
字　　数	243 000	**定　　价**　85.00 元

　　本书研究的跨域合作治理是指对地方政府跨越行政辖区边界的合作行为的治理。过去，我国地方政府管理主要集中在行政辖区内部，随着地方政府间横向联系不断增多，对跨越行政边界的治理的需求也日益增加。这些跨域合作治理的典型议题包括：城市群治理、流域横向生态补偿、流域水资源综合管理、区域大气污染治理等。跨域合作治理的难点在于制度性集体行动困境：虽然参与合作的地方政府意识到合作能带来共同利益，但是由于每个地方政府都要考虑自己的"一亩三分地"，合作的交易成本高昂。此时就需要针对不同议题设计各种治理机制加以解决。

　　我在大约十年前关注到跨域合作治理研究主题。当时，我们对松辽流域和淮河流域等流域与区域水利发展战略问题进行研究，认识到流域治理的整体性与行政区域管理的分割性之间存在较多矛盾。在那个时期，新区域主义方兴未艾，许多学者据此提出，应构建包括政府、企业和非营利组织在内的整体性机制来应对跨域合作治理问题。这些观点非常有启发性，推动了区域治理学科的发展。然而，这套理论较为关注地方政府间的横向协作——它更加适用于联邦制政府运作，但对中央政府却着墨不多——而中央的统一领导是我国单一制政府体制的重要特征。改革开放以来，中央高度重视区域协调发展，主动参与区域治理，强化地区合作，不断推动形成区域协调发展新机制。如果缺少了中央政府介入这一变量，很难全面理解我国跨域合作治理进程。而要在理论体系中加入这个变量，必然会涉及复杂的府际

关系议题，这是本书从府际关系视角研究跨域合作治理的初衷。

在研究过程中，我们首先发现了这样一些现象：在有些议题下，地方政府间的横向协作发挥着主导作用，而在另外一些议题下，中央政府纵向干预的特征却更加突出；在有中央政府介入的情况下，有些议题采用了比较柔性的治理手段，而有些则属于比较刚性的政府工具。跨域合作治理似乎存在着中央政府介入强度从弱到强的连续谱系。是什么因素导致了这种情况呢？为了对此进行解释，我们构建了一个跨域合作治理机制选择的分析框架，认为中央政府介入强度主要受到跨域合作风险及其蕴含的交易成本的影响。当跨域合作的风险很低时，中央政府介入的交易成本会比较高，此时地方政府间的横向协作占据主导作用，中央政府介入大多采用柔性方式；而当跨域合作的风险很高时，中央政府介入的交易成本相对较低，就会更加主动地对跨域合作进行干预，中央政府介入的方式也更为刚性。由此可以看出，我们常见的地方政府自主性合作只是该框架的一种特殊情形，在这种情况下，由于合作风险比较低，地方政府间横向协作的交易成本比较低，此时中央政府的作用并不突出，这可能是在跨域合作治理分析中常常忽视纵向干预的原因。

现实中的跨域合作治理不存在横向协作和纵向干预的二分法，而是需要同时考虑横向协作和纵向干预的作用，将两种治理机制类型进行组合使用。根据我们的分析框架，中央和地方应分别基于特定的跨域合作风险条件，按照交易成本最小化的原则选择最优跨域合作治理机制。在府际关系中纵向关系具有主导作用，治理机制的选择受到纵向干预方式的影响，因此我们将这种机制称为"纵向嵌入式治理机制"。在这种治理机制下，中央政府介入变量取值要依赖于跨域合作风险及其交易成本特征，中央政府既不能做跨域合作的"旁观者"，也不能做跨域合作的"主宰者"，而是要嵌入跨入合作治理过程，通过纵向干预与横向协作的相互补充，共同推动跨域合作治理。中央政府介入不是一个外生变量，而是内生于跨域合作治理过程，是跨域合作治理不可缺少的变量因素。

加入中央政府介入变量后，我们就能够对我国跨域合作治理进程进行更全面的分析。本书选取了城市群治理、流域横向生态补偿、流域水资源综合管理、区域大气污染治理四个典型议题进行研究，分析这些议题中的府际关系及纵向嵌入式治理机制的选择。这些案例都需要横向协作和纵向干预的组合使用，在中央政府介入强度变量上呈现由弱到强的差异。其中：城市群治理的合作风险比较低，以地方政府自主性合作为主，中央主要通过战略规划等柔性手段进行引导；区域大气污染治理的合作风险很高，中央政府介入的特征最为突出，在治理方式上多采用行政干预等刚性工具；流域横向生态补偿和流域水资源综合管理介于二者之间，需要中央和地方分工合作，中央政府多采用财政激励、建立协调机构等相对柔性的治理工具。

研究跨域合作治理中的府际关系与机制选择是一项有趣而且富有挑战性的工作，这在中国情境下尤其具有重要的价值和意义。近年来，许多学者开始关注纵向干预在跨域合作治理中的作用，出现了一批具有理论深度和现实价值的研究成果。然而，当前对于纵向干预的性质仍存在一些模糊认识。一是在地方主义研究路径下，认为中央政府是"被需要"才参与跨域合作治理，而没有认识到中央作为共同行动者也会主动参与或发起跨域合作，中央政府会根据合作风险情况，策略性地选择介入的时机和方式。二是在区域主义研究路径下，认为中央通过整体推动能够"自动地"实现跨域合作，而没有认识到地方政府作为"第一行动集团"的作用，它们根据合作风险选择横向协作机制，同时会受到纵向干预的影响。本书提出的纵向嵌入式治理机制，较好地融合地方主义和区域主义研究路径。在跨域合作治理中，通过横向协作和纵向干预的组合使用，有效降低合作风险，这是我国政府体制的制度优势所在。本书建立的分析框架有助于更好地理解跨域合作治理中府际关系的性质，也为实践中跨域合作治理机制的选择提供了经验证据。在承认纵向干预重要性的同时，更加强调发挥地方政府的积极性和主动性，形成具有整合性和系统性的分析思路。

本书为国家社科基金一般项目"跨域合作治理中的府际关系研究"（项目批准号：16BZZ077）成果。在研究过程中，我们围绕城市群治理、流域横向生态补偿、流域水资源综合管理、区域大气污染治理等议题发表了一些学术论文。但是，总的来看，本书只是关于跨域合作治理中府际关系与机制选择的探索性研究，未来还有许多工作要做。

首先，要继续深入探讨纵向干预的运行机制，聚焦具体干预方式及其效果，分析中央与地方的博弈过程。其次，要进一步揭示纵向干预和横向协作的互补性或替代性关系，寻求纵向干预和横向协作的最优组合。再次，要拓展研究场景，针对更多合作议题进行研究。最后，在深入揭示跨域合作影响因素的同时，也应注重对合作绩效及区域发展作用机理的研究。

本书的出版得到各方面的大力支持。在国家社科基金项目结项过程中，五位匿名专家对研究报告提出了中肯的意见和建议，本书进行了充分吸收。我指导的学生邢普耀、魏仁科、李晶、李子超、奚浩彬、姚洋涛、张常明等分别与我合作撰写了学术论文或在我的指导下完成了毕业论文，本书吸收了部分合作研究成果。中央财经大学为本书的出版提供了经费支持。中国人民大学出版社的朱海燕编辑对本书的出版给予了很大帮助。在此对他们的支持和帮助表示衷心感谢。受本人能力所限，书中的不足之处在所难免，恳请读者给予批评指正。

目　录

1

第一章
绪　论

跨域合作治理是近年来政治学和公共管理领域研究的热点。与传统封闭行政辖区内的管理不同，跨域合作治理是地方政府跨越行政边界的治理模式，它体现了不同治理主体之间的协作关系。这种协作关系不仅体现在跨界地方政府之间，而且体现在地方政府与企业或非营利组织之间，以及中央政府与地方政府之间。事实上，在跨域合作治理过程中存在着复杂的府际关系，其运作方式正处于从单向的命令控制向多方协商合作转变的发展变化之中。本书对跨域合作治理中的府际关系与机制选择进行研究，有助于深化对于我国跨域合作治理与府际关系的理解。本章对国内外跨域合作治理与府际关系的研究现状进行梳理，提出本书的研究内容和研究重点，指出本书研究的意义和特色。

第一节　问题的提出

本书研究跨域合作治理中的府际关系与机制选择，侧重分析纵向政府间关系以及中央政府介入情况下的治理机制选择。之所以开展这项研究，是因为目前我们对于中央政府应该在跨域合作治理中发挥什么作用这个问题缺乏深入的理解①。对此存在两种极端情形：一种情

---

① 纵向政府间关系不仅包括中央政府与地方政府的关系，而且包括省级与其下级地方政府的关系。与中央政府介入情况下的跨域合作治理机制选择问题类似，省级政府介入下级地方政府间合作的治理机制选择也具有类似的性质。由于我国各级政府具有职责同构和上下对口等特征，为论述方便，本书将纵向政府间关系简化描述为中央政府与地方政府之间的关系。

形是中央政府完全不发挥作用，跨域合作是地方政府间的自主性合作行为，在这种情况下，跨域合作治理体现为地方政府间的横向协作，包括地方政府与其他地方政府之间的协作以及地方政府与企业或非营利组织之间的协作；另一种情形是中央政府主导跨域合作，地方政府完全没有主动性，在这种情况下，跨域合作治理体现为中央政府对地方政府合作的纵向干预。现实中的中央政府作用往往介于两者之间。那么，中央政府的作用应该如何确定？影响中央政府发挥作用的因素是什么呢？

上述问题涉及两个方面：一是中央政府介入的程度，即中央政府在何种情况下以何种干预力度介入跨域合作治理过程。在我国改革开放初期，中央政府高度重视区域经济发展，通过推动横向经济联合和建立经济协作区等方式推动区域合作①，在某种程度上甚至扮演了合作"主宰者"的角色，然而中央政府主导的效果并不显著。与此同时，在涉及流域水污染治理等跨界公共事务治理时，中央政府又存在缺位现象，在某种程度上成了合作的"旁观者"。那么，在什么情况下中央政府应该介入得多一些，在什么情况下中央政府不能介入太多呢？换句话说，在什么情况下应更多发挥纵向干预机制的作用，在什么情况下应更多发挥横向协作机制的作用？纵向干预机制与横向协作机制之间是否存在此消彼长的关系？其影响因素是什么？这些问题目前还没有得到很好的回答。二是中央政府介入的方式。在我国现行政府体制下，许多中央政府决策是通过地方政府来执行的，这体现为纵向政府间关系，包括权力关系、财政关系和公共行政关系等②。在实际运作过程中，纵向政府间关系通过具体的政府工具得以体现。这些政府工具有的是刚性的政治和行政性工具，有的则是柔性的财政激励工具。那么，中央政府介入跨域合作治理的方式有哪些？在哪些情况下可以采用刚性的介入方式，在哪些情况下应该采用柔性的介入方式？影响中央政府介入方式的因素是什么？只有回答了这些问题，才能够更好地发挥中央政府的作用，推动跨域合作治理走向深入。

---

① 张紧跟. 当代中国政府间关系导论 [M]. 北京：社会科学文献出版社，2009：140-141.

② 林尚立. 国内政府间关系 [M]. 杭州：浙江人民出版社，1998：70-71.

本书所指的跨域合作治理（cross-boundary governance），是指互不隶属的地方政府由于行政边界相邻和功能重叠，在区域性公共事务治理时采取联合行动来解决公共问题的治理模式①。从这个概念界定可以看出，跨域合作治理首先体现为地方政府间的横向协作，已有文献大多从这个方向开展研究。国外此类研究最为典型的是美国大都市区治理，其要解决的问题是美国新城市化时期大都市区地方政府碎片化与区域公共管理之间的矛盾，由此形成了区域主义和公共选择学派之间的持久争论②。美国大都市区治理中区域统筹和地方自治的博弈实质上也是跨域合作治理中府际关系的演化过程。随着新区域主义的兴起，地方政府间的横向协作超越了政府部门的界限，向企业和非营利部门扩展，公共部门、私营部门和非营利组织的合作成为研究的主流。国内研究早期较多集中在区域经济一体化中的地方竞争与合作，在新区域主义的影响下，开始注重强调政府与市场和社会的合作以及多元主体参与，理论研究从区域公共行政逐步走向区域公共管理和区域治理③。近年来，随着区域大气污染治理、流域水环境治理等跨界公共事务日益增多，协同治理、网络治理、整体性治理和复合行政等多种视角的运用开始增多，但总体来看，这些研究基本都是沿着地方政府间横向协作的方向展开的。

然而，虽然跨域合作治理的主体是地方政府，但不能忽视纵向政府间关系介入以及中央政府的作用。根据对美国大都市区地方政府的调查，39.6%的受访者将纵向政府间关系作为降低跨域治理风险的首要选择④。跨域合作治理不仅包括地方政府间的横向协作，也存在着复杂的纵向政府间关系以及中央政府的干预。有学者指出，如果缺少了高层级政府的选择性激励和州级政府的有效参与，地方政府间的横

---

① 汪伟全. 空气污染的跨域合作治理研究：以北京地区为例［J］. 公共管理学报，2014，11（1）：55－64，140.

② 王旭，罗思东. 美国新城市化时期的地方政府：区域统筹与地方自治的博弈［M］. 厦门：厦门大学出版社，2010：6－7.

③ 张紧跟. 从区域行政到区域治理：当代中国区域经济一体化的发展路向［J］. 学术研究，2009（9）：42－49，159.

④ HAWKINS C V，ANDREW S A. Understanding horizontal and vertical relations in the context of economic development joint venture agreements［J］. Urban affairs review，2011，47（3）：385－412.

向合作很难达到预期目标①。我国是单一制国家，尽管近年来地方政府的自主权不断增加，但是中央政府仍然能通过行政命令、组织人事、投资审批、政府编制等措施有效控制地方政府的行为②。因此，跨域合作治理不可避免地会受到纵向政府间关系的影响。新区域主义存在着忽视纵向政府间关系的倾向，这不利于跨域合作治理理论发展③。不管是在理论还是在实践上，将纵向政府间关系纳入治理维度都有助于更好地丰富和完善跨域合作治理分析框架。对于正处于改革开放深水区的我国而言，如何更好地发挥中央政府的作用，使之既不要成为跨域合作的"旁观者"，也不要成为跨域合作的"主宰者"，而是有效地嵌入跨域合作治理过程，这是优化我国跨域合作治理的重要环节。本书侧重从纵向政府间关系角度研究跨域合作治理，有助于弥补以往研究忽视纵向政府间关系的不足，建立更具有整合性和解释力的跨域合作治理分析框架，这对于推动我国跨域合作有效治理具有重要的理论意义和实践价值。

第二节　国内外研究现状

 一、跨域合作治理的研究现状

跨域合作治理源于区域公共管理的整体性与行政边界的碎片化之间的矛盾。从区域整体的角度来看，地方政府的分散化导致地方政府的无序竞争，降低了区域的整体竞争力，使得区域公共物品的提供缺乏效率，出现产业同构和重复建设等问题，需要在区域层面进行治

---

① HAWKINS C V, ANDREW S A. Understanding horizontal and vertical relations in the context of economic development joint venture agreements [J]. Urban affairs review, 2011, 47 (3): 385 – 412.

② 谢庆奎. 中国政府的府际关系研究 [J]. 北京大学学报（哲学社会科学版），2000 (1)：26 – 34.

③ HAMILTON D K, MILLER D Y, PAYTAS J. Exploring the horizontal and vertical dimensions of the governing of metropolitan regions [J]. Urban affairs review, 2004, 40 (2)：147 – 182.

理，由此发展出区域主义①、区域行政、区域公共管理和区域治理②等概念。从地方政府的角度来看，它们常常面临许多单个地方政府难以解决的公共服务提供和经济发展的难题。此时，地方政府会策略性地发展各种协作关系加以解决③，其中既包括横向的地方政府间协作（intergovernment collaboration，IGC）以及地方政府与企业或非营利组织的合作（例如外包服务等），同时也包括地方政府与中央政府的纵向协作。已有研究较多集中在横向协作，提出了地方间合作（interlocal cooperation）④、城市间合作（intermunicipal cooperation）⑤、跨界协议（interjurisdictional agreement，IJA）⑥、地方间协议（interlocal agreement，ILA）⑦ 等概念。围绕着区域主义和地方主义两条研究路径，跨域合作治理研究在治理理论、治理模式和治理工具等方面产生了丰富的成果。

1. 跨域合作治理的理论研究与实践发展

跨域合作治理的理论研究与实践发展是紧密相关的，理论研究根植于具体的合作议题与现实环境，同时在很大程度上受到一个国家或地区特定制度背景的影响。美国大都市区治理是跨域合作治理研究中被广泛引用的现实场景。大都市区是美国人口统计署界定的概念，它是指人口在 10 万人或 10 万人以上的中心城市及与中心城市连绵不

---

① BRENNER N. Decoding the newest "Metropolitan Regionalism" in the USA: a critical overview [J]. Cities, 2002, 19 (1): 3-21.

② 陈瑞莲，杨爱平. 从区域公共管理到区域治理研究：历史的转型 [J]. 南开学报 (哲学社会科学版)，2012 (2)：48-57.

③ 阿格拉诺夫，麦奎尔. 协作性公共管理：地方政府新战略 [M]. 北京：北京大学出版社，2007.

④ BLAIR R, JANOUSEK C L. Collaborative mechanisms in interlocal cooperation: a longitudinal examination [J]. State and local government review, 2013, 45 (4): 268-282.

⑤ KLOK P-J, DENTERS B, BOOGERS M, et al. Intermunicipal cooperation in the Netherlands: the costs and the effectiveness of polycentric regional governance [J]. Public administration review, 2018, 78 (4): 527-536.

⑥ ANDREW S A. Recent developments in the study of interjurisdictional agreements: an overview and assessment [J]. State and local government review, 2009, 41 (2): 133-142.

⑦ THURMAIER K, WOOD C. Interlocal agreements as overlapping social networks: picket-fence regionalism in metropolitan kansas city [J]. Public administration review, 2002, 62 (5): 585-598.

断、人口密度达 150 人/平方英里的地区，具体统计以县为单位。大都市区的形成与美国城市发展进程有关。1920 年，美国城市人口超过农村人口，之后，人口和经济活动向郊区发展，逐步形成了中心城市与郊区联动发展的大都市区发展格局。大都市区的发展要求交通、空气污染治理等公共事务在区域范围内进行统筹和协调。但与此同时，美国地方政府的零碎化限制了大都市区的发展。美国地方政府由县、市、镇区、校区和专区等组成，数量众多而且不具有相互隶属关系。到 2020 年，美国地方政府的数量多达 8.8 万个，平均每个大都市区有 100 个地方政府①。大都市区发展的整体性与地方政府的碎片化产生了矛盾。此时，区域主义的思想应运而生。

区域主义可以区分为两个不同的发展阶段。传统区域主义秉持"一个区域一个政府"的思想，强调政府结构和功能的调整，希望通过构建大都市区政府来解决区域发展问题。其主要手段包括中心城市兼并周边未建制城市化郊区、城市政府与县政府合并以及构建联邦式大都市区政府等②。传统区域主义的结构性改革取得了一定成效，但也面临许多问题。由于大都市区政府与地方自治体在权力和职能等方面界定不清，加之大都市区政府缺乏强有力的统筹协调机制，传统区域主义陷入困境。到 20 世纪 60 年代，传统区域主义已经步履维艰。但是，在 20 世纪 90 年代，区域主义迎来了复兴，新区域主义改革浪潮形成。新区域主义更多从经济发展与维持经济竞争力以应对全球化挑战的角度来论证改革的必要性。它们将城市区域（urban region）③、协作性区域（collaborative）④ 作为分析的基本单元，研究如何通过构建协作性机制来提高区域竞争力。与传统区域主义强调政府合并、构建单一政府等结构性改革不同，新区域主义强调政府之间以及政府与

① 王旭，罗思东. 美国新城市化时期的地方政府：区域统筹与地方自治的博弈 [M]. 厦门：厦门大学出版社，2010：3-5.

② 刘彩虹. 整合与分散：美国大都市区地方政府间关系探析 [M]. 武汉：华中科技大学出版社，2010：52.

③ HAMILTON D K, MILLER D Y, PAYTAS J. Exploring the horizontal and vertical dimensions of the governing of metropolitan regions [J]. Urban affairs review, 2004, 40 (2): 147-182.

④ JACOBS A J. Collaborative regionalism and foreign direct investment: the case of the southeast automotive core and the "New Domestics" [J]. Economic development quarterly, 2012, 26 (3): 199-219.

企业或非营利组织之间构建协作性网络来提高区域竞争力。

总体来看，传统区域主义和新区域主义都将区域整体作为基本分析单元，将地方政府的分散化视为区域发展需要解决的问题。不同的是，传统区域主义将视角集中在政府间关系，更加强调运用结构性方法，而新区域主义则将视野扩展到企业和非营利组织等多元治理主体，更多强调运用网络型手段。这种分析视角和机制运用的转变对于我国跨域合作治理研究产生了深刻的影响。

与区域主义不同，地方主义不认为地方政府的分散化是个问题，相反，地方政府的多中心治理是大都市区的优势所在。20 世纪中叶，公共选择学派开始兴起，它们认为地方政府的分散化有利于政府间竞争，促进地方政府提高效率，能够更好地顺应居民的政治取向，满足服务需求，因此比构建大都市区政府更为可取。学者对"巨人政府"（gargantuan）和"多中心政治体制"（polycentric）的优劣势进行比较，认为多中心体制更具有回应性，更有助于地方自治以及更有效率①。多中心体制下的地方政府既彼此独立又相互依赖。当地方政府数量众多，所提供的公共服务仅限于辖区内部且没有外溢性时，居民"用脚投票"会推动地方政府竞争以改善公共服务的质量②。当公共服务具有较强的规模经济性与外溢性时，地方政府可以与其他组织合作来提供这些服务，例如通过签订契约向其他政府、企业或非营利机构购买公共服务，也可以寻求其他组织来解决冲突。公共选择学派的理论前提是将地方政府视为像企业一样的市场化主体，通过地方政府的理性选择来实现大都市区公共物品或服务提供的目标。地方政府提供公共服务的形式具有多样性，这与区域主义形成了鲜明的差别。正如学者所言："毫无疑问，构建大规模的区域性组织可以解决一些公共服务问题，但它不适于在大都市区提供所有的公共服务。"③ 在公共选择学派看来，大都市区治理机制是地方政府理性选择的结果，治理机

---

① OSTROM V, TIEBOUT C M, WARREN R. The organization of government in metropolitan areas: a theoretical inquiry [J]. American political science review, 1961, 55 (4): 831 – 842.

② TIEBOUT C M. A pure theory of local expenditures [J]. Journal of political economy, 1956, 64 (5): 416 – 424.

③ 同①.

制的类型多种多样，合适的治理机制需要根据公共服务的特征、地方政府的偏好以及具体的制度环境加以选择。这种研究视角极大地开阔了跨域合作治理研究的视野，为后续深化跨域合作治理的机制研究奠定了坚实的理论基础。

我国跨域合作治理主要是在改革开放后随着地方政府竞争与合作格局的演变而逐步发展起来的。在改革开放初期，随着地方分权改革的实施，地方政府的自主权不断增强。在计划经济时代"行政区经济"和地方保护主义影响下，地方政府之间的竞争日趋激烈，地方之间贸易的交易成本十分高昂，在经济全球化和区域经济一体化趋势带动下，区域政府合作成为实现区域经济一体化的现实选择①。随着区域发展的不断深入，跨界公共事务不断增多，地方政府开始从竞争走向合作，区域合作共治成为区域发展的主流②。在理论研究中，学者基于中国实践提出了行政区行政、区域行政和区域公共管理等概念，在新区域主义的影响下，区域治理成为我国区域公共管理历史转型的重要方向③。对我国跨域合作治理研究的脉络进行分析可以发现，已有研究较多采用的是区域主义视角，它们一般将区域整体作为分析的基本单元，提出应通过构建区域合作机制来协调地方政府关系，以解决现实中面临的区域发展不平衡、流域与区域治理以及城市群治理等问题④。这些研究深化了对我国跨域合作治理的理论认识，对于我国区域发展具有很强的现实指导意义。

2. 跨域合作治理模式、治理机制与治理工具相关研究

区域主义与地方主义对于跨域合作治理的实现形式在表述上存在差异。区域主义较多采用治理模式等表述形式，而地方主义则较多采

---

① 陈剩勇，马斌. 区域间政府合作：区域经济一体化的路径选择 [J]. 政治学研究，2004 (1)：24-34.

② 易承志. 跨界公共事务、区域合作共治与整体性治理 [J]. 学术月刊，2017，49 (11)：67-78.

③ 例如：陈瑞莲，杨爱平. 从区域公共管理到区域治理研究：历史的转型 [J]. 南开学报（哲学社会科学版），2012 (2)：48-57；张紧跟. 从区域行政到区域治理：当代中国区域经济一体化的发展路向 [J]. 学术研究，2009 (9)：42-49，159.

④ 例如：陈瑞莲，等. 区域公共管理理论与实践研究 [M]. 北京：中国社会科学出版社，2008；张紧跟. 从区域行政到区域治理：当代中国区域经济一体化的发展路向 [J]. 学术研究，2009 (9)：42-49，159.

用治理机制等表述形式。所谓治理模式，是指不同主体根据环境特征、自身及客体需求等因素，采用一定机制对相关对象进行治理的特定形式，是跨域合作治理得以实现的治理框架和运行载体，它主要解决的是跨域治理中的治理主体、治理客体与治理结构等问题①。而治理机制是治理主体为实现合作治理目标所进行的制度安排，其目标是克服治理主体在合作治理中所面临的风险。在具体的治理工具选择上，两者之间没有明显的界线。随着新区域主义的兴起，两者之间的区分变得更加模糊。但是在特定治理工具的解释及其作用机制上两者会存在一些差异。

对于治理模式的研究可以从治理主体、治理手段和治理结构方面进行区分。从治理主体来看，有学者提出中央政府主导模式、平行区域协调模式和多元驱动网络模式，从中央政府、平行地方政府以及第三部门等治理主体参与程度及其发挥的作用对不同治理模式进行区分②。从治理手段来看，主要涉及科层机制、市场机制以及网络机制运用上的差异。例如，有学者归纳出空气污染跨域治理的三种模式，即府际合作模式、市场调节模式和网络治理模式，其中府际合作模式以行政权威为背景，市场调节模式运用市场化手段加以调节，网络治理模式则强调信任机制和协调机制的培育以及组织形式的网络化③。还有学者将科层机制、契约机制和网络机制视为合作治理的元机制，在此基础上派生组合出科层主导型合作治理、契约主导型合作治理和网络主导型合作治理等治理模式，其中科层主导型模式以正式规则下的行政命令为主，契约主导型模式以市场契约机制作为公共资源的配置基础，网络主导型模式则以长期共享网络机制作用为主④。从治理结构来看，有学者提出了去中心的分散化治理、单中心的集中化治理、多中心的区域合作共治等模式，认为多中心的合作共治避免和克服了

① 汪伟全．区域合作中地方利益冲突的治理模式：比较与启示［J］．政治学研究，2012（2）：98-107.

② 张成福，李昊城，边晓慧．跨域治理：模式、机制与困境［J］．中国行政管理，2012（3）：102-109.

③ 汪伟全．空气污染的跨域合作治理研究：以北京地区为例［J］．公共管理学报，2014，11（1）：55-64，140.

④ 范永茂，殷玉敏．跨界环境问题的合作治理模式选择：理论讨论和三个案例［J］．公共管理学报，2016，13（2）：63-75，155-156.

单中心和去中心的缺陷，是跨界公共事务治理的有效机制①。一些学者在运用上述治理模式解决特定的跨域合作治理问题时，往往注重强调进行政府结构和功能调整②或建立区域性的协调议事机构③。近年来，随着新区域主义的影响日益广泛，一些学者开始重视通过多元治理主体的参与以及市场化机制的运用来克服单纯依赖政府所导致的治理困境④。除此之外，一些学者还运用整体性政府⑤、整体性治理⑥等理论，在此基础上发展出整体性治理模式，以解决我国跨界公共事务治理等问题⑦。

地方主义对于治理机制的研究以地方政府的理性选择为理论前提，以地方政府的协作性行动为主要内容，以解决地方政府协作过程中的风险为目标，研究成果十分丰富。地方主义的研究建立在协作性管理⑧基础上，其理论逻辑是，当单一地方政府难以提供地方所需的公共服务时，它就会寻求与其他政府（包括地方政府以及上级政府）、企业或非营利组织进行合作。然而合作会面临很大的风险，此时就需要通过构建相应的机制加以解决，由此形成多种治理机制的类型。从治理主体来看，地方政府在合作中所拥有的自主性程度是主要影响因素，有学者据此提出第三方治理机制（external 3rd party mechanism）、地方政府授权签署有共同约束力的协议（delegated mutually binding agreement）、嵌入性（embeddedness）机制等治理机制。在

---

① 易承志. 跨界公共事务、区域合作共治与整体性治理［J］. 学术月刊，2017，49（11）：67－78.

② 崔晶，孙伟. 区域大气污染协同治理视角下的府际事权划分问题研究［J］. 中国行政管理，2014（9）：11－15.

③ 陈瑞莲，刘亚平. 泛珠三角区域政府的合作与创新［J］. 学术研究，2007（1）：42－50.

④ 王喆，唐婧婧. 首都经济圈大气污染治理：府际协作与多元参与［J］. 改革，2014（4）：5－16.

⑤ PERRI 6，LEAT D，SELTZERK，et al. Towards holistic governance：the new reform agenda［M］. New York：Palgrave，2002.

⑥ DUNSIRE A. Holistic governance［J］. Public policy and administration，1990，5（1）：4－19.

⑦ 崔晶. 区域地方政府跨界公共事务整体性治理模式研究：以京津冀都市圈为例［J］. 政治学研究，2012（2）：91－97.

⑧ 阿格拉诺夫，麦圭尔. 协作性公共管理治理：地方政府的新战略［M］. 北京：北京大学出版社，2007.

第三方治理机制中，外部力量参与区域治理，地方政府的自主权比较小，例如，上级政府通过行政合并、设立专区等措施进行结构和功能整合，由上级政府、企业或非营利组织等第三方治理机制对合作进行协调等；在通过签署协议进行治理时，地方政府让渡出一部分权力，但仍保留较大的自主权；在嵌入式治理机制下，地方政府主要通过信任和互惠机制构建加以协调，拥有完全的自主权①。从治理手段来看，有学者提出，地方政府通常会采用三种方式来降低合作风险：一是适应性（adaptive）和限制性（restrictive）契约，前者包括备忘录、互助协议等较为灵活的方式，后者则是具有较强约束力的方式；二是各种类型的制度设计（institutional design），主要包括前述从第三方机制到嵌入性的各种类型的制度性安排；三是社会网络，包括如何选择合作伙伴以及如何构建网络结构等②。从治理结构来看，有学者提出黏合（bonding）结构与桥接（bridging）结构，认为当合作过程中存在资产专用性以及测量困难时，地方政府会策略性地选择不同的结构以降低合作的风险③。地方主义的研究以实证研究居多，主要集中在对不同治理机制的影响因素进行分析。近年来，以地方主义视角研究中国议题的成果逐渐增多，这些研究发展出许多分析治理机制及其影响因素的测量技术，为深入分析跨域合作治理机制提供了扎实的实证基础④。

3. 对跨域合作治理研究现状的评述

跨域合作治理中的区域主义和地方主义两种研究视角各有优劣势。区域主义将区域整体作为研究对象，通过采用不同治理模式和工

①　FEIOCK R C. Metropolitan governance and institutional collective action [J]. Urban affairs review, 2009, 44 (3): 356 - 377.

②　CARR J B, HAWKINS C V. The costs of cooperation: what the research tells us about managing the risks of service collaborations in the US [J]. State and local government review, 2013, 45 (4): 224 - 239.

③　ANDREW S A. Regional integration through contracting networks: an empirical analysis of institutional collection action and framework [J]. Urban affairs review, 2009, 44 (3): 378 - 402.

④　例如：YI H, SUO L, SHEN R, et al. Regional governance and institutional collective action for environmental sustainability [J]. Public administration review, 2018, 78 (4): 556 - 566；马捷，锁利铭. 城市间环境治理合作：行动、网络及其演变——基于长三角 30 个城市的府际协议数据分析 [J]. 中国行政管理, 2019 (9): 41 - 49.

具来解决区域发展问题，有助于区域统筹和协调发展。美国大都市区交通基础设施建设、跨界空气污染治理等区域性问题，我国的城市群治理、流域与区域治理以及区域发展不平衡等问题，都需要通过区域层面的行动加以解决。然而，区域主义存在着忽视地方利益等问题，抑制了区域发展的内生动力，而且区域主义习惯于采用结构性和功能性方法解决问题，治理成本比较高。对此，新区域主义提出推动企业和非营利组织参与治理等主张，指出了新的发展路径。地方主义充分考虑地方政府的目标函数和激励约束机制，更有助于提高地方公共服务的回应性；较多运用市场化机制，公共服务提供的效率更高；强调发展网络关系，有助于形成稳定的合作。然而，地方主义缺少区域视野，仅从地方政府个体利益出发进行研究，可能会导致更多的无序竞争，加剧区域的碎片化。未来的研究需要将区域主义和地方主义视角结合起来，以实现区域统筹与地方自治的平衡。

另外，跨域合作治理研究中存在着忽视纵向政府间关系的倾向。新区域主义主要强调企业与非营利组织的参与，对纵向政府间关系缺少关注。地方主义侧重分析地方政府的协作性行动，虽然其中包含着横向协作与纵向干预，但是现有研究主要集中于地方政府的横向协作，对纵向干预的关注也比较少。出现这种情况的原因主要是传统纵向政府间关系过于强调行政命令等强制性手段，政府工具比较单一。随着府际关系向协商合作以及更加柔性的方向转变，更多的纵向干预机制被纳入跨域合作治理的视野。这些具体的机制及其相应的运作机理需要在未来的研究中加以关注。

府际关系的研究现状

府际关系是政治学和公共行政学的理论前沿，也是理论和实践关注的热点和难点问题[①]。府际关系受到国家政治体制和制度环境的影响，需要在不同的政治制度背景下进行考察。其中，联邦主义和央地

---

① STOKER G. Intergovernmental relations ［J］. Public administration, 1995, 73 (1)：101－122.

关系是国家结构形式在联邦制国家和单一制国家中的现实政治表现①。国外府际关系研究多以美国的联邦制政府结构为背景，近年来逐步走向府际管理②和府际治理③研究，它们将视野扩展到纵向与横向政府间关系、政府与企业或非营利组织关系、政府与公民社会关系等多重关系，强调协调合作与伙伴关系构建，对我国府际关系研究产生深远影响。国内府际关系研究建立在我国单一制政府结构的基础上，以我国历史传统、社会主义建设的基本要求以及改革开放实践为背景，逐步向深化政府职能和突破行政区经济转变④。这些研究涉及全球各国府际关系的深刻调整和变革，对于研究跨域合作治理中的府际关系有重要借鉴意义。

1. 联邦制国家府际关系的发展历程与特点

联邦制国家往往有着较为深厚的分权和地方自治传统，在府际关系上更加关注地方自治与分享治理的结合。以美国为例，其政治体制是先有地方政府，后有中央政府，地方自治传统深深烙印在美国政治体制和政府结构中，因此美国在府际关系上更多强调制度性分权以及政府间平等协商与对话。但是随着联邦和州政府角色的变化，美国府际关系也在不断发展演化。有学者把美国府际关系的管理分为联邦主义、府际关系和府际管理三个阶段⑤：

联邦主义阶段（1787—1930年）重视宪法权威，强调联邦与州的关系以及各州之间的关系，联邦和州政府之间泾渭分明而且很少联系，是一种静态的国家与政府结构安排。府际关系阶段（1930—1980年）源于美国罗斯福新政时期。为应对大萧条时期的社会恐慌局面，联邦政府采取主动进取的政策，通过财政补助、专业指导、法令规范等政策工具，实质性地介入地方性公共事务⑥。府际关系超越了联邦与州之间的关系，涉及联邦与地方、州与地方、联邦—州—地方以及

① 张紧跟. 当代中国政府间关系导论［M］. 北京：社会科学文献出版社，2009：58.
② 汪伟全. 论府际管理：兴起及其内容［J］. 南京社会科学，2005（9）：62 - 67.
③ 张紧跟. 府际治理：当代中国府际关系研究的新趋向［J］. 学术研究，2013（2）：38 - 45.
④ 林尚立. 重构府际关系与国家治理［J］. 探索与争鸣，2011（1）：34 - 37.
⑤ 同②.
⑥ 同①4.

地方与地方之间的关系，更加强调各级政府之间的互动关系，重视政策过程与协调，是更为动态的政府间关系的制度安排①。府际管理阶段（1980年至今）的产生与联邦政府大量退出地方财政补助项目有关。由于美国联邦补助制度的变化，地方政府开始寻求与同级或不同层级政府建立协作关系，与企业或非营利组织发展伙伴关系，通过协商对话和网络参与等方式解决地方政府面临的问题。20世纪90年代后期，府际管理走向多元主体协作的府际治理，更加强调政府间协作、跨部门伙伴关系以及公民参与，通过政府间协作、跨部门伙伴关系，以及与公民共同构建的政策网络来实现和增进公共利益②。由此，构建多层次的协作关系成为地方政府的新战略，其中既包括联邦—州政府的纵向干预机制，也包括许多与地方政府和非政府参与者有关的横向协作机制③。

从美国府际关系的发展历程中，我们可以发现以下特点：一是府际关系管理的主体向多元化发展。联邦主义和府际关系阶段涉及的主体仅限于政府，随着府际关系向府际管理发展，府际关系跳出了政府间关系的局限，发展出政府与企业、非营利组织和公众之间的伙伴关系。我国跨域合作治理中府际关系的发展也需要构建多层次治理模式，府际管理和府际治理等理念对我国有很强的启示意义。二是府际关系管理的方式从静态的制度/结构模式向动态的政策/过程模式转变，更加强调各种治理主体的互动关系。在联邦主义阶段，府际关系是通过制度性分权来界定的，政府间的联系很少；在府际关系和府际管理阶段，政府间的互动关系增多，同时发展出各种政策工具，这些政策工具和管理模式值得跨域合作治理研究借鉴。三是治理主体的关系从权力/行政关系向协商/合作关系转变。府际管理中各种治理主体的关系更加具有平等协商的特征，强调通过建立网络关系解决冲突，这对于我国构建跨域合作治理中的府际关系也具有重要借鉴意义。

---

① WRIGHT D S. Federalism, intergovernmental relations, and intergovernmental management: historical reflections and conceptual comparisons [J]. Public administration review, 1990, 50 (2): 168-178.

② 李长晏. 迈向府际合作治理：理论与实践 [M]. 台北: 元照出版社, 2009: 74.

③ 阿格拉诺夫, 麦奎尔. 协作性公共管理: 地方政府新战略 [M]. 北京: 北京大学出版社, 2007: 26.

2. 我国府际关系的发展历程与特点

府际关系是我国政治学和行政学研究的重要主题，国内许多学者涉足该研究领域并取得了丰富的研究成果①。早期的研究廓清了以下问题：一是府际关系的定义。府际关系由纵向政府间关系和横向政府间关系两个层面构成。纵向政府间关系包括中央政府和地方政府、各级地方政府之间的关系，横向政府间关系包括同级地方政府之间以及不存在行政隶属关系的非同级政府之间的关系。由于中国政府间关系的模式以条块关系为基础，也有学者将政府部门之间的关系纳入研究视野②。二是府际关系的内容。府际关系包括权力关系、财政关系和公共行政关系，这些关系的实质是政府间的利益关系，其中财政关系被认为是府际关系的核心。三是府际关系的主导脉络。中央政府和地方政府之间的关系决定着府际关系的基本格局，同时府际关系在改革前后发生了很大变化，由垂直联系为主逐步发展为横向联系为主。

我国府际关系的发展历程大致可以分为三个阶段：第一阶段是改革开放前的计划经济和中央高度集权阶段。在这一阶段，中央政府不断尝试放权，但是难以走出"一集就死——死就叫——叫就放——放就乱——乱就收"的循环③。第二阶段是改革开放到 20 世纪 90 年代的地方分权阶段。在这一阶段，中央政府通过"简政放权""放权让利"改革，赋予了地方政府较大的决策权和更多的利益，提高了地方政府的积极性。中央政府在 1980 年和 1985 年分别推出了"划分收支、分级包干"和"划分税种、核定收支、分级包干"财政管理体制。这种"分灶吃饭"财政管理体制改革，使地方政府拥有了财政自主权，地方政府发展经济的积极性大大提高。但是这一轮放权改革也

① 例如：林尚立. 国内政府间关系 ［M］. 杭州：浙江人民出版社，1998；谢庆奎. 中国政府的府际关系研究 ［J］. 北京大学学报（哲学社会科学版），2000（1）：26－34；陈振明. 公共管理学：一种不同于传统行政学的研究途径 ［M］. 2 版. 北京：中国人民大学出版社，2003；杨宏山. 府际关系论 ［M］. 北京：中国社会科学出版社，2005；张紧跟. 当代中国政府间关系导论 ［M］. 北京：社会科学文献出版社，2009.

② 例如：朱光磊. 当代中国政府过程 ［M］. 修订版. 天津：天津人民出版社，2002；张志红. 当代中国政府间纵向关系研究 ［M］. 天津：天津人民出版社，2005；周振超. 当代中国政府"条块关系"研究 ［M］. 天津：天津人民出版社，2009.

③ 周振超. 当代中国政府"条块关系"研究 ［M］. 天津：天津人民出版社，2009：5.

导致了激烈的地方政府竞争，导致了重复建设、地区大战、分割市场，以及跨地区性公共物品供给不足和公共事务治理失灵等问题①。第三阶段是 20 世纪 90 年代后的集分并存和相互依赖阶段。1993 年，中央政府做出了关于建立社会主义市场经济体制若干问题的决定，1994 年，实行分税制，我国府际关系发展进入了新的历史阶段。在这一阶段，地方政府间关系日益成为国内研究的热点问题。有学者总结了地方政府间关系协调和地方政府间竞争两种研究视角，认为应从促进地方政府合作以及规范地方政府竞争两个方面进行改革，但也指出研究中存在忽视地方政府所追求的利益与地区公共利益之间的巨大落差的问题，因此未来需要加强制度和个体的互动等方面的研究②。

从我国府际关系的发展历程中可以看出：第一，集权和分权是构成我国府际关系发展的主线。我国府际关系的目标是建立中央集权与地方分权平衡、地方自主与全国统筹协调的府际关系，发挥中央政府与地方政府两个积极性。但是在实践中，改革开放前的中央高度集权和 20 世纪 80 年代的地方过度分权对这种府际关系造成冲击，重构府际关系成为国家建设的重要课题③。未来的府际关系发展需要掌握集权和分权的平衡。在纵向关系上，要合理配置中央政府职能，发挥好宏观调控和统筹发展的作用，避免对微观主体进行过多干预；在横向关系上，要发挥地方政府的积极性和主动性，促进地方政府合作以及规范地方政府竞争。第二，职责同构和条块分割是我国府际关系的主要特征。我国府际关系中缺乏正式的制度性分权，政府间关系模式以条块关系为基础，在运行过程中形成了"职责同构、上下对口"政府职能体系，导致了政府间横向关系的阻隔。随着地方政府间关系的发展，亟须变革职责同构的政府管理模式，明确中央政府和地方政府职能划分，实现中央政府、地方政府与公众三者关系的良性互动，完善国家治理体系。

---

① 张紧跟. 当代中国政府间关系导论 [M]. 北京：社会科学文献出版社，2009：159-165.

② 张紧跟. 当代中国地方政府间关系：研究与反思 [J]. 武汉大学学报（哲学社会科学版），2009，62（4）：508-514.

③ 林尚立. 重构府际关系与国家治理 [J]. 探索与争鸣，2011（1）：34-37.

3. 对府际关系研究现状的评述

国内外学者虽然对府际关系的研究立足于不同的政府结构和制度环境，但是形成了许多共识。一是从国内外府际关系的变化来看，纵向政府间关系起着主导性作用。美国联邦政府在府际关系阶段介入地方事务比较多，而到府际管理阶段，联邦政府退出了大量地方财政补助项目，这导致地方政府去寻求与其他政府以及企业或非营利组织进行协作，协作性管理理论随之兴起。而在我国从计划经济向市场经济的转型过程中，纵向政府间关系从中央集权向地方分权的转变提高了地方政府发展经济的积极性和能动性，这极大地推动了横向地方政府间关系的发展。从这个角度来说，纵向政府间关系为横向地方政府间关系的发展提供了制度条件，在研究横向地方政府间关系时，也需要关注纵向政府间关系的介入及其影响。二是府际关系的内容从静态的结构性关系向动态的政策性网络转变，府际关系的方式则从刚性的行政命令向柔性的协商合作转变。美国在从联邦主义阶段向府际关系阶段的转变过程中，联邦政府与州政府和地方政府之间的联系变得更加密切，官员之间的互动十分频繁。而我国在从中央集权向地方分权的转变过程中，中央政府与地方政府之间、地方政府之间以及部门之间的联系不断增强，单纯的行政命令方式被包括行政的、市场的和网络的机制取代，发展出多维的府际关系类型，未来的府际关系研究应对这些不同类型的府际关系运作给予关注。

当前对府际关系的研究还存在一些不足，主要是纵向政府间关系和横向政府间关系研究的"两张皮"状态。大多数学者分别从纵向行政性分权和横向地方政府间关系协调两条路线进行研究，研究缺乏将两者进行衔接的理论工具。随着多元主体协作理论的发展，府际关系研究正逐步走向深入。跨域合作治理提供了一个中央政府与地方政府互动的现实场景，通过跨域合作治理中府际关系的研究，可以构建纵向政府间关系和横向政府间关系相互衔接的理论框架，深入探讨两者之间相互作用机制，这有助于推动我国府际关系的理论发展。

第三节　研究内容与方法

一、研究目标与内容

1. 研究对象

本书的研究对象是跨域合作治理中的府际关系与机制选择。所谓跨域合作治理，是指跨越组织边界的治理模式，包括跨区域、跨领域、跨部门的公共事务治理，跨域合作治理的体制背景是地方政府的碎片化、公共事务的外部性和公共服务的规模经济性等。本书所指的跨域合作治理，是指行政区分割导致的地方政府跨越行政边界的协作性治理。

从字面意思上看，跨域合作治理的直接主体是地方政府，体现的是地方政府的横向政府间关系，但是由于我国纵向政府间关系支配着地方政府的横向政府间关系，因此跨域合作治理中既包含着横向政府间关系，又受到纵向政府间关系的影响。从这个意义上说，跨域合作治理中的府际关系可以视为我国府际关系在跨域合作治理这一特定问题上的缩影。

2. 研究目标

本书的研究目标是揭示跨域合作治理中的府际关系及其协调机制，运用交易成本视角分析中央政府介入情况下的跨域合作治理机制选择，探究纵向干预机制和横向协作机制选择的影响因素，提高跨域合作治理的有效性。核心是要厘清以下问题：在解决跨域合作所面临的困境时，应该如何运用好纵向干预机制，并且通过纵向干预机制和横向协作机制的有机配合来降低交易成本，以达成跨域合作目标。在我国现行政府体制下，纵向政府间关系居于府际关系的主轴地位，而以往在跨域合作治理研究中对纵向政府间关系的关注不足，因此本书侧重分析纵向政府间关系介入及其对地方政府间合作的影响。

本书与已有研究的区别在于引入了交易成本视角。从交易成本视角来看，跨域合作实质上是一种相关治理主体之间的"交易"关系。跨域合作的必要条件是存在合作的共同利益，即各方都可以从合作中获得一定的好处。然而，即使存在共同利益，合作也未必能够最终达成，这是因为在合作过程中会存在沟通协调、利益分配和监督执行等各种风险，这种情况被称为制度性集体行动（institutional collective action，ICA）困境①。为了缓解跨域合作中的各种风险，就需要设计相应的治理机制。本书将这些治理机制分为两类：一类是依托横向政府间关系所形成的横向协作机制，包括地方政府之间以及与企业或非营利组织之间的协作；另一类是依托纵向政府间关系所形成的纵向干预机制。在跨域合作治理过程中，运用不同类型治理机制的交易成本是不同的，跨域合作治理的目标就是寻求交易成本最小化的治理机制组合。治理机制是依托府际关系形成的，因此通过交易成本视角的引入，就可以将跨域合作治理中的府际关系纳入治理机制选择的统一框架中进行分析。

具体而言，本书将着重回答以下三个问题：一是，跨域合作治理中交易成本的影响因素有哪些？二是，如何选择纵向干预机制和横向协作机制以降低交易成本？三是，如何调整纵向政府间关系介入方式以降低交易成本？

本书运用交易成本视角，对以上三个问题进行分析，提出以下命题：

命题 1：跨域合作治理中交易成本受跨域合作议题特征、参与方数量、参与方利益一致性程度以及地方分权程度等因素的影响。一般而言，当跨域合作议题特征越复杂、参与方数量越多、参与方利益一致性程度越小、地方分权程度越小时，跨域合作治理中交易成本就越高。在设计跨域合作治理机制时，需要根据交易成本状况在不同类型机制之间进行选择。

命题 2：当治理机制与跨域合作风险状况相匹配时，就会降低交易成本；而当治理机制与跨域合作风险状况不匹配时，就会提高交易成本。一般而言，横向协作机制适用于跨域合作风险较低的情形，纵

---

① FEIOCK R C. The institutional collective action framework［J］. Policy studies journal，2013，41（3）：397 - 425.

向干预机制适用于跨域合作风险较高的情形。

在交易成本视角下，需要根据跨域合作风险状况选择最优跨域合作治理机制，其目标是实现交易成本最小化。本书将跨域合作治理机制区分为纵向干预机制和横向协作机制两种类型。当跨域合作风险较低时，采用横向协作机制可以较容易地解决问题，交易成本较低。此时如果使用纵向干预机制，虽然问题可能会得到快速解决，但交易成本会变得更高。反之，当跨域合作风险较高时，采用横向协作机制将会导致交易成本较高，而采用纵向干预机制可能会有助于问题的解决。在跨域合作治理实践中，纵向干预机制和横向协作机制往往需要配合使用，此时也需要根据跨域合作风险和交易成本状况进行综合权衡。

同一治理机制在解决不同类型跨域合作时的交易成本不同。例如，京津冀协同发展与长三角一体化发展面临的情况有很大差异，因此在长三角运行良好的政府间协调机制，在京津冀协同发展进程中的效果却并不显著。地方政府间的横向协作机制在处理长三角地区等地方发展水平相近且具有互补性利益的跨域合作时能较好地发挥作用，但是在处理京津冀协同发展等较为复杂的跨域合作时，则会产生较高的交易成本。

命题3：当纵向政府间关系介入方式与跨域合作风险状况相匹配时，就会降低交易成本；而当纵向政府间关系介入方式与跨域合作风险状况不匹配时，就会提高交易成本。一般而言，柔性的介入方式适用于跨域合作风险较低的情形，刚性的介入方式适用于跨域合作风险较高的情形。

当跨域合作风险较高，运用横向协作机制的交易成本较高时，纵向干预机制将成为跨域合作治理机制的可行选择，此时就需要纵向政府间关系介入，其介入方式需要根据跨域合作风险状况进行综合评判。在我国的府际关系中，纵向政府间关系往往具有刚性的特点，一般是通过权力配置、财政关系调整、人事任命等措施贯彻上级意志，这对于较复杂的跨域合作治理是可行的，但是对于较简单的跨域合作治理却会产生很高的交易成本。因此纵向干预机制的运用以及纵向政府间关系介入是一柄"双刃剑"，需要根据跨域合作风险状况选择适

当的介入方式以降低交易成本。

3. 研究内容

本书主要包括以下三个方面的研究内容：

（1）构建跨域合作治理中府际关系与机制选择的分析框架。主要包括三个方面的内容：一是运用制度性集体行动框架对跨域合作问题进行明确界定。认为跨域合作是各方围绕共同利益而采取的集体行动，与个体的集体行动不同，参与跨域合作的各方是各级政府，它们是辖区居民利益的代表者，可以称之为制度性集体行动。跨域合作常常面临制度性集体行动困境，这是区域的整体利益与个体利益的矛盾所导致的，同时与跨域合作议题特征有关。制度性集体行动困境可以在地方政府个体层面和区域整体层面等不同的区域尺度上加以分析。二是分析跨域合作治理中的府际关系。认为跨域合作治理中的府际关系由三个层面构成。首先是作为跨域合作制度环境的府际关系，这种府际关系是静态的，是由国家结构形式所决定的法律关系和制度关系；其次是由跨域合作参与主体所构成的府际关系，这种府际关系是动态的，体现着参与各方诉求的利益关系；最后是由跨域合作治理主体所构建的府际关系，这种府际关系表现为协调参与方利益的各类治理机制。三是跨域合作治理中府际关系的协调。提出最优跨域合作治理机制选择的分析框架，并探讨了不同类型跨域合作治理机制的组合运用。

（2）我国跨域合作治理中府际关系与机制选择的概述。主要包括三个方面的内容：一是分析我国跨域合作的发展历程及特点。认为跨域合作经历了改革开放前的中央集中计划阶段、改革开放初期的分权阶段以及 20 世纪 90 年代后期至今的社会主义市场经济改革三个阶段，跨域合作的过程是我国府际关系重构的过程。分析我国跨域合作的特点和趋势，将跨域合作划分为互补型、共建型、分配型和补偿型合作四种类型，分别从地方政府层面和区域层面研究上述四种类型跨域合作在实施过程中所面临的制度性集体行动困境。二是对我国跨域合作治理中府际关系的三个层面进行剖析。从作为制度环境的府际关系来看，我国是中央政府主导的单一制国家，中央政府掌握最终权力，地方政府受中央政府的领导，因此地方政府的合作行为必然受到中央政府的影响；从参与主体的府际关系来看，中央政府的目标是建立统一市场和推进区域协调发展，地方政府的目标则是促进本地区发展，解决单一政府无法处理的跨界公共事务或公共服务提供问题；从治理主体的府际关系来看，我国目前的治理主体主要是中央政府和地方政府，同时企业和非营利组织的作用也日趋增强，但总体来看，跨域合作治理仍存在诸多困难，需要通过府际关系调整加以优化。三是我国跨域合作治理中府际关系的协调。提出纵向嵌入式治理机制的概念，认为应转变传统中央政府治理模式，将纵向政府间关系嵌入跨域合作治理网络之中，以跨域合作交易成本最小化为目标选择最优治理机制，推动纵向干预与横向协作的有机结合。纵向政府间关系介入的程度取决于跨域合作风险及其交易成本状况。当交易成本较高时，可以采用纵向干预方式，而当交易成本较低时，则应更多发挥地方政府的作用。纵向嵌入式治理机制概念的提出为优化调整跨域合作中的府际关系提供了理论依据。在跨域合作治理中没有一成不变的治理机制样态。只有深入分析跨域合作风险及其交易成本特征，相机确定中央政府与地方政府的关系，才能实现跨域合作的有效治理。

（3）我国跨域治理中府际关系与机制选择的实证研究。选取四个典型议题对我国跨域合作治理进行实证研究，分别提出相应的纵向嵌入式治理机制选择。一是城市群治理中的府际关系和纵向战略嵌入式治理机制选择。城市群发展需要优良的制度环境，地方政府合作可以为城市群发展提供制度性公共物品，促进市场要素自由流动。然而地方政府合作需要完善的顶层设计，否则就会陷入各自为战的状况。战略规划是相对柔性的政府工具，有助于推动地方政府形成明确的合作预期，可以作为纵向政府间关系介入城市群治理的有效手段。通过战略规划和地方政府在各个层面的合作机制的综合运用，有助于实现城市群治理的目标。二是流域横向生态补偿中的府际关系和纵向制度嵌入式治理机制选择。在流域治理过程中存在比较严重的外部性问题，流域内上下游地方政府之间利益冲突比较大，单纯依靠地方政府间合作难以协调各方利益，需要纵向政府间关系介入，通过制度性支持等手段激发各方合作动力，为地方政府间协议谈判和执行提供规则和平台，有助于降低交易成本。三是流域水资源综合管理中的府际关系和纵向机构嵌入式治理机制选择。流域是具有整体性的自然地理单元，而行政区则具有明确的行政边界，因此流域的整体性与地方政府的碎片化之间存在着矛盾。中央政府和地方政府在流域管理上具有不同的利益诉求，建立流域管理机构可以提高流域管理的整体性，通过中央政府和地方政府的分工合作，降低流域管理的交易成本。四是区域大气污染治理中的府际关系和纵向行政嵌入式治理机制选择。区域大气污染治理是府际关系矛盾比较突出的领域，地方政府之间在分担治理成本等方面存在矛盾，中央和地方政府之间的利益诉求也不尽一致，此时中央政府采用行政干预等刚性政府工具，有助于各方达成一致，是有效治理区域大气污染的可行选择。

4. 重点和难点

本书的重点在于分析跨域合作治理中府际关系介入的影响因素，即要厘清以下问题：在何种情况下应较多采用地方政府间的横向协作，在何种情况下应注重纵向干预机制的运用。只有明确了纵向干预机制和横向协作机制选择的影响因素，才能更好地促进纵向机制和横向机制的相互配合，合理界定不同层级政府的角色定位。为了对这一问题进行深入剖析，本书引入交易成本理论分析框架，通过对不同跨域合作类型条件下横向协作机制和纵向干预机制交易成本的比较来具体分析府际关系介入的影响因素。

本书拟突破的难点主要是，立足我国府际关系的特点，厘清跨域合作治理中的各种关系。我国府际关系有其独特性，而且仍处在发展变化之中。跨域合作涉及的府际关系非常复杂，只有深入剖析各种关系，才能实现预期研究目标。本书以城市群治理、流域横向生态补偿、流域水资源综合管理、区域大气污染治理这四个典型议题为例对跨域合作中的府际关系进行深入剖析。

二、研究方法

1. 基于前沿理论的文献研究法

本书收集了大量国内外该领域的前沿文献，在文献研读的过程中不断凝练研究主题，在研究过程中提出了若干理论假设，并通过理论研究与实证研究相结合对这些假设进行论证。本书综合运用了制度性集体行动框架以及交易成本理论、社会嵌入性理论、府际治理理论等相关理论，为项目提供良好支撑。

2. 多种社会科学方法的综合运用

本书在实证研究中综合运用了社会网络分析法、计量分析法、模糊集定性比较分析法（fsQCA）等研究方法，分述如下：

（1）社会网络分析法。社会网络分析法是近年来跨域合作治理研究中比较常用的方法。社会网络分析法的优势在于可以通过网络构建来呈现跨域合作的整体样貌。社会网络通常由节点和关系组成。在跨域合作研究中，节点即参与合作的主体如地方政府等，关系则往往通过地方政府协议等加以衡量。例如，运用城市政府协议数据来构建城市间环境治理网络[①]。社会网络分析工具包括中心度、网络密度、凝聚子群等。本书运用社会网络分析法来构建城市群合作网络，并通过城市群网络结构的变化来衡量我国城市群战略规划对于城市群内部城市之间合作的影响。

（2）计量分析法。近年来，计量分析法被广泛应用于跨域合作治理的研究中。计量分析法的优势在于可以较为明确地对因变量和自变量之间的关系进行检验，从而能够很好地解释跨域合作的内在机理。计量分析法需要首先提出若干理论假设，然后确定变量、收集数据进行计量分析。例如，有学者在分析跨域合作治理中区域组织对地方政府合作的影响时，提出了互补性和替代性两种假设并收集数据进行验证，其结论有助于更好地理解区域组织对地方政府合作的影响机理[②]。本书在研究流域管理机构对地方政府合作的影响等问题时也采用了类似的方法。

（3）模糊集定性比较分析法。计量分析法对样本数量的要求比较高，需要有较多的样本数量才可以使用，跨域合作治理研究往往难以达到必要的样本数量。在这种情况下，可以运用模糊集定性比较分析

---

① 马捷，锁利铭. 城市间环境治理合作：行动、网络及其演变——基于长三角 30 个城市的府际协议数据分析 [J]. 中国行政管理，2019（9）：41-49.

② KLOK P-J, DENTERS B, BOOGERS M, et al. Intermunicipal cooperation in the netherlands: the costs and the effectiveness of polycentric regional governance [J]. Public administration review, 2018, 78（4）：527-536.

法（fsQCA）开展研究。fsQCA 意在解决样本数量较少时组态因素对结果的影响，比较适用于对一定数量的案例进行定性比较研究。该研究方法中的变量可以分为条件变量和结果变量两类，条件变量类似于计量分析法中的自变量，结果变量类似于因变量。通过对选取的一定数量的案例进行分析，从中抽取出条件变量和结果变量，以此来验证变量之间的关系，解释跨域合作的内在机理。本书在对流域横向生态补偿进行研究时采用 fsQCA 来分析中央政府介入的影响因素。

3. 基于中国情境的多案例实证研究

本书将研究过程置于中国情境，侧重分析在中国特定制度背景下跨域合作治理问题。在研究中注重选取我国跨域合作治理的鲜活案例进行深入剖析，从中寻求规律性认识。案例研究是跨域合作治理研究中最为常用的研究方法。尤其是在制度背景比较复杂的情况下，案例研究法能够对案例全貌进行系统掌握，从案例细节中提炼和发展出相关理论。案例研究需要与理论研究相结合，在理论指导下开展研究。本书在城市群治理、流域横向生态补偿、流域水资源综合管理和区域大气污染治理四个典型议题的研究中都采用了案例研究法，以具体案例分析跨域合作治理选择的过程和机理。

第四节　研究思路与特色

一、研究思路

本书将按照以下思路开展研究：

（1）分析跨域合作治理中纵向政府间关系介入的必要性。这主要来源于对理论发展和现实实践的分析和判断。从理论发展上看，目前跨域合作治理研究侧重地方政府的横向协作，存在忽视纵向政府间关系的倾向，对于中央政府在跨域合作中应该发挥什么作用这个问题还缺乏深入理解，需要构建一个能够将横向协作机制与纵向干预机制相结合的理论分析框架。从现实实践上看，目前我国跨域合作治理中横向政府间关系与纵向政府间关系交织，但在治理机制上以地方政府的横向协作为主，缺少足够的约束力，而纵向政府间关系介入不足与介入过度并存，导致跨域合作治理困境。

理论驱动和现实需求要求在交易成本视角下将纵向政府间关系纳入跨域合作治理分析视野，以合理界定跨域合作治理中的纵向和横向政府行为。以交易成本视角研究跨域合作治理中的府际关系具有必要性。

（2）基于交易成本视角，分析纵向政府间关系在缓解区域合作风险中的作用。根据交易成本理论，分析最优区域合作治理机制选择的原则是交易成本最小化原则。运用这一原则，对纵向干预机制和横向协作机制在解决特定类型的跨域合作治理中的交易成本进行比较分析。将纵向政府间关系作为一种缓解区域合作风险的治理机制，研究其在跨域合作治理中的作用。在上述基础上，结合府际治理理论，提出通过纵向干预机制和横向协作机制的有机协同来降低交易成本以构建最优区域合作治理机制的对策建议。

（3）构建跨域合作治理中的府际关系与机制选择分析框架。运用交易成本视角，构建跨域合作治理中的府际关系理论分析框架，主要包括两个方面：一是研究纵向政府间关系介入的时机与影响因素，以说明在何种情形下需要纵向政府间关系的介入；二是研究纵向政府间关系介入的方式，以说明纵向政府间关系应采取何种方式介入跨域合作治理中。

在府际关系介入跨域合作治理理论构建的过程中，需要综合考虑跨域合作议题特征以及府际关系特征等因素。跨域合作议题决定了跨域合作治理的复杂性，越是复杂的跨域合作，越需要纵向政府间关系的介入；府际关系特征决定了跨域合作治理机制的可选择性，越是府际关系矛盾比较多的情况，越需要纵向政府间关系的介入。

（4）对跨域合作治理中的府际关系与机制选择进行实证研究。选取城市群治理、流域横向生态补偿、流域水资源综合管理、区域大气污染治理这四个跨域合作议题进行研究，分别探讨战略规划、制度性支持、流域管理机构、行政干预等纵向干预机制的运作及其对于地方政府合作的影响。

二、研究特色与创新点

1. 研究特色

本书的研究特色主要有以下三个方面：

（1）在研究视角上综合了区域主义与地方主义研究传统。以往跨域合作治理存在两种研究视角：从地方主义角度来看，跨域合作治理是地方政府的跨越行政边界的协作性治理，所要解决的是单一地方政府难以独立解决的跨界问题，可以理解为微观尺度上的区域性问题；而区域主义角度则是从区域整体出发设计区域治理机制，所要解决的是区域整体性的问题，可以理解为宏观尺度上的区域性问题。事实上，跨域合作治理既应包括微观层面地方政府的协作性治理，也应包括宏观层面在区域整体上的统筹协调。仅从地方主义入手会加剧区域内的碎片化，而仅从区域主义入手则有可能会忽视地方政府的合理诉求。本书尝试将这两种传统研究视角结合起来，系统分析跨域合作中府际关系矛盾及协调机制，在此基础上提出相应的治理机制并加以选择优化。

（2）在研究对象上既重视横向政府间关系，也强调了纵向政府间关系的重要性。已有研究对跨域合作治理中地方政府间的横向关系给予了大量关注，尤其是在以美国大都市区为对象的研究中，大多都强调美国地方政府的自治传统以及在此基础上建立地方政府自愿性合作的重要性，这些研究受到美国自治传统的深刻影响。而在我国当前政府体制下，虽然地方政府通过地方分权掌握了大量的自主权，但是中央政府仍可以从政治、行政、财政和人事等方面对地方政府行为形成有效制约。在我国府际关系中，纵向政府间关系处于主轴地位。如果跨域合作治理只强调地方政府间的横向关系，而缺乏对纵向政府间关系的深入研究，显然是有失偏颇的。本书分别从区域主义和地方主义两个视角出发，对跨域合作中的横向政府间关系和纵向政府间关系进行较为全面的分析，是对已有研究的补充和发展。

（3）在研究内容上综合分析横向协作机制和纵向干预机制选择的影响因素。跨域合作治理中府际关系的协调需要综合采用横向协作机制和纵向干预机制。所谓横向协作机制是指地方政府与其他地方政府之间以及地方政府与企业或非营利组织之间建立的协作机制，往往运用非正式或正式协议来解决跨域合作问题。而纵向干预机制是指中央政府运用政治行政、财政激励等手段介入跨域合作治理的机制。本书运用交易成本理论分析治理机制的最优选择，探索不同类型治理机制的组合使用，解决了纵向政府间关系介入的时机和方式等问题，有助于更好地理解中央政府在跨域合作治理中的作用。这对于在跨域合作中充分发挥中央政府和地方政府两个积极性有重要意义。

2. 创新点

（1）选取跨域合作治理这个典型的公共管理领域对我国的府际关系进行分析，有助于形成一套统一的府际关系分析理论框架，改变了过去对纵向政府间关系与横向政府间关系分别开展研究的"两张皮"现象，是建立我国府际关系治理新理论的创新性尝试。

（2）运用交易成本理论对我国跨域合作治理中的府际关系进行分析，提出府际关系协调和优化机制，是交易成本理论在我国跨域合作治理理论中的创新性运用。

（3）改变了已有跨域合作治理研究中忽视纵向政府间关系的倾向，在交易成本理论框架下，提出纵向嵌入式治理机制概念，结合我国跨域合作实际分析了战略规划、制度性支持、流域管理机构、行政干预等纵向干预机制的运用及其对于地方政府合作的影响，拓展了跨域合作治理理论研究，也为更好地解决我国跨域合作治理问题提供了新的思路和方案。

第二章

跨域合作治理中的府际关系
与机制选择：分析框架

　　跨域合作治理是运用各种治理机制对跨域合作中相关参与主体之间的关系进行协调的治理模式。从府际关系的角度来看，跨域合作治理中既包括地方政府之间的横向关系，也包括中央政府与地方政府之间的纵向关系，它们之间既存在利益的一致性，也存在一定的矛盾和冲突。协调府际关系的机制具有多样性，需要根据跨域合作风险及交易成本的情况加以选择，并在此基础上设计横向协作机制和纵向干预机制的不同组合。本章首先对跨域合作治理相关问题进行界定，分析跨域合作治理中的制度性集体行动困境及其原因；其次分别从地方主义和区域主义两个视角对跨域合作治理中的府际关系进行系统梳理，提出可供选择的治理机制类型；最后运用交易成本理论对跨域合作治理机制选择的影响因素进行分析。

第一节　跨域合作问题界定

　　合作是人类社会的永恒主题。从家庭到国家和社会等各种制度安排，都体现了人类通过合作来获得生存和发展的目标。然而合作存在着内在的制度困境，探讨合作治理是社会科学研究的重要内容。跨域合作是地方政府跨越行政边界的治理模式，与个体合作不同，它面临的是制度性集体行动困境。本节对跨域合作性质进行界定，分析导致跨域合作困境的原因，并对不同区域尺度的跨域合作进行分析。

一、跨域合作的性质

跨域合作是地方政府之间的合作行为，实质上是地方政府间的集体行动。这种集体行动具有以下特点：一是作为一种集体行动类型，它适用于集体行动的逻辑，由于存在着搭便车等问题，集体行动常常面临困境，需要做出相应的制度安排；二是集体行动的主体是地方政府，而不是单一的个体，地方政府的利益比个体利益更为复杂，这使得跨域合作中的集体行动呈现出与个体性集体行动不同的特点；三是跨域合作中地方政府之间的集体行动既可能是自主性发生的，也有可能是自上而下加以推动的，在这种情况下，中央政府也将进入合作过程，成为制度性集体行动的参与者，中央政府与地方政府的利益差异会对跨域合作目标能否达成产生影响。

1. 集体行动的逻辑

人类为了合作而采取集体行动，其原因在于预期能够获得共同利益。共同利益是能够被参与各方共享的利益。存在共同利益是合作的必要条件。例如，参与各方通过共同努力治理大气污染改善区域空气质量，每个参与方因此而获益，这就是共同利益。共同利益能够被参与方共享，却无法将参与方排除在外，这使得共同利益具有公共物品的特征。同时，合作需要每个参与方付出相应的成本，对于每个参与方而言，只有收益大于成本时，才会提供公共物品。由于公共物品无法排除他人使用，参与方就有可能搭便车，即不付出成本而获得收益。当每个参与方都成为搭便车者时，公共物品无法得到提供。即使有些参与方提供了公共物品，其提供的数量也不可能达到最优水平[①]，这就是集体行动的逻辑。

根据集体行动逻辑，"认为从理性的和寻求自我利益的行为这一前提可以逻辑地推出集团会从自身利益出发采取行动，这种观念事实上是不正确的"，而且"除非一个集团中人数很少，或者除非存在强

---

① 奥斯特罗姆. 公共事物的治理之道：集体行动制度的演进［M］. 上海：上海译文出版社，2012：7-9.

制或其他某些特殊手段以使个人按照他们的共同利益行事，有理性的、寻求自我利益的个人不会采取行动以实现他们共同的或集团的利益"①。与集体行动逻辑类似的模型还包括公用地悲剧和囚徒困境等，这些模型的核心都是搭便车问题所导致的集体行动困境。这些模型表明，如果缺少良好的制度安排，理性的个体行为难以实现整体最优的结果。

解决集体行动困境的制度安排可以分成两类：一类是来自外部强加的制度安排，另一类是自主组织和自主治理的制度方法。奥斯特罗姆在《公共事物的治理之道：集体行动制度的演进》中对公用地治理进行了精彩的剖析②。她认为，已有研究存在着两种截然相反但都具有外部强加特征的"唯一"方案：一种是以利维坦为"唯一"方案，这种方案通过中央集中控制来决定资源的使用策略；另一种是以私有化为"唯一"方案，这种方案将建立私有产权制度作为解决公用地治理的解决之道。然而这两种方案都存在着缺陷，前者建立在信息准确、监督能力强、制裁可靠有效以及行政费用为零这些假设的基础上，而后者则面临着流动性资源如水、渔场等难以界定私有产权等问题。在奥斯特罗姆看来，解决集体行动困境不可能只存在单一问题和单一解决方案，实践中运行的制度安排是多种多样的，公共池塘资源的使用者可以自主设计、修订、监督和维持多种制度安排，这种自主组织和自主治理的制度方法更加有助于解决集体行动困境。

2. 跨域合作中的制度性集体行动

跨域合作是地方政府间的集体行动，适用于集体行动的逻辑。跨域合作应用集体行动的逻辑的前提是地方政府的理性人假设，即地方政府存在着独立利益。然而地方政府利益与个体利益有着显著不同，以地方政府作为主体的集体行动与个体性集体行动也存在很大差异。这种以地方政府为主体的集体行动被称为制度性集体行动。在地方政府的制度性集体行动中，合作能够为参与者带来共同利益，然而由于存在搭便车等问题，地方政府出于自身利益考虑，可能会不愿意承担

① 奥尔森. 集体行动的逻辑 [M]. 上海：上海三联书店，上海人民出版社，1995：2.

② 奥斯特罗姆. 公共事物的治理之道：集体行动制度的演进 [M]. 上海：上海译文出版社，2012：11-34.

相应的成本，由此产生制度性集体行动困境。

地方政府利益具有多重性，原因在于其承担着不同角色。"在进行意见表达时，地方政府实际上扮演的是中央政府代理人、地方代言人和自身利益的维护者三者于一身的角色"，"政府也有其自身的利益，政府体系的利益可以分为政府官员的个人利益、具体部门利益、政府整体利益和所代表的阶级利益四个层次"①。概括而言，地方政府利益可以从以下三个方面加以考察：一是地方利益，即地方政府是地方利益的代表，在提供地方公共物品时，地方政府是集体决策的组织者，负责将个体偏好集成为社会偏好。在这种情况下，地方政府与公众之间是委托代理关系，当公众偏好存在较大差异时，合作就难以达成。二是地方政府及其部门自身利益，即地方政府追求政府及部门利益最大化目标。有学者认为，地方政府存在着追求预算收入最大化的倾向②，而地方政府部门也存在明显的部门利益。在自身利益的驱使下，地方政府会采取竞争与合作行为以实现自身利益最大化。三是地方官员个体利益，即地方政府内部官员的利益。地方政府是由官员个体组成的，不同类型官员面临的激励和约束条件有较大差异，选举的官员和任命的官员的激励结构有明显不同。地方官员利益会对集体行动的结果产生影响。

跨域合作能够为参与者带来共同利益，但是地方政府利益的多重性使合作议题变得十分复杂。例如，流域水环境治理有利于流域整体发展，但是对于流域内所涉及行政辖区的居民而言，由于其偏好存在差异，对合作会存在不同的态度；流域治理可能会影响地方经济发展和地方政府的财政收入，地方政府对合作有着不同的利益考量；另外，地方政府官员需要考量合作对其选举或晋升的影响，这加剧了问题的复杂性。地方政府利益的多重性也使得跨域合作治理更加复杂，单纯依赖外部强加的制度安排或者自主性治理都存在着一定的缺陷。美国大都市区治理中长期存在的区域统筹与地方自治的博弈就是这种

① 周振超. 当代中国政府"条块关系"研究［M］. 天津：天津人民出版社，2009：63-64.

② 尼斯坎南. 官僚制与公共经济学［M］. 北京：中国青年出版社，2004：35-41.

复杂性的体现①。

3. 制度性集体行动的类型

制度性集体行动可以分为横向、纵向以及部门间制度性集体行动三种类型②。横向制度性集体行动发生在地方政府之间，所要解决的是单一地方政府无法独立完成、需要地方政府间协作的跨界公共事务，例如地方政府就区域大气污染治理开展集体行动。地方政府间协作可以为各方带来共同利益，但是受到搭便车等因素的影响，理性地方政府的行动难以达成集体行动的最优结果，由此导致横向制度性集体行动困境。纵向制度性集体行动是指不同层级政府之间为特定议题开展合作的情形，例如中央政府与地方政府就流域水环境治理进行合作。虽然中央政府与地方政府在流域治理中存在共同利益，但是中央政府的整体性利益与地方政府的个体性利益之间也会存在矛盾，进而导致纵向制度性集体行动困境。部门间制度性集体行动是指不同职能部门之间围绕同一议题开展合作的情形。例如在我国流域治理中，国家水利部门和生态环境部门对于流域水环境治理都承担相应责任，存在流域治理的共同利益，但是各部门存在独立利益，进而导致部门间制度性集体行动困境。跨域合作治理的主体是地方政府，然而中央政府及其部门在跨域合作中也有其利益诉求，因此跨域合作中的制度性集体行动可以视为由横向、纵向和部门间制度性集体行动所组成的复杂行动网络。

 二、跨域合作中的制度性集体行动困境

跨域合作的目标是实现共同利益，然而理性个体的自利性行为有可能产生制度性集体行动困境，导致合作难以达成。跨域合作中出现制度性集体行动困境的直接原因在于跨域合作的共同利益与个体利益之间的矛盾和冲突，它受到合作群体特征、议题特征以及制度环境等

---

① 王旭，罗思东 . 美国新城市化时期的地方政府：区域统筹与地方自治的博弈 ［M］. 厦门：厦门大学出版社，2010：6 - 7.

② FEIOCK R C. The institutional collective action framework ［J］. Policy studies journal, 2013, 41 (3): 397 - 425.

因素的影响。这些因素中蕴含着跨域合作的风险，与跨域合作能否达成有内在联系。

群体特征是指跨域合作的参与者和治理主体方面的特征，主要包括参与者的数量以及参与者的异质性等因素。参与者的数量会影响集体行动的结果，一般而言，参与者数量越多，制度性集体行动困境的程度就越高。奥尔森在《集体行动的逻辑》中论证了参与者数量与集体行动结果之间的负向关系，得出以下结论：一是大集团存在着什么公共物品也提供不了的倾向，集团中的个体数量越多，越不可能达成集体行动；二是小集团存在着只能提供低于最优水平的公共物品的倾向，集团中的个体数量越多，离最优水平就越远①。在自然资源管理领域所进行的实证研究部分证实了群体规模与集体行动之间的负向关系。但是这些研究也表明，群体规模并不是直接对集体行动产生影响，而是受到集体行动的目标以及复杂的社会互动环境的影响②。除了参与者数量之外，参与者的异质性也会对集体行动的结果产生影响。奥尔森在论述集体行动困境时指出，某些足够小的集团能够通过一个或多个成员自发和理性的行动提供给自己一定量的公共物品，这些成员因为其利益占比很高，即使存在其他人搭便车的状况，他们也会不成比例地承担起提供公共物品的成本③。跨域合作中参与者的异质性比个体性集体行动更加复杂。它既包括参与合作的行政辖区的人口、经济增长等社会统计指标方面的异质性，也包括地方政府的财政收入等体现地方政府动员资源能力指标方面的异质性，还包括合作各方公众的态度、偏好及其对信任的影响等。

议题特征是指跨域合作涉及领域所具有的内在特征。跨域合作的领域非常广泛，包括公共服务提供、跨界公共事务治理、经济发展以及基础设施共同投资等。这些合作领域大致可以分为三类：第一类是涉及规模经济性的议题，例如合作建设垃圾处理厂、污水处理厂等公用设施，共同开展基础设施投资等。当地方政府的规模比较小，辖区

---

① 奥尔森. 集体行动的逻辑［M］. 上海：上海三联书店，上海人民出版社，1995：25.

② 波蒂特，詹森，奥斯特罗姆. 共同合作：集体行为、公共资源与实践中的多元方法［M］. 北京：中国人民大学出版社，2011：48－50.

③ 同①25，27.

人口规模难以支撑实现基础设施的规模经济性时，与其他地方政府合作提高投资的规模经济性，就成为跨域合作的现实考量。美国在大都市区发展的早期阶段有许多市县合并的案例，其原因就在于郊区政府规模太小，无法有效提供居民公共服务，只能并入中心城市①。涉及规模经济性的议题需要参与方共同投资，当存在资产专用性以及测量难题时，就会面临着机会主义的风险，导致制度性集体行动困境。第二类议题涉及正的或负的外部性问题，例如流域上游排污对下游造成负外部性，地方政府治理大气污染对相邻地区带来正外部性等。这类问题常常发生在相邻的行政辖区之间，需要通过地方政府之间的沟通和协调加以解决。由于这类问题涉及地方政府之间的利益冲突，往往需要第三方介入共同解决。第三类议题涉及公共池塘问题，当没有人对自然资源拥有所有权时，就会导致资源的过度利用。公共池塘问题是由公共资源的非排他性与竞争性特征造成的。当自然资源不能排除他人使用而且具有竞争性时，就需要建立相应的制度安排，通过使用者的集体行动加以解决。

　　制度环境主要涉及与地方分权有关的制度安排，包括地方政府与中央政府的关系以及地方政府与社会的关系两个方面。自 20 世纪 70 年代中期以来，几乎各国都经历了以地方分权为特征的地方政府改革浪潮，目标是扩大地方政府的自主权。北欧国家的"自由市镇实验"、法国和日本的地方分权法以及美国和德国的府际关系调整都具有明显的地方分权特征②。在地方政府与中央政府的关系方面，地方政府更多地参与国家政策的制定，两者逐渐走向协商合作关系。在地方政府与社会的关系方面，社群主义和功能主义逐渐被治理理论所取代，地方政府需要与社会组织协同处理地方事务。总体上来看，地方分权赋予了地方政府更多的自主权，这使得地方政府可以在纵向和横向关系上战略性地与中央政府和社会组织构建起协作网络，这种网络关系不

---

　　① 刘彩虹. 整合与分散：美国大都市区地方政府间关系探析［M］. 武汉：华中科技大学出版社，2010：52.
　　② 阿姆纳，蒙丁. 趋向地方自治的新理念?：比较视角下的新近地方政府立法［M］. 北京：北京大学出版社，2005：2，3－12.

是传统意义上的命令和控制，而是以协商与合作来实现组织目标①。

三、跨域合作的区域尺度

跨域合作是在特定的区域内进行的，不同的区域尺度会影响跨域合作的运行机制及其结果。区域是区域科学研究中的核心概念，从公共管理学科角度来看，区域既不同于一个民族国家，也不同于特定的行政区域，而是一个基于行政区划又超越国家和行政区划的综合性概念②。区域的划分标准和类型有很多，例如可以将区域划分为经济区域、行政区域、社会区域、自然地理区域等。在跨域合作中，根据合作范围和合作议题类型的不同，大致可以分为三种类型：一是有明确划定的区域边界的规划区域，例如美国大都市区和我国纳入政府战略规划的城市群。这类区域以行政区域为基础，其边界由政府明确划定。规划区域以区域整体性发展为目标，以区域内行政辖区的内在联系为基础，是一个国家发展的重要空间载体。二是有明确自然边界的地理区域，例如森林、湖泊、河流等自然资源都有着比较明确的自然边界。这类区域大多在空间上与行政区域并不重合，区域内的地方政府主要围绕自然资源的合理使用开展合作。三是由相邻边界的地方政府进行合作所构成的合作区域。这类区域有可能包括参与合作的行政区域整体，例如相邻地方政府就区域大气污染治理开展合作，也有可能是经双方同意共同划定的特定合作空间，例如北京与河北在北京大兴国际机场区域共同划定的临空经济区等。

上述三类区域划分构成了跨域合作的宏观区域尺度。在这种区域尺度下强调的是区域的整体性，例如大都市区和城市群整体交通、产业发展和公共服务一体化，流域整体水环境治理和水生态保护，相邻行政区域整体的大气污染治理等。与宏观区域尺度相对应的是微观区

---

① 阿格拉诺夫，麦圭尔. 协作性公共管理治理：地方政府新战略 [M]. 北京：北京大学出版社，2007：20.

② 陈瑞莲，等. 区域公共管理理论与实践研究 [M]. 北京：中国社会科学出版社，2008：6-11.

域尺度，即从地方政府角度来考察其具体合作行为所涉及的区域尺度。例如在规划区域中，地方政府之间共同提供公共服务或协调发展项目，在地理区域中，地方政府之间协商资源使用，在合作区域中，地方政府之间就合作项目及责任分担进行谈判等。由此可见，区域既可以从宏观尺度进行考察，也可以从微观尺度进行考察。从地方政府间一对一的合作所涉及的微观区域到各类治理主体相互合作所涉及的宏观区域，随着区域尺度的增加，对跨域合作统筹协调的要求越来越高，单纯依靠地方政府合作加以协调的难度也就越来越大，在这种情况下就需要更高层级政府的介入。

第二节　跨域合作治理中府际关系的三个层面

府际关系，又称国内政府间关系，是指国内各级政府间和各地区间的关系，它包含纵向的中央政府与地方政府间关系、地方各级政府间关系和横向的各地区政府间关系①。也有学者将政府部门之间的关系纳入府际关系范畴②。概括而言，府际关系可以分为纵向政府间关系和横向政府间关系，其中纵向政府间关系包括中央政府与地方政府之间、各级地方政府之间的关系，横向政府间关系包括同级地方政府之间以及不存在行政隶属关系的非同级地方政府之间的关系③。府际关系包括静态和动态两个方面，其中静态的关系体现为政府间的法律关系和制度关系，动态的关系则体现为具体的政策关系、人际关系和行政调控关系④。跨域合作治理是指不具有行政隶属关系的地方政府跨越行政边界的治理模式。跨域合作治理中的府际关系由三个层面构成：一是作为跨域合作制度环境的府际关系，这种府际关系是静态的、由国家结构形式所决定的法律关系和制度关系；二是由跨域合作

---

①　林尚立. 国内政府间关系 ［M］. 杭州：浙江人民出版社，1998：32.

②　谢庆奎. 中国政府的府际关系研究 ［J］. 北京大学学报（哲学社会科学版），2000 (1)：26 - 34.

③　陈振明. 公共管理学：一种不同于传统行政学的研究途径 ［M］. 2 版. 北京：中国人民大学出版社，2003：145.

④　同①68.

参与主体构成的府际关系，这种府际关系是动态的、体现参与各方诉求的利益关系；三是由跨域合作治理主体构建的府际关系，这种府际关系表现为协调参与方利益的各类治理机制。

一、作为跨域合作制度环境的府际关系

跨域合作总是处于特定的制度环境之中。所谓制度，是指一系列被制定出来的规则、服从程序和道德伦理规范，由正式规则、非正式规则及其实施特征组成[①]。影响跨域合作的制度环境主要是指静态的府际关系，即政府间的法律关系和制度关系。静态的府际关系是由国家结构形式所决定的，它界定了中央政府与地方政府的权力关系和职能关系，明确了中央政府和地方政府的法律地位，构成了跨域合作赖以产生的制度环境。作为跨域合作的制度环境，静态的府际关系为跨域合作参与主体和治理主体提供了相应的激励结构，直接决定了地方政府与中央政府的关系，同时也影响着地方政府与社会的关系。在不同的府际关系条件下，中央政府和地方政府面临着不同的激励和约束条件，由此导致不同的利益诉求和治理能力。

府际关系由纵向政府间关系和横向政府间关系构成，其中纵向政府间关系是府际关系的主轴，因此可以根据中央政府与地方政府的关系来划分府际关系的类型。根据林尚立的研究，静态的府际关系可以从两个维度进行划分：一是以中央和地方关系所反映的国家结构形式来划分不同的府际关系；二是以权力在中央政府与地方政府间的分配，即以集权与分权来划分不同的府际关系[②]。由此大致可以形成四种府际关系类型（见表2-1）。在单一制国家结构下，中央政府享有充分权力，地方政府是中央政府的下属机构或代理机构，其权力来源于中央政府或受制于中央政府，可以表现为两种具体形式：一是中央主导型政府间关系，这种分权关系是中央政府将部分权力交给地方政府行使，而中央政府仍有最终决定权；二是地方自主型政府间关系，

---

① 诺斯. 制度、制度变迁与经济绩效［M］. 上海：上海三联书店，1994.

② 林尚立. 国内政府间关系［M］. 杭州：浙江人民出版社，1998：41.

这种分权关系是权力的确定性转移，以立法形式赋予地方政府一定的权力，实行地方自治。在联邦制国家结构下，中央政府与地方政府都有宪法规定的权力范围，存在明确的权力划分，在实践中可以分为两种形式：一是均衡型政府间关系，其特点是中央政府与地方政府的权力分配比较均衡，虽然联邦政府在法律上高于成员政府，但各成员政府也充分享有宪法与法律所赋予的特权；二是非均衡型政府间关系，其特点是联邦中央政府高度集权，中央政府与成员政府间的权力与职能划分不均衡。

表 2 - 1　府际关系的类型

	单一制	联邦制
集权	中央主导型政府间关系：基于"分工性"地方分权而形成，中央政府掌握最终权力，地方政府实际上是中央政府的派出机构。例如法国、日本	非均衡型政府间关系：联邦中央政府掌握所有重大事务，拥有高度集权，例如印度、阿根廷
分权	地方自主型政府间关系：基于"分割性"地方分权而形成，中央政府在承认地方政府相对独立的前提下，对地方政府实施控制。例如英国	均衡型政府间关系：州政府和地方政府掌握组织和管理社会公共生活的权力，拥有较为广泛的自主权和自决权，例如美国

资料来源：林尚立. 国内政府间关系［M］. 杭州：浙江人民出版社，1998：60 - 77.

府际关系的表现形式多种多样，但是从决定政府间关系的基本格局和性质的因素来看，主要由三种关系组成：权力关系、财政关系和公共行政关系[①]。其中，权力关系是政府间关系的基础，决定着中央与地方各级政府各自的地位和职权范围；财政关系是政府间关系的核心，直接决定政府间关系的现实状况；公共行政关系是政府管理社会公共事务的活动。在府际关系中，纵向政府间关系主要具有政治和行政意义，三重关系在纵向政府间关系中都有体现；横向政府间关系更多具有经济意义，主要在公共行政关系中有所体现。总体上来看，随着经济和社会发展变化，政府间关系逐渐走向相互合作和相互依赖。从纵向政府间关系来看，在社会和经济一体化背景下，许多公共问题

---

① 林尚立. 国内政府间关系［M］. 杭州：浙江人民出版社，1998：70 - 71.

需要多级政府协商合作才能加以解决。其中，全国性的计划以及中央与地方的财政关系促成了中央政府与地方政府之间的相互依赖。前者需要在中央政府与地方政府配合、协商的基础上进行战略部署，并通过地方政府加以执行；而后者则意味着地方政府需要依赖中央政府来获得必要的财政资源①。从横向政府间关系来看，随着交通和通信技术的发展，横向地区经济合作蓬勃发展，这使得横向政府间的合作变得更加紧密。

静态的府际关系构成了跨域合作的制度环境，对地方分权特征产生重要影响，包括地方政府与中央政府的关系以及地方政府与社会的关系两个方面。从地方政府与中央政府的关系来看，在单一制和集权型的府际关系下，中央政府掌握最终权力，决定着地方政府的权力来源，此时跨域合作受到中央政府干预和影响就会比较大；而在联邦制和分权型的府际关系下，地方政府的自治能力比较强，跨域合作受中央政府的影响就比较小。在美国大都市区治理中，长期存在着区域统筹和地方自治的博弈，地方自治的传统深深根植于美国社会，因此基于地方政府自主性合作的地方主义更易被美国学者接受。而在我国区域治理的研究中，则存在着一定程度的区域主义倾向。这与两国不同的府际关系特征是分不开的。从地方政府与社会的关系来看，在单一制和集权型的府际关系下，市场和社会的发育相对滞后；而在联邦制和分权型的府际关系下，市场和社会的发育则更加成熟。在西方国家跨域合作治理中，更加强调私营企业和非营利组织的参与；而我国跨域合作治理则更加具有政府主导的科层制模式特征②。然而，在20世纪70年代中期以来地方分权改革浪潮的推动下，各国府际关系逐渐向分权化方向发展，这极大改变了地方政府与中央政府的关系，并为地方政府与社会关系的发展创造了条件，由此也重构了跨域合作治理中的府际关系。

---

① 林尚立. 国内政府间关系 [M]. 杭州：浙江人民出版社，1998：157-163.

② 汪伟全. 区域合作中地方利益冲突的治理模式：比较与启示 [J]. 政治学研究，2012 (2)：98-107.

二、由跨域合作参与主体构成的府际关系

本书所指的跨域合作，是指互不隶属的地方政府之间的合作。跨域合作既有地方政府之间在微观区域尺度上自主性的合作，也有由中央政府自上而下加以推动的合作。因此，跨域合作的参与主体既包括地方政府，也包括中央政府。由地方政府参与跨域合作形成了地方政府之间的横向政府间关系，由中央政府参与跨域合作形成了中央政府与地方政府之间的纵向政府间关系。

需要指出的是，本书在跨域合作"参与主体"与"治理主体"两个概念之间进行了区分。所谓跨域合作参与主体，是指直接参与跨域合作的主体。由于地方政府和中央政府分别是地方和国家利益的代表者，当出现跨越行政边界的公共管理问题时，它们负有不可推卸的责任，而且这些问题的解决也难以通过企业和非营利组织加以解决。因此跨域合作的参与主体主要包括地方政府和中央政府两类。然而，在跨域合作中也活跃着许多企业和非营利组织，本书将其界定为跨域合作的治理主体。当参与主体之间的合作出现矛盾和冲突时，就需要通过在治理主体之间构建治理机制加以解决。概言之，跨域合作的参与主体研究所要解决的问题是跨域合作因何产生以及存在何种障碍，治理主体研究所要解决的问题是如何建立合作关系以及合作如何得以维持，即跨域合作如何治理的问题。

1. 跨域合作中的横向政府间关系

跨域合作首先表现为相邻地区互不隶属的地方政府为解决跨越行政边界公共管理问题所形成的横向政府间关系。即使是由中央政府推动而形成的跨域合作，也需要通过相关地方政府间合作加以实施。因此，横向政府间关系是跨域合作中的主要关系，如果协调不好横向政府间关系，跨域合作就无从谈起。为此，就需要对横向政府间关系产生的前提条件、原因以及横向政府间关系的类型等进行分析。

传统公共管理活动主要局限于行政辖区内部，随着跨界公共事务日益增多，地方政府跨越行政边界的协作性管理成为公共管理的重要

内容。地方政府参与跨域合作是建立在以下基础上的：一是存在需要地方政府协作加以解决的议题。如前所述，这些议题主要涉及规模经济性、正的或负的外部性以及公共池塘问题等。例如大都市区公共服务提供、交通基础设施建设、流域水环境治理、区域大气污染治理以及城市群发展等。二是地方政府需要有一定的自主性，可以自主决定与其他地方政府采取协作行动。地方政府自主权的程度要受到前述静态府际关系等制度环境的影响。三是跨域合作能够为参与方带来共同利益。这种利益可能是为当地居民所共享的地方利益，也可能是提高地方政府财政收入等地方政府利益，或者是使地方政府官员能够再次当选或获得晋升的官员利益。当存在以上条件时，地方政府就具有了跨域合作的动机和能力，这构成了跨域合作的必要条件。

然而，即使上述条件都满足，跨域合作也不一定能够达成，这是因为地方政府间可能会出现潜在的利益冲突。地方政府间利益冲突越严重，合作越难以达成。利益关系是横向政府间关系的重要内容。有学者指出，"政府之间关系的内涵首先应该是利益关系，然后才是权力关系、财政关系、公共行政关系。前者决定后三者，后三者是前者的表现。四者并列，以利益关系为先，才是政府之间关系的真正内涵"[1]。对于横向政府间关系而言，基本不存在权力关系和财政关系，利益关系决定公共行政关系，进而决定横向政府间关系的走向。跨域合作中的横向政府间利益关系可以划分为如下三种类型[2]：

一是竞争性利益关系。这是一种零和博弈关系，在这种情况下，一方利益的增加也就意味着另一方利益的减少，因此是横向政府间利益冲突最剧烈的类型。在公共池塘资源管理中，由于资源具有竞争性特征，一方使用资源会对其他参与方产生影响，这种情况在流域水资源分配、区域大气污染物排放权分配等公共资源配置中比较突出。另外，我国过去地方重复建设而导致的产业结构趋同、地区大战、分割市场、跨地区公共物品供给不足和公共事务治理失灵也都是横向政府

---

① 谢庆奎. 中国政府的府际关系研究 [J]. 北京大学学报（哲学社会科学版），2000（1）：26 - 34.

② 王红梅，邢华，魏仁科. 大气污染区域治理中的地方利益关系及其协调：以京津冀为例 [J]. 华东师范大学学报（哲学社会科学版），2016，48（5）：133 - 139，195.

间冲突的表现①。当存在正的或负的外部性时，造成外部性的一方与受到外部性影响的一方存在利益冲突。例如河流上游排污染，对下游产生影响，上下游会围绕排污权和发展权进行竞争。竞争性利益关系面临的突出问题是利益分配，利益无法合理分配往往是跨域合作无法达成的重要原因。

二是互补性利益关系。它主要通过利益交换来实现双方利益的增加，即通常所说的"优势互补、互利共赢"。在跨域合作中，双方都能从中获益是合作的必要条件，而互补性利益关系除了共同获益外，还要求双方在优势互补情况下进行利益交换才能实现共同利益。例如，区域经济中经常会出现"中心-外围"结构②，此时需要地方政府在园区建设、产业转移和公共服务等方面开展合作，从而为企业在区域内合理布局创造条件，这就是互补性利益关系的表现。当存在互补性利益关系时，比较容易形成合作共识，但是在各方利益匹配、投入成本与利益分享等方面需要进行许多沟通和协调才能达成合作。

三是共生性利益关系。在这种情况下，参与各方利益冲突不明显，但是需要共同投入才能获得预期共同利益，是介于竞争性利益关系和互补性利益关系之间的关系类型。例如各方共同投入资金修建跨行政区的交通基础设施，共同开展流域管理治理，共同投资建设联合实验室，争取国家政策支持等。在竞争性利益关系下，一方获得利益是以另一方失去利益为前提的，而在共生性利益关系下，一方获得利益是以另一方也能够获得利益为前提的，因此相对于竞争性利益关系，共生性利益关系的冲突性比较弱。互补性利益关系也存在一方获得利益是以另一方获得利益为前提的情况，但在互补性利益关系中，各方存在优势互补，而共生性利益关系不存在这种情况，所以共生性利益关系更具有冲突性。共生性利益关系中的各方比较容易达成合作共识，然而，由于合作需要各方共同投资，在合作的执行中常常会面

① 张紧跟.当代中国政府间关系导论［M］.北京：社会科学文献出版社，2009：159-165.

② 当经济发展到一定阶段，发达地区创新能力增强但是发展成本增加，而周边欠发达地区发展成本低但创新能力比较薄弱，此时企业就会在两地之间进行生产布局，将研发环节留在发达地区，而将制造环节向周边迁移，从而形成"中心-外围"结构。见：邢华.FDI集群与跨国公司中心-外围结构探析［J］.改革，2006（6）：69-74.

临机会主义和背信等问题，监督成本比较高昂。

　　跨域合作中地方政府间的利益关系会对横向政府间公共行政关系产生影响。横向政府间公共行政关系包括正式关系和非正式关系，其中正式关系包括由中央政府策划而形成的合作、地方间为处理某一共同问题而形成的合作、基于协作形成的合作、以协会形式形成的合作关系等①。横向政府间关系可以是平行的，存在于同级的地方政府之间，也可以是斜向的，存在于不同级别地方政府之间。横向政府间公共行政关系是由其利益关系决定的，也可以认为，公共行政关系是为了协调利益关系而形成的。从这个角度来说，公共行政关系体现的是治理主体之间的关系，在公共行政关系基础上会形成协调地方政府间关系的治理机制。

2. 跨域合作中的纵向政府间关系

　　跨域合作既有可能是地方政府间自发形成的合作，也有可能是由中央政府自上而下推动的合作。地方政府自发合作常常在微观区域尺度内发生，而中央政府自上而下推动的合作则一般发生在宏观区域尺度内。当中央政府发起合作时，地方政府仍然是参与主体，但是与自发合作相比，其角色会变得更加被动。此时，中央政府成为重要参与主体，其角色变得更加主动，中央政府与地方政府之间的纵向政府间关系也变得更加突出。

　　中央政府之所以会参与跨域合作，是因为它代表国家利益，需要统筹区域协调发展，协同解决区域发展各类矛盾。中央政府统筹性的功能越突出，越有可能成为跨域合作的参与者。作为跨域合作制度环境的静态府际关系会影响中央政府角色。一般而言，单一制国家结构和集权型府际关系下的中央政府的统筹性功能更强一些。其中，单一制下的中央主导型政府间关系下的中央政府的权力更为集中，更有可能参与跨域合作。

　　中央政府参与跨域合作会形成纵向政府间关系，决定跨域合作的走向。在跨域合作中，纵向政府间关系的内涵仍然在一定程度上表现为利益关系。中央政府与地方政府关系实质上是国家利益与地方利益

---

　　① 林尚立. 国内政府间关系 ［M］. 杭州：浙江人民出版社，1998：115－117.

的关系的体现。从阶级观点来看，国家利益是一个国家的统治阶级的根本利益或共同利益，而地方利益则是一个地方的特殊利益；从国家结构的角度来看，国家利益是一个国家的整体利益，而地方利益则是一个国家的局部利益。因此，中央政府与地方政府关系是一个矛盾体，它一方面是国家根本利益与地方特殊利益的矛盾，另一方面是国家整体利益与地方局部利益的矛盾①。例如，中央政府参与区域大气污染治理是基于国家生态文明发展的根本利益，但是地方政府基于地方特殊利益，往往需要在大气污染治理与地方经济发展之间进行权衡，此时，国家根本利益与地方特殊利益之间产生矛盾。另外，中央政府参与流域治理是从国家整体利益出发的，而每个地方政府都存在自己的局部利益，此时国家整体利益与地方局部利益之间会产生矛盾。

根据中央政府与地方政府利益矛盾程度的不同，可将纵向政府间关系分为相容性利益关系和相斥性利益关系两类。在相容性利益关系下，国家根本利益与地方特殊利益、国家整体利益与地方局部利益之间存在着契合性，中央政府的战略意图与地方政府的利益诉求是一致的。例如在区域经济一体化背景下，中央政府谋划城市群一体化发展，既能够提高区域整体竞争力，又能为地方发展带来新动力，中央政府与地方政府形成相容性利益关系。在相斥性利益关系下，国家根本利益与地方特殊利益、国家整体利益与地方局部利益之间存在着一定的冲突性，其中既包括中央政府与地方政府的直接利益冲突，也包括地方政府利益分歧所导致的中央政府与地方政府的间接利益冲突。例如，20 世纪 50 年代，治理淮河过程中，不同地区在治理淮河方案上存在极大分歧，为消除分歧，国家领导人反复召集各地负责干部进行座谈，以促成各地区负责人对治理方案达成一致意见。②

三、由跨域合作治理主体构建的府际关系

与参与主体不同，跨域合作中的治理主体类型更为广泛，既包括

---

① 林尚立. 国内政府间关系 [M]. 杭州：浙江人民出版社，1998：21-22.
② 周振超. 当代中国政府"条块关系"研究 [M]. 天津：天津人民出版社，2009：63.

地方政府和中央政府，也包括企业和非营利组织等。跨域合作是建立在参与主体利益关系基础上的，这些利益关系呈现出不同程度的冲突性，需要通过构建治理主体关系加以协调。其中，府际关系是治理主体关系的核心。由治理主体构建的关系，其目标是协调参与主体利益，从这个意义上来说，也可以将治理主体所构成的关系称为跨域合作治理机制。其主要包括两类：一是以横向政府间关系为主体所构建的横向协作机制，二是以纵向政府间关系为主体所构建的纵向干预机制。

1. 以横向政府间关系为主体构建的横向协作机制

横向协作机制是以地方政府为主导，通过地方政府与其他地方政府以及企业和非营利组织建立关系来解决跨域合作参与主体利益矛盾的治理机制。当参与主体之间的利益关系面临矛盾和冲突时，跨域合作就会面临难以达成的风险。此时，地方政府就会与各类治理主体构建横向协作机制来缓解合作风险。

地方政府在构建协作机制时需要两个因素，其中一个因素是在治理机制中地方政府拥有的自主权程度。地方政府作为治理主体进入各种协作机制，实质上是建立有一定约束力的制度安排，这意味着地方政府需要让渡一部分自主权。根据地方政府保留自主权的程度，可以将治理机制分为三种类型①：一是嵌入性机制，即运用地方政府及其官员的社会资本，通过构建社会关系网络来缓解合作风险。在这种治理机制下，地方政府拥有完全的自主权，不需要让渡权力，是一种非正式的制度安排。二是契约（contract）机制，即通过签订有约束力的契约来解决跨域合作问题。由于契约具有法律约束力，地方政府签订契约则需让渡一部分权力，但这种权力让渡需要地方政府的同意，而且地方政府一般也拥有退出签约的自由。三是委托授权（delegated authority）机制，即在地方政府同意的基础上，共同让渡一部分权力给特定机构，在这种情况下，地方政府将不再拥有这部分权力。契约和委托授权机制都是正式的制度安排。因此从地方政府自主权角度可以将横向协作机制分为正式制度和非正式制度，其中非正式制度对正

---

① FEIOCK R C. The institutional collective action framework［J］. Policy studies journal，2013，41（3）：397-425.

式制度具有补充性作用，两者可以搭配使用。由地方政府主导所构建
的制度安排也可以称为跨界协议（interjurisdictional agreement，
IJA），这些协议既有约束性的，也有自愿性的①。从跨界协议的角度
也可以将协作机制划分为正式协议和非正式协议②。总体来看，横向
协作机制建立在地方政府同意的基础上，是一种自组织的制度安排。
除了自主权之外，地方政府在构建协作机制时还需要考虑参与主体的
数量，根据参与主体的数量可以分为双边合作与多边合作③。根据上
述两个维度，可以细化横向协作机制的具体治理工具，如图 2-1
所示。

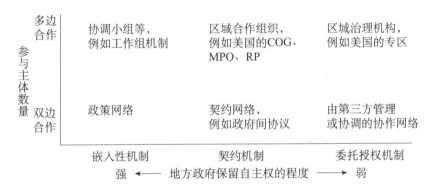

图 2-1 横向协作机制的治理工具类型

资料来源：FEIOCK R C. Metropolitan governance and institutional collective action［J］.
Urban affairs review，2009，44（3）：356-377；FEIOCK R C. The institutional collective ac-
tion framework［J］. Policy studies journal，2013，41（3）：397-425.

　　在嵌入性机制下，地方政府拥有完全的自主权，地方政府和官员
之间的社会关系网络是治理的主要工具。当合作只包括两方主体时，
治理工具可采用政策网络形式，它是治理主体在政策过程中所结成的
网络互动关系，通过面对面的交流来增进信任和互惠；当合作由多方

---

　　① ANDREW S A. Recent developments in the study of interjurisdictional agreements：an
overview and assessment［J］. State and local government review，2009，41（2）：133-142.

　　② YI H，SUO L，SHEN R，et al. Regional governance and institutional collective ac-
tion for environmental sustainability［J］. Public administration review，2018，78（4）：556-
566.

　　③ FEIOCK R C. Metropolitan governance and institutional collective action［J］. Urban
affairs review，2009，44（3）：356-377.

参与时，表现为协调小组等形式，它是通过治理主体组成工作组进行定期或不定期协商的一种非正式机制，目的是增进共识、协调行动。

在契约机制下，地方政府建立有约束力的契约关系。当合作只有两方主体时，可采用联合投资项目、政府间协议、购买服务合同等方式；当合作由多方参与时，则可以通过构建和加入区域合作组织来解决跨域合作问题。区域合作组织可能是政府机构，也可能是非营利组织，地方政府加入区域合作组织，但仍保持独立性和自主权。在美国，典型的区域合作组织有政府理事会（councils of government，COG，是由各地区民选官员组成的自愿性机构）、大都市区规划组织（metropolitan planning organizations，MPO，是以分配联邦资助方式管理大都市区交通问题的组织）和区域合作伙伴关系（regional part-nerships，RP，由公共和私人组织参与所组成的联盟）等①。

在委托授权机制下，地方政府让渡一部分权力给第三方机构，由其负责管理跨域合作事务。当合作只有两方主体时，可以由第三方管理或协调形成协作网络，第三方机构既可能是上级政府机构，也有可能是企业或非营利组织；当合作由多方参与时，则可以建立正式的区域治理机构来解决跨域合作问题。美国的专区是由州议会或地方政府创建的有特殊目的的政府，其实质就是地方政府让渡权力形成的第三方区域治理机构，例如纽约港务局就是纽约州和新泽西州为解决哈德逊港口地区的货运问题而根据州际协定建立的专区，其最初的使命是"发展和改进当地的货运终端、交通和其他商业设施"②。在委托授权机制下，虽然地方政府委托第三方来参与治理，但它是建立在地方政府自愿和共同同意基础上的，而不是外部强加的机构。从这个角度来说，委托授权机制也属于横向自组织型协作机制。

2. 以纵向政府间关系为主体构建的纵向干预机制

纵向干预机制是以中央政府为主导，以中央政府与地方政府关系为依托，以解决跨域合作参与主体利益矛盾为目标而构建的治理机

---

① FEIOCK R C. Metropolitan governance and institutional collective action [J]. Urban affairs review，2009，44（3）：356-377.

② 刘彩虹. 整合与分散：美国大都市区地方政府间关系探析 [M]. 武汉：华中科技大学出版社，2010：148，153.

制。当中央政府出于国家根本利益和整体利益考虑介入跨域合作时，可能会面临中央政府与地方政府以及地方政府之间的利益矛盾和冲突，此时需要中央政府通过构建各类治理机制加以解决。纵向干预机制既可以用于解决微观尺度跨域合作中地方政府之间的利益冲突，也可以用于解决宏观尺度跨域合作中的治理问题。与横向协作机制强调地方政府的自愿性合作与自组织特点相比，纵向干预机制是外部施加的制度安排，具有一定的强制性，有利于解决更为复杂的跨域合作问题。

纵向干预机制的类型可以从两个维度进行划分[①]：一是中央政府干预的强度。其表现为中央政府在介入跨域合作治理中所采用的政策工具的刚性程度，既包括政治或行政手段等比较刚性的介入方式，也包括制定规则、财政激励等较为柔性的方式。在中央政府与地方政府关系上，根据中央政府从刚性到柔性的不同程度介入，可以划分为集权型机制、分工型机制和协商型机制。集权型机制主要通过政治或行政权力介入，分工型机制主要通过组织机构和制度规则等方式介入，协商型机制则主要采用规划引导、协商合作等方式进行跨域合作治理。二是合作议题的复杂性。其主要受合作议题数量及议题任务性质的影响。跨域合作既有可能议题单一而且任务明确，也有可能包含广泛议题而且任务复杂。一般而言，越是复杂的跨域合作议题，越需要高层政治力量的介入；而相对简单和常规的议题，则可以通过固定的程序和规则加以解决。根据中央政府干预的强度以及合作议题的复杂性两个维度，可将纵向干预机制的治理工具细化为以下六种类型（如图 2-2 所示）。

在集权型机制下，根据合作议题的复杂性，可以分为权力或职能调整、行政干预两类治理工具。集权型机制是中央政府利用政治或行政权力介入跨域合作治理的工具类型，往往通过政治动员、法律和行政规章等手段加以实施，具有很强的刚性特征。当跨域合作议题复杂时，往往需要进行权力或职能调整。例如美国在大都市区治理早期，比较强调"一个区域一个政府"，通过建立大都市区政府、市县合并

① 邢华，邢普耀 . 大气污染纵向嵌入式治理的政策工具选择：以京津冀大气污染综合治理攻坚行动为例［J］. 中国特色社会主义研究，2018（3）：77-84.

议题复杂综合	权力或职能调整，例如行政区合并	区域管理机构，例如我国流域管理委员会	战略规划，例如我国城市群规划
议题明确单一	行政干预，例如行政领导、行政监督	制度性支持，例如提供合作平台、给予财政支持、第三方评估	联席会议，例如我国省部际联席会议
	集权型机制	分工型机制	协商型机制

合作议题的复杂性

强 ← 中央政府干预的强度 → 弱

图 2－2　纵向干预机制的治理工具类型

资料来源：邢华，邢普耀. 大气污染纵向嵌入式治理的政策工具选择：以京津冀大气污染综合治理攻坚行动为例［J］. 中国特色社会主义研究，2018（3）：77－84；邢华. 我国区域合作治理困境与纵向嵌入式治理机制选择［J］. 政治学研究，2014（5）：37－50.

等手段来实现区域治理目标；我国地方政府为了提高区域竞争力，也进行了"撤县设区"等行政区合并的尝试。另外，在我国政治体制下，政治动员通过意识形态、组织安排、干部任命等方式贯彻执政党意图，体现执政党意志，也是非常重要的跨域合作治理手段①。当跨域合作议题明确单一时，中央政府往往通过行政领导、行政监督等行政手段来监督地方政府行为，以抑制地方政府局部性和个体性利益，实现中央政府的整体性发展目标。

在分工型机制下，中央政府和地方政府分别在跨域合作治理中承担相应的职责，具有相对明确的职责界定和任务分工，需要通过中央政府与地方政府协作才能有效推动跨域合作实施。当议题具有复杂性和综合性时，中央政府通过设立区域管理机构等方式介入跨域合作治理。例如我国流域管理委员会就是中央政府派出的流域性管理机构。根据我国《水法》，我国水资源管理实行流域管理与行政区域管理相结合的管理体制，中央政府与地方政府分别承担相应职责。由中央政府设立的区域管理机构与横向协作机制下的区域管理机构不同，前者是中央政府外部强加的机构，而后者则具有较强的自愿性组织的特征。当跨域合作议题比较明确，而且任务单一时，中央政府往往通过

---

① 邢华. 我国区域合作治理困境与纵向嵌入式治理机制选择［J］. 政治学研究，2014（5）：37－50.

制度性支持等方式介入跨域合作治理，通过提供合作平台、给予财政支持以及第三方评估等方式发挥作用。

在协商型机制下，中央政府更多通过规划引导和协商合作等方式介入跨域合作治理过程。在我国的跨域合作治理中，当面临复杂而且具有综合性的议题时，中央政府往往通过战略规划等方式来进行顶层设计，其目的是将地方政府合作引导到国家战略发展方向上来，体现了中央政府与地方政府的战略互动。在美国大都市区治理中，联邦政府会通过财政拨款方式来贯彻中央政府意图，这些财政拨款一般需要地方政府建立相应的合作机制，是一种间接参与跨域合作治理的方式。当中央政府需要解决具体的跨域合作议题而且议题明确任务单一时，可以建立联席会议制度等，将利益相关者纳入治理过程，通过多方协商合作来沟通协调具体问题。需要指出的是，在我国纵向政府间关系中，由于条块关系主导着府际关系的运作，因此中央部委和地方政府之间的协作也是纵向干预机制的重要内容。例如，为了解决太湖流域水污染问题，国家发展和改革委员会牵头在太湖流域建立太湖流域水环境综合治理省部际联席会议制度，通过中央政府与地方政府合作推动太湖流域水环境保护，在流域水环境治理中发挥了重要作用①。

第三节　最优跨域合作治理机制选择

从理论上来说，对于跨域合作中的各类府际利益关系矛盾，都可以通过横向协作机制或纵向干预机制加以解决。例如，针对美国大都市区治理中的地方政府碎片化问题，既可以运用建立大都市区政府或市县合并等纵向机制，也可以运用以地方政府的自主性合作为特征的横向机制，由此出现了美国大都市区治理中区域统筹与地方自治的长

---

① 朱德米. 构建流域水污染防治的跨部门合作机制：以太湖流域为例［J］. 中国行政管理，2009（4）：86－90.

期博弈①。既然两种机制都可以用于跨域合作治理，那么应该如何在众多的治理机制中加以选择呢？是否存在最优的跨域合作治理机制？如果存在，其影响因素是什么呢？

这涉及两个层面的理论问题：一是将纵向机制和横向机制视为可以相互替代的治理机制类型，在两者之间比较的基础上，研究在哪种情况下应该选择横向机制，在哪种情况下应该选择纵向机制，即最优跨域合作治理机制的选择问题；二是将纵向机制和横向机制视为可以相互补充的治理机制类型，研究如何通过不同治理机制的组合使用来解决跨域合作问题，即跨域合作治理机制的组合问题。由于中央政府与地方政府关系是府际关系的主轴，中央政府介入对治理机制的选择有决定性影响。因此可以侧重研究跨域合作治理中的纵向机制及其与横向机制的配合使用。从纵向机制角度来看，前者涉及中央政府介入的时机，即在什么情况下应让中央政府介入跨域合作；后者则涉及中央政府介入的方式，即中央政府应以什么样的方式介入跨域合作。

一、最优跨域合作治理机制选择的原则

在跨域合作治理中，是否存在"最优"的治理机制呢？对此，有学者建立了一个制度性集体行动分析框架②，这可以作为本书的研究基础。在他们看来，跨域合作实质是参与各方为实现共同利益而采取的制度性集体行动，从契约经济学角度来看，这种集体行动也可以视为一种"交易"。作为一种集体行动，跨域合作面临着各种风险，可能导致合作最终难以达成。这些风险包括沟通协调的风险、利益分配的风险以及机会主义和背信的风险等。为了达成合作，跨域合作治理主体需要通过各种治理机制进行沟通协调、开展讨价还价、监督合同执行以及获取公众或上级支持，这些构成了跨域合作的交易成本。交

① 王旭，罗思东. 美国新城市化时期的地方政府：区域统筹与地方自治的博弈［M］. 厦门：厦门大学出版社，2010：6-7.

② FEIOCK R C. The institutional collective action framework ［J］. Policy studies journal，2013，41（3）：397-425.

易成本是新制度经济学的核心概念，它是指在订立契约和执行契约过程中出现的各类成本，是有限理性、信息不完备以及机会主义等因素所导致的信息成本、谈判成本、执行成本和外部决策成本的总和①。每种治理机制下的交易成本是不同的，最优治理机制就是能够实现跨域合作交易成本最小化的机制。

根据制度性集体行动分析框架，跨域合作治理机制选择的目标就是要实现交易成本最小化。如果将纵向干预机制和横向协作机制视为可以相互替代的治理机制类型，那么就可以通过比较两种机制下的交易成本来确定最优治理机制。跨域合作的交易成本受到以下三个方面因素的影响：一是合作风险因素，即跨域合作参与主体之间存在的沟通协调、利益分配和监督执行等风险。它主要受到跨域合作议题特征的影响。当跨域合作涉及规模经济性、正的或负的外部性以及公共池塘等议题时，参与主体呈现出不同程度的利益冲突性，利益冲突程度越高，合作风险越大。参与主体的合作风险会影响交易成本曲线的形状，随着合作风险的增加，跨域合作的交易成本提高。二是治理机制特征，即跨域合作治理主体的关系及其特征。它主要受到跨域合作群体特征的影响，包括参与者的数量和参与者的异质性等。当跨域合作治理主体数量众多或具有较大异质性时，合作的交易成本就会比较高。虽然随着合作风险的增加，跨域合作的交易成本会提高，但是不同治理机制下的交易成本随合作风险变化的程度会有所不同。在纵向机制下，合作具有一定的强制性，当合作风险较低时，其交易成本要比横向机制高；当合作风险变高时，其交易成本则比横向机制低。而横向机制以治理主体的自主性合作为特征，当合作风险较低时，交易成本相对较低；当合作风险变高时，交易成本也会迅速提高。三是制度环境特征，即跨域合作中地方分权的程度，包括地方政府与中央政府的关系以及地方政府与社会的关系。一般而言，地方分权程度越低，越难以达成地方政府的自主性合作，合作的交易成本也就越高。

将上述思路做图表示，如图 2-3 所示。假定存在两种治理机制，分别是纵向干预机制和横向协作机制，其对应的交易成本曲线为 A 和

---

① WILLIAMSON O E. The economic institution of capitalism: firms, markets, relational contracting [M]. New York: The Free Press, 1985.

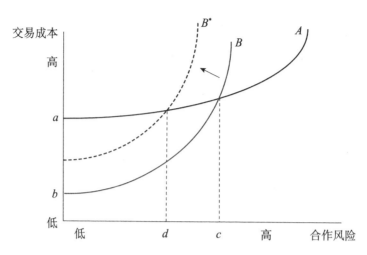

图 2 - 3　交易成本与跨域合作治理机制的选择

资料来源：在以下文献基础上调整完善了对部分曲线的解释：邢华. 我国区域合作治理困境与纵向嵌入式治理机制选择 [J]. 政治学研究，2014（5）：37 - 50.

B，从图中可以看出：（1）两种机制下的交易成本都会随着合作风险的增加而提高，交易成本曲线呈凹形。（2）当合作风险为零时，纵向机制下的交易成本 a 要高于横向机制下的交易成本 b，这主要是由于纵向机制具有一定的强制性，需要投入更多成本建立合作关系并推动合作实施。（3）随着合作风险的提高，纵向机制下的交易成本变化较为缓慢，而横向机制下的交易成本则迅速提升，表现为在同一风险条件下，曲线 A 的斜率要小于曲线 B 的斜率。这主要是因为纵向机制的刚性比较强，可以解决更大范围的跨域合作问题，而横向机制虽然比较灵活，但只适用于特定情境，超出情境范围时交易成本就会迅速提高。（4）同一机制在不同的制度环境下运行时，交易成本也会有所变化。当地方分权程度较低时，同样横向机制下的交易成本会变得更高。例如曲线 B 在较低分权程度情况下会上移到曲线 B^* 的位置，表明制度环境会对跨域合作的交易成本产生外生性影响。

　　根据图 2 - 3 可以提出纵向干预机制选择的原则如下：（1）当合作风险较低时，应避免纵向机制的过度介入，可以更多采用灵活性比较强的横向机制。这是因为纵向机制具有强制性，跨域合作运行的成本比较高；而横向机制则比较灵活，在低风险合作时运行的成本也比较低。（2）当合作风险较高时，应考虑采用纵向机制。在高风险合作下，横向机制运行的成本迅速提高，难以实现各方有效合作，而此时纵向机制的优势则比较明显，能够解决复杂的跨域合作问题。（3）在地方分权程度较低的制度环境下，纵向机制的适用范围更加广泛。这是因为在低分权情况下，地方政府缺乏足够的自主权，因此通过自组织来推动跨域合作的成本也会变得比较高。

从图2-3中也可以看出，在既定的制度环境下，当合作风险低于 c 时，由于纵向机制下的交易成本高于横向机制下的交易成本，所以应避免采用纵向机制；而当合作风险高于 c 时，由于纵向机制下的交易成本低于横向机制下的交易成本，所以应采用纵向机制。当制度环境发生变化，例如在分权程度更低的制度环境下时，区分纵向机制和横向机制的风险临界点变小，由 c 变为 d，意味着在低分权情况下纵向机制的应用范围变得更加广泛。

二、跨域合作治理机制的组合运用

与单纯纵向机制和横向机制相比，现实中跨域合作治理机制更加复杂，需要各类治理工具的配合使用才能产生良好效果。纵向机制需要以地方政府的共同同意为基础，而横向机制则需要在中央政府的支持下运行。纵向机制和横向机制分别包含着中央政府和地方政府运用权力的方式，相应地，在中央政府介入跨域合作治理的方式上也呈现出从刚性到柔性的变化。纵向机制涉及中央政府权力的运用，既包括刚性的集权型机制，也包括相对柔性的分工型和协商型机制；横向机制涉及地方政府让渡权力的方式，既包括地方政府完全拥有自主权的嵌入性机制，也包括地方政府让渡一定自主权的契约和委托授权等方式。因此，各类跨域合作治理机制可以共同构成从外部施加到自愿性合作、从中央政府主导到地方政府主导、从刚性机制到柔性机制的系列谱系。

根据中央政府干预的程度和地方政府保留自主权的程度，可将现有各类治理机制组合成以下五种类型（如表2-2所示）。

表 2-2　跨域合作治理机制组合的类型

类型	纵向干预机制	横向协作机制
中央政府主导型	集权型	无
中央政府主导地方政府配合型	集权型＋分工型	委托授权＋契约
中央政府与地方政府分工型	分工型	契约
地方政府主导中央政府支持型	分工型＋协商型	契约＋嵌入性
地方政府主导型	无	嵌入性

一是中央政府主导型。在这种类型机制下，中央政府发挥主导性作用，运用政治和行政权力来实现跨域合作目标，地方政府被动参与。例如通过机构合并进行权力和职能调整等。

二是中央政府主导地方政府配合型。在这种类型机制下，中央政府仍然主要通过政治或行政权力来推动跨域合作，但是也需要地方政府的配合，与地方政府有一定的职能分工。从横向角度来看，地方政府需要让渡一部分权力给第三方机构，同时地方政府也需要建立契约关系开展合作。例如在重点区域大气污染治理中，中央政府运用行政命令和行政监督等手段督促地方政府落实减排目标，同时还建立相关领导机构，推动地方政府建立联防联控联治机制，共同开展区域环境治理。

三是中央政府与地方政府分工型。在这种类型机制下，中央政府与地方政府具有明确的职能分工关系，在各自的职能范围内开展工作。从横向机制角度看，地方政府需要通过契约机制与其他地方政府或者区域管理机构建立合作关系。例如我国在七大流域建立了流域管理机构，与地方政府共同开展流域合作治理。

四是地方政府主导中央政府支持型。在这种类型机制下，地方政府通过正式的契约机制和非正式的嵌入性机制自主开展合作，中央政府在合作中也承担一定职责，或者通过各种方式参与到跨域合作中。例如在横向生态补偿中，地方政府主动建立横向补偿关系，中央政府出于整体性利益的考量会给予一定的财政支持，或通过各种途径参与到生态补偿机制中。另外，在城市群治理中，中央政府逐渐转变职能，从主导城市群地方政府间合作转变成对地方政府间合作的引导，这有助于发挥中央政府和地方政府的积极性。

五是地方政府主导型。在这种类型机制下，地方政府通过非正式的嵌入性机制开展合作，就共同感兴趣的跨行政区事务进行沟通协作，达成共识。

上述五类机制组合也会面临治理机制选择的问题，适用于前述最优治理机制选择的原则。当合作风险很高时，可以更多发挥中央政府的作用，适度采用刚性治理方式；而在合作风险比较低时，则应让地方政府主导跨域合作，中央政府为其提供支持或引导。当前，各国府际关系都在发生深刻变革，集权型关系逐步让位于分工型关系和协商型关系，更加强调各类治理主体的平等合作。跨域合作治理中的府际关系也应适应这种变化，由中央政府主导向更多依靠地方政府自主性合作转型，通过纵向机制和横向机制的组合运用来构建良性府际关系，推动跨域合作走向深入。

第三章
我国跨域合作治理中的府际关系与机制选择概述

我国跨域合作是随着府际关系的变化而逐渐发展起来的。中央主导的单一制国家结构形式决定了纵向政府间关系的变化将主导跨域合作治理的发展方向。传统模式下的条块关系使地方政府间的横向关系受到阻隔。改革开放后，随着地方分权改革的不断推进，地方政府间的横向关系逐渐发展起来。纵向政府间关系是我国府际关系的主轴，在我国跨域合作治理中，纵向政府间关系也起着主导性作用，这突出表现在跨域合作治理机制的运用上。我国跨域合作治理正在经历从"中央政府主导下的地方政府被动式合作"向"中央政府引导下的地方政府主动性合作"的变化，中央政府的角色正在发生深刻变化。一方面，要让地方政府发挥主体作用，中央政府不能成为跨域合作的"主宰者"；另一方面，也需要更好发挥中央政府作用，其不能成为跨域合作的"旁观者"。如何有效发挥中央政府和地方政府两个积极性，是提高我国跨域合作治理绩效的关键。本章对我国跨域合作的发展历程与特征进行梳理，分析跨域合作治理中不同层面的府际关系及其存在的问题，并提出优化调整我国跨域合作治理中府际关系的思路和对策。

第一节　我国跨域合作的发展历程与特征

从理论上来说，由于边界地区存在经济要素与人口的流动，自然

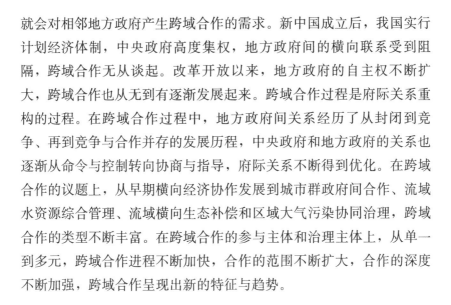

就会对相邻地方政府产生跨域合作的需求。新中国成立后，我国实行计划经济体制，中央政府高度集权，地方政府间的横向联系受到阻隔，跨域合作无从谈起。改革开放以来，地方政府的自主权不断扩大，跨域合作也从无到有逐渐发展起来。跨域合作过程是府际关系重构的过程。在跨域合作过程中，地方政府间关系经历了从封闭到竞争、再到竞争与合作并存的发展历程，中央政府和地方政府的关系也逐渐从命令与控制转向协商与指导，府际关系不断得到优化。在跨域合作的议题上，从早期横向经济协作发展到城市群政府间合作、流域水资源综合管理、流域横向生态补偿和区域大气污染协同治理，跨域合作的类型不断丰富。在跨域合作的参与主体和治理主体上，从单一到多元，跨域合作进程不断加快，合作的范围不断扩大，合作的深度不断加强，跨域合作呈现出新的特征与趋势。

 一、我国跨域合作的发展历程

根据我国府际关系的演变过程，结合跨域合作性质、内容和形式的不断发展，可将我国跨域合作大致划分为以下三个阶段。

1. 改革开放以前的中央集中计划阶段

改革开放以前，我国府际关系采取的是高度集权的传统模式。在这种府际关系模式下，横向地方政府间关系受到阻隔，其原因主要在于以下两个方面[1]：一方面是计划经济体制的影响。在计划经济体制下，政府通过一套计划管理的组织体系直接规划、组织、协调和监督生产，造成政府职能的单一化和上下级职能的一致性，中央政府与地方政府的职能趋向一体化，中央与地方关系变成生产性关系，地方政府作为中央计划的单位而存在。在这种情况下，地方政府缺少自主意识，发展横向关系的基础比较薄弱。另一方面是条块关系的影响。我国计划管理体系由两个系统构成：一是部门计划系统，称为"条条"；

---

① 林尚立．国内政府间关系 [M]．杭州：浙江人民出版社，1998：297 - 317；张紧跟．当代中国政府间关系导论 [M]．北京：社会科学文献出版社，2009：132 - 135；周振超．当代中国政府"条块关系"研究 [M]．天津：天津人民出版社，2009：93 - 94.

二是地方计划系统，称为"块块"。计划管理系统的原则是"统一计划，分级管理"，但是"条条专政"意味着"条条"管理排挤"块块"管理，地方政府的管理地位被削弱，中央部委控制着经济社会发展所需的主要物质资源和财政资源。此外，由于中央计划需要通过地方政府加以实施，而地方完全服从中央计划安排，"条条专政"就会导致地方政府之间以及地方部门之间的关系被割裂开来。在这种情况下，地方政府缺乏横向联系的物质条件和合作能力。

这一阶段具有明显的中央政府主导的特征。国家所有物资调配与生产计划均由中央政府组织实施，地方政府缺乏独立的经济利益和自主权力。各地区地方政府之间的横向联系往往通过中央政府作为纽带，地方政府以公开和正式关系为主，私下来往比较少①，因此也谈不上实质性的跨域合作。

2. 改革开放初期的地方分权阶段

改革开放以来，我国实行以地方分权为特征的改革，府际关系发生深刻变革。地方政府通过"简政放权""放权让利"改革，获得了较大的自主权，地方之间的横向联系逐渐发展起来。地方分权主要集中在两个方面：一是在财政管理体制上。1980 年和 1985 年分别实行"划分收支、分级包干"和"划分税种、核定收支、分级包干"的新财政体制，地方获得了财政自主权，地方财力迅速增长。以广东省为例，1990 年的财政收入比 1978 年、1980 年和 1985 年增长的幅度分别为 232%、262.9% 和 100.2%；而这期间财政支出的增长速度更高，分别为 457.5%、504% 和 147.6%②。二是在下放经济管理权上。即下放企业管理权以及相应的经济管理权限。为了刺激地方财政，中央向地方下放了企业管理权，而为了让地方政府管理好企业，必然需要相应下放与企业管理相关的人财物的支配权。以固定资产投资审批权为例，在 1984 年以前省一级只能审批 1 000 万元以下的投资项目；在 1985 年以后可以审批 3 000 万元投资项目；1987 年对能源、交通、原材料项目的审批权扩大到 5 000 万元，广东、福建、海南省可以审

① 谢庆奎. 中国政府的府际关系研究［J］. 北京大学学报（哲学社会科学版），2000（1）：26－34.

② 林尚立. 国内政府间关系［M］. 杭州：浙江人民出版社，1998：321.

批 2 亿元的项目①。

在这一阶段，中央对地方政府的分权逐渐增多，分权的形式包括倾斜分权、纵向分权和经济分权等。随着财权和经济管理权的下放，地方政府成为具有独立利益的"经济人"，这极大地提高了地方政府发展经济的动力和能力，利益关系成为横向地方政府间关系的前提。一是在"分灶吃饭"财政体制下，地方政府自主发展的意识得到了很大提高，可以根据地方实际制定战略发展规划。二是在"放权让利"背景下，地方政府可以从地方经济发展中获得较大比例的财政收入，提高了地方政府的积极性。三是简政放权提高了地方政府的自主权，地方调动资源的能力显著增强。在这种情况下，地方政府成了改革的"第一行动集团"②，围绕地方经济发展开展了许多制度创新活动。

地方自主权的增强提升了地方政府的行政效率，但在中央计划和地方独立经济利益共存的情况下，竞争成为地方政府关系的主要形式，出现了"诸侯经济"等现象③，同时也导致了重复建设、地方保护主义、分割市场、跨地区公共物品失灵等恶性竞争问题。有学者研究发现，1997 年中国省际贸易壁垒成本的关税等值为 51%，比 10 年前提高了 14%，与欧盟、经合组织（OECD）国家或加拿大-美国一体化区域内部的关税水平相当。④

中央政府通过各种政策促进横向关系发展。针对地方分割，国务院出台了促进横向经济联合的措施。例如，国务院 1980 年出台了《关于推动经济联合的暂行规定》，1986 年发布了《关于进一步推动横向经济联合若干问题的规定》，1990 年发布了《关于打破地区间市场封锁进一步搞活商品流通的通知》。中央还曾出面组织不同地区政府之间的联合与合作，例如：1983 年建立上海经济区，包括江苏、浙江、安徽、江西、福建五省与上海市；1992 年成立了华南和西南地区

---

① 林尚立. 国内政府间关系［M］. 杭州：浙江人民出版社，1998：323.

② 杨瑞龙. 我国制度变迁方式转换的三阶段论：兼论地方政府的制度创新行为［J］. 经济研究，1998（1）：5-12.

③ 沈立人，戴园晨. 我国"诸侯经济"的形成及其弊端和根源［J］. 经济研究，1990（3）：12-19，67.

④ PONCET S. Measuring Chinese domestic and international integration［J］. China economic review，2003（14）：1-21.

的经济合作区，包括四川、贵州、云南、广西、广东和海南六省区①。与此同时，地方政府出于自身利益开展区域合作，建立了城市政府联合体、地区经济协调会等各种区域合作组织②。

总体来看，在这一阶段，中央政府和地方政府都采取积极态度开展横向经济联合，并建立了多种类型的区域合作组织，这为我国跨域合作的发展奠定了物质和组织基础。但是在改革开放初期我国经济体制仍然受到计划经济的影响，加之我国政府组织具有"M 型经济联邦制特征"③，地方政府"麻雀虽小，五脏俱全"，这些因素导致改革初期地区合作重点主要局限在以调剂余缺、物资串换为主的物质协作，合作的广度和深度都不够。虽然这一阶段地区横向经济联合得到很大发展，但地方政府竞争仍然是地方政府间关系的主要形态④。

3. 20 世纪 90 年代中后期至今的社会主义市场经济改革阶段

20 世纪 90 年代以来，我国从计划经济向市场经济转型的步伐不断加快，随着分税制改革的推进，我国纵向政府间关系发生根本性变革，横向政府间关系也开始由竞争逐渐走向合作，这一阶段影响地方政府横向合作的因素主要有以下四个方面：

一是社会主义市场经济体制的确立。1992 年中国共产党第十四次全国代表大会明确提出建立社会主义市场经济体制以及国有企业建立现代企业制度的改革目标，这标志着我国从计划经济体制向社会主义市场经济体制转型，资源配置方式开始从行政计划配置转向市场配置。由于地区之间的产品和要素流动不断加快，地方政府之间的关系也由争夺物资和市场的地区大战、地方分割等恶性竞争逐步转向以制度创新和优化营商环境为基础的良性竞争，地方政府之间的合作也得到不断深化。

二是分税制改革的推进。1994 年我国实行分税制改革，这成为影

---

① 谢庆奎. 中国政府的府际关系研究［J］. 北京大学学报（哲学社会科学版），2000（1）：26 - 34.

② 张紧跟. 当代中国政府间关系导论［M］. 北京：社会科学文献出版社，2009：153 - 155.

③ 张军，周黎安. 为增长而竞争：中国增长的政治经济学［M］. 上海：上海人民出版社，2008.

④ 周业安，赵晓男. 地方政府竞争模式研究：构建地方政府间良性竞争秩序的理论和政策分析［J］. 管理世界，2002（12）：52 - 61.

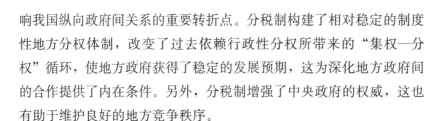

响我国纵向政府间关系的重要转折点。分税制构建了相对稳定的制度性地方分权体制，改变了过去依赖行政性分权所带来的"集权—分权"循环，使地方政府获得了稳定的发展预期，这为深化地方政府间的合作提供了内在条件。另外，分税制增强了中央政府的权威，这也有助于维护良好的地方竞争秩序。

三是区域经济一体化竞争环境的影响。20 世纪 90 年代以来，全球化竞争不断加剧，世界产业和技术转移趋势日益明显，这推动地方政府走向合作。在区域经济一体化背景下，区域合作日益成为地方政府的共识，以区域为单元的地方政府横向合作成为我国横向政府间关系的主要形式。地方政府通过组建区域发展委员会、高层联席会议等平台加强横向协作，以破除区域发展的制度性障碍，促进要素流动。比较典型的是长三角城市经济协调会、泛珠三角区域合作行政首长联席会议等。与此同时，国家也出台了大量区域规划和政策，例如《促进中部地区崛起规划》《东北地区振兴规划》等，明确了国家发展总体战略和主体功能区战略，这些战略规划的实施极大促进了区域合作的发展。

四是生态文明建设的要求。随着经济发展不断加快，人与自然资源环境的矛盾也越来越突出。党的十六届三中全会提出了科学发展观的战略思想，提出要"坚持以人为本，树立全面、协调、可持续的发展观，促进经济社会和人的全面发展"。党的十八大提出了"美丽中国"和"五位一体"战略布局，强调要把生态文明建设放在突出地位，融入经济建设、政治建设、文化建设、社会建设各方面和全过程。生态文明建设是一项系统工作，需要各方面协同推进才能取得预期效果。我国森林、矿产、河流等自然资源往往跨越多个行政区域，在自然资源使用过程中存在许多矛盾和冲突。生态文明建设需要强化自然资源的协同治理，对地方政府间合作提出了更高的要求。

在上述因素的影响下，我国跨域合作的范围不断扩大，在广度和深度上都明显增强。近年来，随着区域经济发展不断加快，人口与资源环境的矛盾不断加剧，跨域合作进入多种议题相互交织的新阶段。这些议题包括：一是大都市区跨界公共事务治理。例如，为了解决日益严重的区域性大气污染问题，京津冀地区全面加强了区域合作。二是流域水资源综合治理。流域水资源管理涉及上下游、左右岸、干支流等不同行政区域的协调，包括水资源分配、水环境污染治理等多种议题，是跨域合作的新领域。三是区域生态补偿。例如，张家口等地区发挥着首都地区生态屏障的功能，需要建立合理的生态补偿机制，以促进区域可持续发展。除此之外，随着我国城市化进程不断加快，人口和产业在向中心城市集中的同时也出现了向周边地区扩散的趋势，各地区纷纷通过都市圈建设和城市群规划为经济社会活动提供新的发展空间，这也需要通过区域内部地方政府之间的有效合作才能取得预期效果。

 二、我国跨越合作的特征和趋势

随着我国跨域合作的不断发展，合作呈现出许多新的特征和趋势。

1. 跨域合作类型日益多样化

跨域合作的实质是地方政府的制度性集体行动（ICA），跨域合作治理的目标是解决地方政府合作所面临的 ICA 困境。有学者指出，现实中主要存在以下四种情形的 ICA 困境：由于地方政府利益难以协调产生的 ICA 困境、在公共服务提供中由于存在规模经济性而产生的 ICA 困境、在公共资源使用中由于共有产权属性所产生的 ICA 困境、在正的或负的外部性情况下所产生的 ICA 困境等[①]。过去，我国跨域合作主要集中在经济领域的横向经济协作，随着跨域合作广度和深入的不断增加，跨域合作开始向公共事务治理、公共服务提供等领域发展，跨域合作类型日益多样化。根据跨域合作所面临的 ICA 困境的性质，可以将我国跨域合作划分为以下四种类型：

（1）互补型合作。它是指地方政府之间通过利益交换而实现双方利益增加的情形，即通常所说的优势互补、互利共赢。这种类型的合作是我国跨域合作的主体。由于存在互补性的利益关系，这种合作比

---

① FEIOCK R C. The institutional collective action framework ［J］. Policy studies journal，2013，41（3）：397 – 425.

较容易达成共识。我国在改革开放初期鼓励地方政府之间进行横向经济协作，就是建立在各地区优势互补和互利共赢基础上。当前，我国正在积极推进都市圈和城市群等区域规划和建设，在这个过程中也需要各地区充分发挥各自的比较优势，在合理分工的基础上进行合作。只有坚持优势互补、互利共赢，才能实现区域高质量发展①。我国京津冀地区、长江经济带、粤港澳大湾区、成渝地区双城经济圈等，这些国家级战略区域的发展都需要以地方政府的优势互补和互利共赢为基础。互补型跨域合作的参与主体具有共同的利益基础，但同时也都具有自身的利益诉求，如果不能协调好各地区的利益关系，会导致合作流于形式而无法实现实质性合作。因此这种类型的合作需要建立有效的沟通和利益分配机制。在这种情况下，中央政府的适度和有效介入可以为解决沟通和利益协调难题提供外部支持。

（2）共建型合作。它是指地方政府为了促进区域基础设施建设或共同争取政策资源而开展的合作。这种类型的合作主要体现在以下几个方面：一是我国在都市圈和城市群规划和建设中大都提出要积极推动基础设施互联互通，以促进要素资源流动。例如，2015 年中央出台《京津冀协同发展规划纲要》，要求推动京津冀交通一体化发展，着力构建现代化交通网络系统，打造"轨道上的京津冀"；2019 年颁布的《粤港澳大湾区发展规划纲要》提出，要构建以高速铁路、城际铁路和高等级公路为主体的城际快速交通网络，力争实现大湾区主要城市间 1 小时通达。二是地方政府常常通过合作联合开展国家政策试点。例如，我国自 2005 年以来开展综合配套改革试点，其中，成渝统筹城乡综合配套改革试验区、武汉城市圈和长株潭城市群"两型社会"建设综合配套改革试验区、沈阳经济区新型工业化综合配套改革试验区等都是合作开展综合配套改革的实验区。三是地方政府在特定的区域空间内开展共建型合作。例如北京大兴国际机场位于北京市大兴区和河北省廊坊市交界处，其临空经济区共 150 平方公里，其中河北部分约 100 平方公里，北京部分约 50 平方公里，2019 年 9 月，北京市和河北省正式批复了《北京大兴国际机场临空经济区总体规划

---

① 邢华. 推进京津冀优势互补高质量发展［J］. 前线，2020（3）：61-64.

(2019—2035 年)》，共同将临空经济区建设成为国际交往中心功能承载区、国家航空科技创新引领区、京津冀协同发展示范区。

共建型合作要求参与主体共同投入物质资源和政策资源来开展区域共建，合作双方具有利益上的相互依赖性，一方利益的获得须以另一方利益的投入为前提。共建型合作是由基础设施或政策创新活动的规模经济性所决定的。由于存在规模经济性，任何一方都无法单独完成预期目标，只能通过地方政府之间的合作才能完成。共建型面临的ICA 困境主要是囚徒困境和搭便车，由于存在专用性投资和测量上的困难①，地方政府参与主体面临机会主义风险，此时往往需要中央政府的第三方机制发挥监督作用。

（3）分配型合作。它主要涉及共有产权资源使用权分配和责任分担等问题。在公用资源使用权分配方面，由于资源的总量是有限的，资源的使用存在竞争性，一方获取资源是以另一方放弃资源为代价的，因此如果不开展合作，就会导致公用地悲剧。我国流域水资源管理中的水量分配就是比较典型的分配型合作。例如，20 世纪 80 年代实施的黄河"八七"分水方案结束了黄河下游断流的局面，对于改善黄河流域生态环境、协调省际用水矛盾起了很大作用。2007 年，水利部颁布的《水量分配暂行办法》指出"水量分配是对水资源可利用总量或者可分配的水量向行政区域进行逐级分配，确定行政区域生活、生产可消耗的水量份额或者取用水水量份额"，并规定了水量分配的原则、依据以及水量分配方案的内容等要件。目前，我国所实施的水量分配具有较强行政分配的特征，按照 2015 年中央颁布的《生态文明体制改革总体方案》，我国将健全自然资源资产产权制度，以解决自然资源所有权和管理权不分的问题，在水权初始分配和水权交易的基础上建立流域内地方政府合作是未来合作的发展方向。另外，在区域大气污染治理中污染物削减指标分配中也存在类似的分配型合作。例如，2014 年，国家工业和信息化部印发《京津冀及周边地区重点工业企业清洁生产水平提升计划》，提出"到 2017 年重点行

---

① BROWN T L. Transaction costs and institutional explanations for government service production decisions [J]. Journal of public administration research and theory, 2003, 13 (4): 441 - 468.

业排污强度比 2012 年下降 30％以上"的目标，并将京津冀及周边地区重点工业企业的主要污染物削减量指标逐项分配到北京、天津、河北、山西、内蒙古、山东及区域内央企，其中，河北省承担的减排任务最重①。

分配型合作针对的是共有产权情况下的公共池塘问题，与共建型合作是一个硬币的两面。共建型合作是各方投入稀缺资源以获取规模经济性所带来的共同利益，分配型合作是各方协商稀缺性公共资源的使用以避免公用地悲剧。分配型合作是一种零和博弈，在共有产权情况下，如果各方只考虑自身利益，就会导致资源的过度使用或责任分配中的推诿扯皮。在分配型合作中存在新制度的供给问题、可信承诺问题以及相互监督问题，在这种情况下，外部第三方介入提供了一种可行的机制选择②。

（4）补偿型合作。这种合作类型所要解决的问题是外部性的内部化。当存在正的或负的外部性时，如果不能有效实现外部性的内部化，就会引发地方政府之间的矛盾和纠纷。例如，张家口等北京周边地区开展生态环境修复、关闭污染企业，为首都地区生态环境带来了正的外部性，应给予相应补偿。负的外部性情况也非常普遍，例如在我国流域水环境治理中，上游地区排放污染物对下游地区造成影响，需要通过合作来加以协调。随着我国经济快速发展，人口与资源环境的矛盾日益突出，相邻地区之间由于污染排放等问题产生的纠纷越来越多，需要建立相应的补偿机制。2015 年中央出台《生态文明体制改革总体方案》，明确提出要探索建立多元化补偿机制，健全资源有偿使用和生态补偿制度。在横向生态补偿机制中，以地方补偿为主，中央财政给予支持。该方案还提出要鼓励各地区开展生态补偿试点，继续推进新安江水环境补偿试点，推动在京津冀水源涵养区、广西广东九洲江、福建广东汀江-韩江等开展跨地区生态补偿试点，在长江流域水环境敏感地区探索开展流域生态补偿试点。

① 李巍．京津冀污染物削减量指标确定 河北减排任务最重［N］．河北日报，2014－03－24．

② 奥斯特罗姆．公共事物的治理之道：集体行动制度的演进［M］．上海：上海译文出版社，2000：49－54．

　　补偿型合作与分配型合作类似，都存在竞争性利益关系，这会导致合作各方在补偿标准和补偿方式等问题上比较难以达成一致。补偿型合作与共建型合作也有一定的相似性，各方需要通过共同努力——补偿方给予补偿，被补偿方削减污染物排放——来改善区域生态环境，在这个过程中同样会面临专用性投资以及测量的困难等问题。上述特征导致补偿型合作比其他类型的合作更加复杂，往往需要中央政府的支持和参与。

2. 跨域合作中地方政府的层级日益复杂化

　　我国地方政府一般可以分为省、市、县、乡四级，不同层级地方政府的行政权力和经济社会发展水平存在较大差异，这增加了跨域合作的复杂性。从行政辖区隶属关系和行政层级来看，我国跨域合作可以分为三种类型：一是同一地区内同一层级地方政府间的合作。例如湖南省的长株潭一体化是隶属于同一行政辖区内地级城市政府之间的合作。二是不同地区同一层级地方政府间的合作。例如哈长城市群是分别隶属于黑龙江省和吉林省的 11 个市州城市政府之间的合作。三是不同地区不同层级地方政府之间的合作。例如，参与长三角区域合作的 16 个城市中，上海是直辖市，南京、杭州、宁波是副省级城市，南京、杭州还是省会城市，而其他城市则属于一般地级市；在京津冀区域合作中，北京和天津是直辖市，北京还是国家首都；泛珠三角区域合作中的行政区域类型更加复杂，包括四种类型，分别是一般的行政区域、经济特区、特别行政区以及民族自治地区①；粤港澳大湾区包括香港和澳门特别行政区以及珠江三角洲，行政区划的类型也比较复杂。地方政府层级的复杂化增加了跨域合作治理的难度，对跨域合作治理机制选择提出了更高的要求。

3. 跨域合作中地方政府的自主性不断增强

　　我国曾经历过中央政府主导区域合作的时期，但是许多中央政府主导的合作效果不理想。这一阶段的合作可以称为"中央政府主导下的地方政府被动式合作"，其特征是，中央政府主导区域合作进程，地方政府被动参与，地方政府对于合作的积极性不太高。例如 20 世

---

① 陈瑞莲，刘亚平．泛珠三角区域政府的合作与创新［J］．学术研究，2007（1）：42 - 50.

纪 80 年代上海经济区规划办在推动产业结构调整时，表示"根本推不下去"①。随着地方政府分权不断发展，地方政府具有了相对独立的利益诉求和部分自主权。在全球化竞争不断加剧的背景下，地方政府参与区域合作的自主性不断加强。跨域合作逐步由中央政府主导转向地方政府自主性合作。然而自主合作并没有排斥中央政府，相反，合作要在中央政府的引导下进行，即"中央政府引导下的地方政府自主性合作"。我国自改革开放初期就积极推动横向经济协作，以打破地区封锁，促进商品和要素流通。20 世纪 90 年代中后期以来，我国区域协调发展总体战略和主体功能区战略逐步形成并不断完善，区域差距得到有效遏制，区域发展的协调性不断增强。从我国改革开放的实践来看，跨域合作实质上成为贯彻国家战略意志的重要举措。我国跨域合作通过这种"自下而上"与"自上而下"相结合的方式得以迅速发展。

第二节　我国跨域合作治理中的府际关系

本节对我国跨域合作治理中府际关系的三个层面进行剖析。从作为制度环境的府际关系来看，我国是中央政府主导的单一制国家，中央政府掌握最终权力，地方政府受中央政府的领导，因此地方政府的合作行为必然受到中央政府的影响。从参与主体的府际关系来看，中央政府的目标是建立统一市场和推进区域协调发展，地方政府的目标则是促进本地区发展，解决单一政府无法处理的跨界公共事务或公共服务提供问题。从治理主体的府际关系来看，我国目前的治理主体主要是中央政府和地方政府，同时企业和非营利组织的作用也日趋增强。但总体来看，跨域合作治理仍存在诸多困难，需要通过府际关系调整加以优化。

---

① 高渊．当经济区理想遭遇行政区利益——上海经济区：未完成的试验（下）[N]．人民日报，2003 - 06 - 25．

一、我国府际关系的结构模式和运行机制

我国静态的府际关系结构模式和运行机制构成了跨域合作的制度环境。从府际关系类型来看，我国属于中央政府主导型府际关系，地方政府权力来源于中央政府，在中央政府授权下开展工作，中央政府在府际关系中居于主导地位。在这种府际关系条件下，中央政府如何对地方政府授权以及如何构建与地方政府的关系就显得尤为重要。纵向政府间关系是我国府际关系的主轴，它影响着地方政府角色的发挥，决定着横向政府间关系的走向，因此在研究跨域合作治理问题时有必要对我国纵向政府间关系的特征及其影响进行深入剖析。林尚立的三重关系的分析框架指出，府际关系包括政府间权力关系、财政关系和公共行政关系，我们将据此进行分析。

1. 政府间权力关系

政府间权力关系主要受到两个方面因素的影响：一是宪法和法律关系，二是中国共产党的领导。首先，府际关系的基本模式和内在结构是由宪法和法律决定的。我国改革开放后推行地方分权改革，赋予了地方政府一定的立法权和行政权，提高了地方政府的自主性和积极性，为开展横向合作奠定了基础。我国《宪法》规定，"中央和地方的国家机构职权的划分，遵循在中央的统一领导下，充分发挥地方的主动性、积极性的原则"。改革开放初期，我国实行以简政放权和放权让利为特征的改革，相应下放了经济管理权和部分行政审批权。1994 年实行的分税制改革为我国中央和地方的制度化分权创造了条件。另外，我国《地方各级人民代表大会和地方各级人民政府组织法》规定设立地方各级人民代表大会，作为地方国家权力机关，地方各级人民政府是地方各级人民代表大会的执行机关，对本级人民代表大会和上一级国家行政机构负责并报告工作。这在宪法和法律上为地方自主性活动提供了空间。

其次，在分析政府间权力时，需要把握执政党的领导在府际关系中的作用。中国共产党是居于领导地位的执政党，对国家各方面事务

进行政治领导、组织领导和思想领导。中国共产党通过意见综合过程统一人民共同意志，形成党的决议，并进行政治动员获取政治资源的广泛支持，然后进入政府的决策实施阶段。例如，《中央中央关于制定国民经济和社会发展第十三个五年规划的建议》提出"创新、协调、绿色、开放、共享"的发展理念，这五大发展理念是"'十三五'乃至更长时期我国发展思路、发展方向、发展着力点的集中体现，也是改革开放 30 多年来我国发展经验的集中体现，反映出我们党对我国发展规律的新认识"①。党的决议形成后，就成为中央和地方各级国家机关的行动指南，决定着中央和地方的施政方向，也为各级国家机关的行动提供了政治合法性。

中国共产党的领导还通过干部选拔和任用表现出来。"党管干部"是中国官员制度的核心内容。2019 年中共中央印发修订后的《党政领导干部选拔任用工作条例》，强调选拔任用党政领导干部的六条原则，分别是：党管干部；德才兼备、以德为先，五湖四海、任人唯贤；事业为上、人岗相适、人事相宜；公道正派、注重实绩、群众公认；民主集中制；依法依规办事。1980 年，中共中央做出规定，对于党政机关，一般要下管两级机构中担任主要领导职务的干部；1984 年，中共中央将"下管两级"调整为"下管一级、分级管理、层层负责"的办法，这使得一级国家机关对自己直属机构的干部任用有较大的发言权②。近年来，有学者提出晋升锦标赛模式③，用以解释地方政府行为，具有一定的理论解释力。当中央采取"以经济建设为中心"的发展理念，并以此作为考核地方官员的主要标准时，官员面临很强的激励去发展经济④。在这种情况下，中央的意图会通过官员晋升这条渠道贯彻下去。然而，在跨域合作中，中央政府的目标是多元的，可能会超越经济发展这个单一因素，此时中央政府与地方政府就会产生一

---

①　习近平. 关于《中共中央关于制定国民经济和社会发展第十三个五年规划的建议》的说明［N］. 人民日报，2015 - 11 - 04（2）.

②　朱光磊. 当代中国政府过程［M］. 修订版. 天津：天津人民出版社，2002：127.

③　周黎安. 中国地方官员的晋升锦标赛模式研究［J］. 经济研究，2007，42（7）：36 - 50.

④　LI H, ZHOU L-A. Political turnover and economic performance: the incentive role of personnel control in China［J］. Journal of public economics，2005，89（9 - 10）：1743 - 1762.

些矛盾与冲突，这些问题也可以从官员所面临的晋升激励这个角度进行研究。

2. 政府间财政关系

政府间财政关系是权力关系的晴雨表，它基于一定的财政体制而形成。改革开放以来，中央与地方财政关系经历了从高度集中的统收统支到"分灶吃饭"、包干制，再到分税制财政体制的变化，为我国建立现代财政制度奠定了良好基础。我国的财政体制属于集权型体制，中央政府决定财政收支的分配，在政府间财政关系中居于主导地位。

国家通过建立预算制度规范各级政府的财政收支行为。我国《预算法》规定，国家实行一级政府一级预算，设立中央，省、自治区、直辖市，设区的市、自治州，县、自治县、不设区的市、市辖区，乡、民族乡、镇五级预算。全国预算由中央预算和地方预算组成。政府的所有收支都应纳入预算管理。国家预算采用"两上两下"逐级汇编的方式：首先，各省级地方和中央各部门提出自己的计划年度收支建议数报财政部；其次，财政部根据国民经济计划指标，参照上报来的建议数，拟定收支控制指标，经国务院批准后下达；再次，各省级地方和中央各部门根据国务院的要求，布置所辖地区和所属单位编制预算方案，并逐级汇编，经省级地方政府或中央主管部门审查、汇总后报财政部；最后，财政部对上报来的预算草案进行审核，并最终汇编成报国务院审查的国家预算草案。在这个过程中，国务院负责地方预算的审核汇总，并监督地方政府的预算执行。

在国家预算制度中，影响政府间财政关系的制度主要是税收制度、转移支付制度、财政事权和支出责任划分等。其中，税收制度是调节政府间关系的重要杠杆。我国在改革开放初期实行"划分收支、分级包干"以及"划分税种、核定收支、分级包干"等改革方案，这些非标准化的制度安排成为地方政府讨价还价的借口。1994 年我国实行分税制改革，走向规范的分级财政体制。分税制改革改变了中央和地方的财政分配关系，极大提高了中央财政收入的比重，导致地方对中央的财政依赖。为此，在实行分税制的同时，也相应调整了政府间转移支付的数量和形式。我国《预算法》规定，实行财政转移支付制

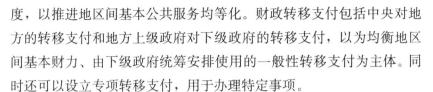

度，以推进地区间基本公共服务均等化。财政转移支付包括中央对地方的转移支付和地方上级政府对下级政府的转移支付，以为均衡地区间基本财力、由下级政府统筹安排使用的一般性转移支付为主体。同时还可以设立专项转移支付，用于办理特定事项。

在财政事权和支出责任划分方面，2016年《国务院关于推进中央与地方财政事权和支出责任划分改革的指导意见》明确中央在财政事权确认和划分上的决定权，适度加强中央政府承担基本公共服务的职责和能力，维护中央权威。该意见提出改革的主要内容包括：一是适度加强中央的财政事权。要逐步将国防、外交、国家安全、出入境管理、国防公路、国界河湖治理、全国性重大传染病防治、全国性大通道、全国性战略性自然资源使用和保护等基本公共服务确定或上划为中央的财政事权，中央的财政事权由中央承担支出责任。二是保障地方履行财政事权。逐步将社会治安、市政交通、农村公路、城乡社区事务等受益范围地域性强、信息较为复杂且主要与当地居民密切相关的基本公共服务确定为地方的财政事权，地方的财政事权由地方承担支出责任。三是减少并规范中央与地方共同财政事权，逐步将义务教育、高等教育、科技研发、公共文化、基本养老保险、基本医疗和公共卫生、城乡居民基本医疗保险、就业、粮食安全、跨省（区、市）重大基础设施项目建设和环境保护与治理等体现中央战略意图、跨省（区、市）且具有地域管理信息优势的基本公共服务确定为中央与地方共同财政事权，并明确各承担主体的职责，中央与地方共同财政事权区分情况划分支出责任。四是根据客观条件变化建立财政事权划分动态调整机制等。中央与地方财政事权和支出责任划分有助于明确各方责任义务，为构建良性跨域合作治理中的府际关系提供了制度基础。

3. 政府间公共行政关系

政府间公共行政关系包括行政领导关系、行政监督关系和行政合作关系。从行政领导关系上看，我国中央政府与地方政府之间存在着领导关系。全国地方各级人民政府都是国务院统一领导下的国家行政机关，都服从国务院。在行政领导关系中，上级领导下级，下级服从上级，下级政府要向上一级政府报告工作，执行上级的决定，重大问题事先向上级请示，来不及请示的要事后汇报。中央的决策一旦做出，各地方需要执行，很少有讨价还价的机会。这种上下级的执行特征可能会导致地方政府采取应付性做法。在中国的政府体制下，中央政府通过中央部委和地方政府两条轨道执行自己的决策，除了直接领导地方政府之外，中央政府对地方政府的领导和影响，还在相当程度上通过中央部委加以实现。中央部委对地方政府运作的影响主要体现在以下四个方面：一是作为行业最高主管部门，通过行政指导、技术监督等方式对地方政府的相关业务提供指导；二是通过对地方政府中对口部门的领导或业务指导，影响地方政府的运作；三是掌握资金、项目等物质性资源和达标评比权等非物质性资源，这些资源会影响到地方政府官员晋升以及地方的发展；四是挂牌督办①。

行政监督包括广义的行政监督和狭义的行政监督。广义的行政监督是指立法机关、行政机关、司法机关、政党、社会团体、新闻舆论等多种政治力量和社会力量对政府及其公务员的行政行为所实施的监察和督导；狭义的行政监督是指行政机关内部对自己的机构及其公务员的不良行政行为所实施的监察和督导。政府间行政监督主要是指狭义的行政监督。行政监督有助于对中央各部门与地方政府执行中央重点任务的情况进行督查问责，强化责任意识，确保中央决策部署和政策措施贯彻落实。例如，2018年7月，国务院发出通知，部署开展2018年大督查，要求从2018年7月初至8月初，各地区、各部门对照督查重点内容开展全面自查，从当年8月下旬开始，国务院派出督查组，对31个省（区、市）、新疆生产建设兵团，和30个国务院部门、单位开展实地督查。根据督查结果，相应开展督查问责、督查激励工作。除了实地督查外，中央还采取巡查等方式对重点工作进行监督。例如，2016年，中央下发《脱贫攻坚督查巡查工作办法》，对中西部22个省（区、市）党委和政府、中央和国家机关有关单位脱贫攻坚工作进行督查和巡查。其中：督查工作坚持目标导向，着力推动工作落实；巡查工作坚持问题导向，着力解决突出问题。行政监督是为了压实责任，促进工作落实。为了强化各地区和各部门的责任意识，还应强化对党政领导干部的约束。

---

① 周振超. 当代中国政府"条块关系"研究［M］. 天津：天津人民出版社，2009：82-83.

2015 年，中央出台《党政领导干部生态环境损害责任追究办法（试行）》，首次对追究党政领导干部生态环境损害责任做出制度性安排，标志着我国生态文明建设进入实质问责阶段。

行政合作主要适用于依靠中央政府或地方政府自身不能解决，需要中央政府与地方政府合作完成的事项。现代府际关系的发展趋势之一是从层级命令和控制走向更加柔性的协商合作①。在单一制国家，行政合作包括委托性合作、协议性合作、计划性合作和参与性合作四种类型②。我国府际关系在这些类型上也有所体现。委托性合作是指通过财政拨款委托地方政府负责处理某一方面的社会事务。例如中央政府对具有一定外溢性的跨省基础设施建设、环境保护与治理等可给予适当补助方式委托地方政府承担责任。协议性合作是指针对中央政府和地方政府同时面临的重大问题进行合作。例如完善生态补偿机制是我国生态文明体制改革中的重要环节，新安江流域横向生态补偿是我国首个跨省生态补偿机制试点，具有很强的示范性意义，同时，新安江生态保护也是上游安徽省黄山市和下游浙江省杭州市共同面临的重大问题，为此，在中央协调组织下，中央与安徽省和浙江省共同出资签订生态补偿协议，为新安江流域横向生态补偿打下了良好基础。计划性合作是指地方参与计划实施而采取的合作。我国中央施政具有"双轨执行"的特点，中央决策和计划通过中央部委和地方政府两条轨道同时执行，而大多数中央机构都没有自己独立的执行机构，必须通过对下级政府中对口部门的领导或业务指导来施行自己的决策，因此，在决策和计划执行中必然需要中央政府及各部门与地方建立合作性关系。参与性合作是指地方政府参与中央决策所形成的合作关系。在我国的政治生活中，"块块"是重要的意见表达主体，地方政府可以通过请示报告制度、全国人民代表大会和党代表大会、领导人的视察、召开有部分领导人和若干省市领导人参加的会议、汇报、党委书记会议、政府办公会议、全国政协会议等多种制度化渠道参与中央决

---

①　SCHNEIDER M, SCHOLZ J, LUBELL M, et al. Building consensual institutions: networks and the national estuary program [J]. American journal of political science, 2003, 47 (1): 143 - 158.

②　林尚立. 国内政府间关系 [M]. 杭州: 浙江人民出版社, 1998: 96 - 97.

策，进行意见表达①。

还有一些学者用"行政发包制"② 来刻画中央和地方关系以及地方官员面临的激励等问题。行政发包制不同于层级制，它强调结果导向以及对于地方官员的强激励；同时行政发包制也与企业的发包不同，它建立在正式权力而不是平等协商的基础上。在行政发包制下，地方的自主性和积极性被充分地激发出来，中央发挥着监督和激励的作用，这为发展地方政府跨域合作创造了制度条件。

 ## 二、我国跨域合作的参与主体及其关系

我国跨域合作的参与主体主要是中央政府和地方政府。首先，跨域合作涉及跨界公共事务治理和公共服务提供，属于公共领域的议题，而政府是公共利益的代表者，需要承担跨域合作的职责。在跨域合作中，企业和非营利组织也起着重要的推动作用，但它们主要发挥补充性和工具性作用，它们的作用通过治理方式运用体现出来，这就是常说的"政府搭台，企业唱戏"。其次，在我国的政府体制下，中央政府与地方政府缺乏实质性分权，中央政府掌握最终权力，对全国性的公共事务和公共服务负总责，因此必然介入跨域合作而成为参与主体。中央政府一方面直接介入区域协调发展等宏观跨域事务，另一方面还通过制度供给间接介入地方政府合作的微观跨域事务。最后，跨域合作是通过地方政府合作来实现的，地方政府是跨域合作的当然主体。地方政府参与跨域合作主要是基于地方利益的考量，在合作过程中公众利益、地方政府利益和地方官员利益都是影响跨域合作的重要因素。

1. 我国跨域合作中的中央政府及纵向政府间关系

中央政府是国家利益的代表者，是跨域合作的参与主体之一。中央政府在下列领域中能够更好地发挥作用：制定经济和社会发展宏观规划和长远发展目标；依据国家宏观政策，运用多种经济杠杆，创造良好的

---

① 周振超. 当代中国政府"条块关系"研究［M］. 天津：天津人民出版社，2009：62－63.

② 周黎安. 行政发包制［J］. 社会，2014，34（6）：1－38.

发展环境；构建社会分配体系，提高社会福利水平；破除资源流动障碍，建立统一市场；保障区域公共安全；制定统一的法律法规，为区域协调发展提供制度保障；通过宣传和行政干预促进区域发展等①。

　　中央政府通过两种途径参与跨域合作：一是直接介入宏观跨域事务。例如，我国在发展中面临许多区域发展不平衡问题，包括地区差距问题、落后地区发展问题、产业转型和资源枯竭地区问题、过度开发地区问题、全球背景下发展地区的竞争力问题等②，中央针对上述问题，通过制定区域发展战略、出台区域规划和政策文件等方式促进区域协调发展。二是通过制度供给间接影响微观跨域事务。例如，2015 年中央颁布的《生态文明体制改革总体方案》，提出自然资源资产产权、国土开发保护、空间规划体系、资源总量管理和节约、资源有偿使用和补偿、环境治理体系、市场体系、绩效考核和责任追究八类制度改革方案，这些改革为跨域合作提供了良好的制度基础。

　　通过对我国五年规划的梳理，可以分析改革开放以来尤其是 20 世纪 90 年代以来我国区域发展战略的演变过程（如表 3-1 所示），大致可以将其分为以下三个阶段：一是改革开放初期到 20 世纪 90 年代中期，这个阶段中央的目标主要是打破市场分割和推动经济联合，主要方式是发展各具特色、分工合理的经济协作区。二是 20 世纪 90 年代中期到 21 世纪初，这个阶段中央把缩小地区差距作为重要方针，着手开展战略规划区的搭建。1999 年中央决定实施西部大开发战略，2003 年实施振兴东北地区等老工业基地战略，2006 年发布《关于促进中部地区崛起的若干意见》，至此，我国推进西部大开发、振兴东北地区等老工业基地、促进中部地区崛起、鼓励东部地区率先发展"四大板块"战略体系初步形成，构成我国区域发展总体战略。基于"四大板块"形成的城市群等若干规划区域，成为我国跨域合作的重要空间载体。三是"十一五"规划至今，这个时期我国提出主体功能区的发展方向，区域总体战略继续深化，生态文明建设的任务被摆在

---

　　①　陈瑞莲，等 . 区域公共管理理论与实践研究［M］. 北京：中国社会科学出版社，2008：67-68.
　　②　范恒山 . 我国促进区域协调发展的理论与实践［J］. 经济社会体制比较，2011（6）：1-9.

了更加突出的位置，城市群成为我国区域发展的主要载体。在这个阶段，围绕流域治理、区域大气污染治理、都市圈一体化等开展的地方政府合作日益增多，成为我国跨域合作的主要形式。

表 3-1　我国区域发展战略的演变过程

规划期	区域发展 指导思想	区域发展 基本原则	区域发展 战略内容	区域发展 协调机制
"八五"计划 1991— 1995年	根据统筹规划、合理分工、优势互补、协调发展、利益兼顾、共同富裕的原则，努力改善地区经济结构和生产力布局	尽可能地利用本地区优势，发展面向国内市场和国外市场的优势商品。不搞低水平的重复建设，防止追求大而全的地区经济体系，更不能搞地区市场封锁。积极扶持少数民族地区和贫困地区经济的发展，以利于逐步实现共同富裕	沿海地区的经济发展、内陆地区的经济发展、少数民族地区的经济发展、贫困地区的经济发展	在全国统一规划和政策指导下开展多领域、多层次、多形式的横向联合与协作。继续完善和发展区域合作，以省（区、市）为基础，以跨省（区、市）的横向联合为补充，发展各具特色、分工合理的经济协作区。提倡经济发达的沿海省市与内地较不发达的省市开展经济联合，巩固、完善和发展区域合作组织和各种经济网络
"九五"计划 1996— 2000年	更加重视支持内地的发展，实施有利于缓解差距扩大趋势的政策，并逐步加大工作力度，积极朝着缩小差距的方向努力	区域经济协调发展，基本形成若干各具特色的跨省（区、市）的经济区和重点产业带，地区发展差距逐步缩小。城乡建设有很大发展，初步建立规模结构和布局合理的城镇体系	以中心城市和交通要道为依托，逐步形成七个跨省（区、市）的经济区域	进一步发挥各地区的比较优势，发展各具特色的优势产业。优先在中西部地区安排资源开发和基础设施建设项目；理顺资源性产品价格；逐步增加对中西部地区的财政支持；引导外资更多地投向中西部地区；加大对贫困地区的支持力度，扶持民族地区经济发展；加强东部沿海地区与中西部地区的经济联合与技术合作

续表

规划期	区域发展指导思想	区域发展基本原则	区域发展战略内容	区域发展协调机制
"十五"计划 2001—2005年	实施西部大开发战略，促进地区协调发展	实施西部大开发战略，加快中西部地区发展，合理调整地区经济布局，促进地区经济协调发展	推进西部大开发、加快中部地区发展、提高东部地区的发展水平	打破行政分割，重塑市场经济条件下的新型地区经济关系。改变追求经济门类齐全的做法，发挥比较优势，发展有市场竞争优势的产业和产品，防止结构趋同。通过区域规划和政策，提高各地区的积极性，形成各具特色的区域经济
"十一五"规划 2006—2010年	促进区域协调发展	根据资源环境承载能力、发展基础和潜力，按照发挥比较优势、加强薄弱环节、享受均等化基本公共服务的要求，逐步形成主体功能定位清晰、东中西良性互动、公共服务和人民生活水平差距逐渐缩小的区域协调发展格局	实施区域发展总体战略，推动形成主体功能区，促进城镇化健康发展	健全市场机制，打破行政区划的局限，促进生产要素在区域间自由流动，引导产业转移。健全合作机制，鼓励和支持各地区开展多种形式的区域经济协作和技术、人才合作。健全互助机制，发达地区要帮扶欠发达地区。健全扶持机制，加大国家对欠发达地区的支持力度。国家继续在经济政策、资金投入和产业发展方面加大对中西部地区的支持

续表

规划期	区域发展指导思想	区域发展基本原则	区域发展战略内容	区域发展协调机制
"十二五"规划2011—2015年	优化格局，促进区域协调发展和城镇化健康发展	实施区域发展总体战略和主体功能区战略，构筑经济优势互补、主体功能定位清晰、国土空间高效利用、人与自然和谐相处的区域发展格局	实施区域发展总体战略、主体功能区战略，积极稳妥推进城镇化	充分发挥不同地区的比较优势，促进生产要素合理流动，深化区域合作，推进区域良性互动发展，逐步缩小区域发展差距
"十三五"规划2016—2020年	推动区域协调发展	以区域发展总体战略为基础，以"一带一路"建设、京津冀协同发展、长江经济带发展为引领，形成沿海沿江沿线经济带为主的纵向横向经济轴带	深入实施区域发展总体战略，推动京津冀协同发展，推进长江经济带发展，扶持特殊类型地区发展	创新区域合作机制，加强区域间、全流域的协调协作。完善对口支援制度和措施，建立互利共享、共同发展的互助机制。建立健全生态保护补偿、资源开发补偿等区际利益平衡机制

由中央政府参与的跨域合作主要涉及全国性和全局性战略发展问题，体现的是国家整体利益，然而中央政府推动区域发展的任务必须由地方政府加以实施，因此在中央战略规划和地方具体实施之间就有可能会产生一些冲突，这主要通过纵向政府间关系表现出来。

一般而言，在涉及中央政府和地方政府需要相互依赖和支持来推动跨域合作的领域，会体现为相容性的纵向政府间关系。例如，在城市群规划和发展中，地方政府希望将其纳入国家战略，得到中央的战略和政策支持，而中央政府则需要地方政府来落实区域协调发展的意图，两者的利益关系具有相容性。在我国生态补偿中，中央政府与地方政府也具有相容性利益。在纵向生态补偿中，中央政府通过经济政策，运用财政资金支持大气、水、土壤污染治理，强化对生态保护和修复的支持；在横向生态补偿中，中央政府对地方政府合作给予制度性支持，并提供合作和沟通平台，推动合作达成和顺利实施。

然而，当中央政府和地方政府发生目标偏差时，则会体现为相斥性的纵向政府间关系。这主要是因为中央政府代表国家整体利益，而地方政府代表地方利益、国家利益与地方利益、整体利益与个体利益存在矛盾。例如，在流域治理中，中央政府的目标是按照流域系统治理的要求进行综合保护和开发规划，而地方政府的目标则是站在本地区发展的角度提出诉求，两者之间可能会存在一定的冲突。在区域大气污染治理中，中央政府的目标是完成区域整体减排任务，改善区域空气质量，而地方政府的考量除了环保因素外，还要考虑经济发展和民生保证等多重目标，在这种情况下，中央政府和地方政府之间也会存在矛盾。

2. 我国跨域合作中的地方政府及横向政府间关系

地方政府是跨域合作的具体实施者，是跨域合作的当然参与主体。地方政府参与合作的原因主要在于利益驱动。从地方利益角度来看，地方政府面临经济发展、民生保障和生态环境保护等职责，在区域经济一体化背景下，需要通过合作来促进本地区发展。从地方政府自身利益角度来看，合作有助于提高行政效率，降低行政成本，完成单一政府无法独自解决的公共事务，是地方政府管理发展的新方向。从地方官员利益角度来看，合作一方面是贯彻中央战略意图的体现，另一方面，通过合作能够促进本地区经济增长和生态环境改善，这有助于提高官员政绩，增加地方官员晋升的概率。

我国地方政府参与跨域合作经历了三个发展阶段：一是改革初期，地方政府在中央号召下进行横向经济联合，地区政府之间的府际关系活跃起来。这表现为：欠发达地区通过横向联系向发达地区学习和取经；东西部之间的讨价还价促进东部或西部地区地方政府的联合，为维护各自利益而斗争；不同地区政府之间自发联合和协调，形成西北集团、西南集团等地区联合体；中央授权或由中央出面组织的不同地区政府之间的联合与合作，例如上海经济区、华南和西南地区的经济合作区等①。二是 20 世纪 90 年代中后期以来，在全球化和区

---

① 谢庆奎. 中国政府的府际关系研究［J］. 北京大学学报（哲学社会科学版），2000（1）：26 - 34.

域经济一体化浪潮下，地方政府为提升区域竞争力而开展的合作，其目标包括：共享国家和地方有关优惠政策；形成区域整体形象和影响力；实现区域联合发展；促进地区均衡发展等①。三是国家"十一五"规划以来，在科学发展观和习近平新时代中国特色社会主义思想指导下，地方政府积极开展生态文明建设，推进区域公共服务一体化，在流域治理、区域大气污染治理、都市圈公共服务一体化等方面深化合作，跨域合作逐步走向深入。

在跨域合作中，地方政府的目标是有差别的，这突出表现在经济社会发展水平和政治地位不同的地方政府之间，因此在合作中也会存在竞争关系。一般而言，对于互补型合作，地方政府具有各自的比较优势，可以合作共赢，因此比较容易达成合作。例如在城市群发展中，地方政府发挥自身优势，联合共建合作区域，成为我国区域发展的主要载体。对于分配型合作和补偿型合作，则存在着地方政府的竞争性利益关系。例如围绕流域水资源分配和水环境保护、区域大气污染治理以及流域横向生态补偿等，地方政府存在着一定的冲突，合作的难度比较大。而对于共建型合作，则体现为地方政府的共生性利益关系。例如区域共建基础设施、共同争取国家政策支持、共同推动区域公共服务一体化等。

三、我国跨域合作治理机制现状及存在的问题②

我国跨域合作的治理主体的核心是中央政府和地方政府，同时，企业和非营利组织也在跨域合作治理中发挥着重要作用。由上述治理主体构成了横向协作机制和纵向干预机制两种治理机制类型。我国当前各类治理主体之间形成了复杂的治理机制，但也存在一些问题，需要通过优化府际关系加以解决。

---

① 庞效民.90年代我国区域经济合作政策效果分析［J］.地理研究，1999（3）：231-240.

② 本部分内容在以下文献基础上修改调整而成：邢华.我国区域合作治理困境与纵向嵌入式治理机制选择［J］.政治学研究，2014（5）：37-50.

1. 我国跨域合作治理机制现状

我国当前跨域合作治理机制是由中央政府、地方政府以及企业和非营利组织之间的关系构成的，既包括地方政府之间、地方政府与企业和非营利组织之间的横向协作机制，也包括中央政府与地方政府之间的纵向干预机制，其现状可以概括为以下三个方面。

（1）地方政府之间的横向协作是跨域合作治理机制的主要形式。地方政府间的合作是跨域合作的载体，也是跨域合作治理的主要表现形式。虽然在大多数情况下跨域合作要贯彻国家意志，受到国家战略和政策的影响，但是合作都要通过地方政府间关系表现出来。随着我国府际关系由命令和控制逐步走向协商和指导，跨域合作中能够发挥地方政府积极性、主动性的制度空间也越来越多，地方政府基于自身利益最大化而采取自主性合作成为跨域合作的主流。前述四种类型的跨域合作，在治理过程中大都采用了地方政府间横向协作的形式。

横向协作的机制主要是协商对话并缔结行政协议，协作履行方式主要体现为行政首长联席会议、日常工作小组等。有学者对我国跨域合作中的 138 份地方政府间行政协议文本进行了分析，得出以下结论：在 75 份约定了协作履行模式的行政协议中，有 69 份约定了联席会议制度，占 92%，同时，有 16 份约定了"联席会议＋日常工作小组"模式，占 21.3%①。这种行政协议不是共同行政行为，也不是行政合同，而是实现政府间平等合作的一种法律机制。地方政府间横向协作不仅在政府层面展开，而且也包括政府职能部门之间的协作。例如长三角地方政府间横向协作包括 16 城市的市长联席会议、经协委（办）主任联席会议和职能部门行政首长联席会议等。

（2）中央政府与地方政府之间的纵向干预机制在跨域合作中发挥重要作用。跨域合作属于跨行政区的事务，本质上属于中央事务或省级事务。十六届三中全会通过的《中共中央关于完善社会主义市场经济体制若干问题的决定》明确指出，要合理划分中央和地方经济社会事务的管理责权：属于全国性和跨省（区、市）的事务，由中央管理，例如西部大开发、中部地区崛起和东北地区等老工业基地振兴

---

① 叶必丰，何渊，李煜兴，等.行政协议：区域政府间合作机制研究［M］.北京：法律出版社，2010.

等；而在某一省域内的行政区合作，例如长株潭经济一体化，则应由省级政府管理。因此，纵向干预机制在跨域合作治理中具有不可替代的作用。

中央政府在跨域合作中发挥着引导方向、制定规则、规范行为等作用。引导方向主要是指通过制定区域规划来贯彻国家意志，例如我国"十二五"规划明确提出，要"推进京津冀、长江三角洲、珠江三角洲地区区域经济一体化发展"，为区域合作确定了方向。制定规则是指通过行政命令和规章等为跨域合作提供制度保障，例如我国《行政区域边界争议处理条例》为处理行政区域边界争议提供了法律依据。规范行为是指中央政府保留特定问题上的最终决定权以规范下级政府行为，例如重大工程项目审批、重大区域规划制定、区域交通基础设施规划等。

（3）企业和非营利组织在跨域合作治理中的作用日趋增强。非营利组织在反映公众诉求、推动专项合作、提高专业化水平、解决合作纠纷等方面具有特殊的优势。近年来，我国许多行业中介组织已经在区域合作中显示出巨大作用。一些环保组织也在推动区域生态环境合作中扮演了重要角色。在政府的推动下，企业积极参与其中，在工业、农业、基础设施、旅游、教育、医疗等诸多领域开展合作。例如上海的上汽、宝钢、百联、华联、绿地等企业发挥自身的优势，在长三角地区开展广泛合作，推动长三角区域合作走向深入①。

2. 我国跨域合作治理机制存在的问题

尽管目前我国已经基本形成了多层次的跨域合作治理机制，但是总体来看，跨域合作仍较多依赖地方政府之间的横向协作，纵向干预存在过度介入与介入不足并存的情形，企业和非营利组织的力量比较薄弱。

（1）跨域合作较多依赖地方政府间的横向协作，难以解决复杂的跨域合作治理问题。我国当前地方政府间横向协作主要表现为以行政协议为纽带的区域发展论坛、区域联席会议等制度形式。联席会议制度是地方政府官员沟通交流的重要平台，但是由于我国当前地方政府

---

① 程必定. 泛长三角区域合作机制及政府管理创新［J］. 安徽大学学报（哲学社会科学版），2009，33（5）：133-138.

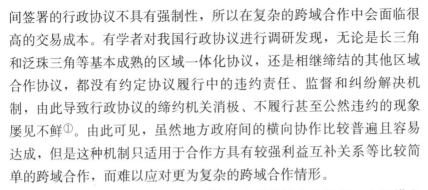

间签署的行政协议不具有强制性，所以在复杂的跨域合作中会面临很高的交易成本。有学者对我国行政协议进行调研发现，无论是长三角和泛珠三角等基本成熟的区域一体化协议，还是相继缔结的其他区域合作协议，都没有约定协议履行中的违约责任、监督和纠纷解决机制，由此导致行政协议的缔约机关消极、不履行甚至公然违约的现象屡见不鲜①。由此可见，虽然地方政府间的横向协作比较普遍且容易达成，但是这种机制只适用于合作方具有较强利益互补关系等比较简单的跨域合作，而难以应对更为复杂的跨域合作情形。

一方面，横向协作难以应对更为复杂的跨域合作议题。由于横向协作约束力不足，难以解决利益分配、利益补偿等需要更多争议解决机制、监督执行机制支持的跨域合作议题。因此横向协作主要应用于互补型、共建型区域合作，但是在面对分配型、补偿型等风险更高的合作议题类型时，交易成本会迅速提高。另一方面，横向协作难以应对复杂层级关系的合作。横向协作的前提在于地方政府间的平等协商关系。但是随着我国跨域合作不断深入发展，具有不同隶属关系、不同层级、不同发展水平的地方政府间的合作不断增加，加大了跨域合作治理的难度。例如我国京津冀地区城市经济水平差异较大，区域差异特征突出，在长三角等地区取得较大成功的联席会议制度，在京津冀地区的运作效果却并不好。

（2）纵向干预存在过度介入与介入不足并存的情形，加剧了跨域合作治理的困境。一方面，纵向干预存在过度介入的情形。20 世纪 80 年代末的上海经济区就是中央政府主导区域合作的典型例子。中央政府希望通过统一规划实现产业结构调整的目标，但效果并不理想，其原因就在于缺乏地方政府的主动参与。长株潭曾在 20 世纪 80 年代和 90 年代两度提出公交一体化的目标，但第一次在政策选择阶段就陷入停滞，其主要原因在于缺乏利益相关者真实意愿表达的场所和沟通协商的场景②。过去，我国淮河流域水污染治理过多依赖中央政府

---

① 叶必丰，何渊，李煜兴，等. 行政协议：区域政府间合作机制研究 [M]. 北京：法律出版社，2010：15，184.

② 蔡岚. 缓解地方政府合作困境的合作治理框架构想：以长株潭公交一体化为例 [J]. 公共管理学报，2010，7（4）：31-38，123-124.

的运动式治理，缺乏地方政府联防联控机制①。另外，中央政府掌握过多权力，也有可能会束缚地方政府的合作行为。上述例子说明，中央政府主导区域合作不仅难以解决合作难题，而且会由于形成对地方政府的抑制而加剧区域合作困境。另一方面，纵向干预存在介入不足的情形。我国中央政府是制度、法律和政策的主要供给者，这些往往是跨域合作的前提条件，如果缺乏这些条件，跨域合作就无从谈起。例如，我国中央政府掌握着国有资源的产权界定、环境保护责任分担等制度供给权力，如果中央政府不能有效介入分配型、补偿型区域合作中，单凭地方政府间的横向协作，很难达到预期目标。当前，我国在矿产资源开发、水资源开发利用、大气污染治理、生态补偿等方面还缺乏完善的制度体系，地方政府需要开展跨域合作时无据可依，增加了跨域合作治理的难度。从上述分析可以看出，尽管纵向干预在跨域合作中具有重要作用，然而中央政府在跨域合作中的角色是割裂的。中央政府要么成为区域合作的"主宰者"，试图代替地方政府主导区域合作进程，要么成为"旁观者"，无法有效响应跨域合作的制度需求。纵向干预机制的制度优势还没有得到很好的发挥。

（3）社会组织力量比较薄弱，难以在跨域合作治理中发挥关键作用。企业和非营利组织等社会组织形式作为地方政府间横向协作机制的补充，对于解决地方政府所面临的制度性集体行动困境具有积极作用。新区域主义也将企业和非营利组织的参与作为跨域合作治理机制的重要环节。然而在我国现行政府体制下，地方政府更倾向于通过正式渠道建立合作关系。社会组织力量要么作用有限，要么需要依赖正式组织才能发挥作用。

在我国跨域合作治理中，有人提出建立"独立管理委员会"的设想，这种管理委员会不同于地方首长联席会议等地方政府间横向协作，也不同于由中央政府建立的有权威的区域管理机构，而是独立于政府机构，具有社会组织的特征。例如江苏省江阴经济开发区靖江园区管理委员会，它由江阴市和靖江市派出人员共同管理，独立于江阴

---

① 王勇. 政府间横向协调机制研究：跨省流域治理的公共管理视界［M］. 北京：中国社会科学出版社，2010.

和靖江市政府，具有较高的独立性①。然而这种管理委员会形式在运行过程中也常常呈现出明显的行政化倾向，需要依赖政府组织来获取行政资源。园区管理委员会设有类似于政府机关的各类处室，"麻雀虽小，五脏俱全"，行政成本非常高昂。

上述分析表明，我国跨域合作逐步由中央主导向地方政府自主性合作转变，中央政府与地方政府之间的关系也需要随之调整，在跨域合作中需要重新认识中央政府的作用。地方政府的自主性合作并不排斥中央政府的作用，相反，由于横向协作约束力不足、社会组织力量薄弱等，跨域合作需要中央政府的介入。然而，由于我国中央政府仍未摆脱传统的治理方式，纵向干预介入过度与介入不足并存，反而加剧了跨域合作治理困境。因此，需要建立一套新的跨域合作治理模式，以更好地发挥中央政府的作用，推动纵向干预机制与横向协作机制有机配合，降低交易成本，提高跨域合作治理绩效。

第三节　我国跨域合作的纵向嵌入式治理机制选择

我国跨域合作治理存在的许多问题都与府际关系没有理顺有关。跨域合作需要中央政府与地方政府有机配合，但是如何把握中央政府介入的"度"，这个问题还没有得到很好的回答。如果中央政府介入过度，就会制约地方政府的积极性，而如果中央政府介入不足，地方政府间的合作就会缺乏合法性和制度性基础。因此需建立一套基于合作风险相机选择治理机制的跨域合作治理理论。为此，本书提出"纵向嵌入式治理机制"概念，认为应转变传统中央政府治理模式，将纵向政府间关系嵌入跨域合作治理网络之中，以跨域合作交易成本最小化为目标选择最优治理机制，推动纵向干预机制与横向协作机制有机结合。中央政府介入的程度取决于跨域合作的交易成本。当交易成本较高时，可以采用纵向干预机制，而当交易成本较低时，则应更多发挥地方政府的作用。

---

① 叶必丰，何渊，李煜兴，等. 行政协议：区域政府间合作机制研究［M］. 北京：法律出版社，2010：218－219.

一、纵向嵌入式治理机制概念界定①

"嵌入性"是社会学中的重要概念，由波兰尼在《大变革》一书中首次提及，已广泛应用于经济社会学、制度变迁、技术创新、组织联盟等理论研究中。嵌入性理论强调人际互动产生的信任是组织交易的基础，侧重从组织所处的社会结构入手研究组织行为②。许多学者从嵌入性理论的基本思想出发，将嵌入性的概念进行延伸，提出嵌入型监管③、嵌入式整合④、嵌入式自治⑤等理论框架，并将其用于分析国家-社会关系、政党整合、国家-地方关系等问题。这些理论均隐含着这样的假设：被嵌入方与嵌入方处于相互嵌套的社会结构之中，因此只能从它们所处的社会结构去理解组织行为。例如，嵌入式自治包括"国家嵌入"和"地方反嵌"两个方面，前者关注国家环境对地方治理效果的影响，后者则关注地方化行动对国家环境的反作用⑥。

本书提出的纵向嵌入式治理机制概念包含两个层面的内容：跨域合作嵌入国家治理结构之中，它必然受到国家治理结构的影响，因此纵向政府间关系嵌入跨域合作具有必然性；纵向嵌入不是单向的，它要受到特定跨域合作环境的制约，因此需要根据跨域合作特征具体分

---

① 此部分内容在以下文献基础上修改调整而成：邢华. 我国区域合作治理困境与纵向嵌入式治理机制选择 [J]. 政治学研究，2014（5）：37-50；邢华，邢普耀. 大气污染纵向嵌入式治理的政策工具选择：以京津冀大气污染综合治理攻坚行动为例 [J]. 中国特色社会主义研究，2018（3）：77-84.

② GRANOVETTER M. Economic action and social structure: the problem of embeddedness [J]. American journal of sociology，1985，91（3）：481-510.

③ 刘鹏，孙燕茹. 走向嵌入型监管：当代中国政府社会组织管理体制的新观察 [J]. 经济社会体制比较，2011（4）：118-128.

④ 张艳娥. 嵌入式整合：执政党引导乡村社会自治良性发展的整合机制分析 [J]. 湖北社会科学，2011（6）：19-22.

⑤ EVANS P B. Embedded autonomy: states and industrial transformation [M]. New Jersey: Princeton University Press，1995；JACOBS A J. Embedded autonomy and uneven metropolitan development: a comparison of the detroit and nagoya auto regions，1969—2000 [J]. Urban studies，2003，40（2）：335-360.

⑥ 何艳玲. "嵌入式自治"：国家-地方互嵌关系下的地方治理 [J]. 武汉大学学报（哲学社会科学版），2009，62（4）：495-501.

析纵向干预机制嵌入的时机和方式。

所谓纵向嵌入式治理机制，是指将纵向政府间关系嵌入跨域合作过程之中，通过纵向干预机制与横向协作机制的有机结合来解决跨域合作问题的一种治理途径。它将嵌入性的概念加以延伸，强调要根据跨域合作特征分析纵向嵌入的时机和方式。纵向干预机制是以科层制主导的治理机制，它以法定权力为基础，主要采用政治、行政和法律等政策工具。这种机制通过权威所构建出的正式约束使治理过程更有效率，但也可能会导致其他参与者的隐性抵制。如果合作治理过程是外部纵向机制强加的或由于某种激励所形成的，一旦外部诱因消失则合作可能无法进行①。横向协作机制是以政府间信任为基础的治理机制，它主要运用非正式网络、政府间的行政协议等政策工具进行治理，与纵向干预机制相比，它更加注重利益相关者的参与，从而使合作更具有稳定性。但是当区域合作问题较为复杂时，政府间合作的交易成本会十分高昂，容易陷入"协作悖论"困境。纵向嵌入式治理机制吸收了纵向干预机制高效率和横向协作机制稳定性的优点，通过纵向干预机制和横向协作机制的有机结合降低了跨域合作的交易成本，缓解了交易成本过高所导致的合作风险。

纵向嵌入式治理机制将中央政府介入跨域合作的程度作为主要变量。一般而言，中央政府介入跨域合作存在于以下两种情况：一是地方政府间有合作意愿但合作难以达成。由于地方政府间的合作风险比较高，单纯采用横向协作机制将会面临严重的制度性集体行动困境，需要中央政府采用提供平台、界定产权、制定规则、监督执行等方式加以缓解。二是中央政府出于整体利益的考虑，主动介入跨域合作过程。出现这种情况，主要原因是跨域合作具有较大的外部性，或者是区域经济社会发展差异较大，横向协作机制难以发挥作用，需要中央政府通过设立协调机构、建立一致目标、确定各方分工等来解决跨域合作治理问题。纵向嵌入式治理机制将中央政府介入内生于跨域合作治理过程，在这种情况下，纵向干预机制是"嵌入"跨域合作治理过程，而不是作为外力干预而存在。根据制度性集体行动框架和交易成

① 范永茂，殷玉敏. 跨界环境问题的合作治理模式选择：理论讨论和三个案例［J］. 公共管理学报，2016，13（2）：63－75，155－156.

本理论，随着跨域合作复杂性和合作风险的增加，中央政府介入跨域合作的程度也会提高。随着中央政府介入跨域合作的程度发生从弱到强的连续变化，纵向干预机制与横向协作机制结合的方式也会呈现不同的治理样态。纵向嵌入式治理机制选择就是要根据跨域合作的风险特征确定中央政府介入的程度，将纵向干预机制与横向协作机制有机结合，以选择最优跨域合作治理机制，更好地发挥中央政府与地方政府在跨域合作治理中的积极性。

纵向嵌入式治理机制与以往传统治理机制有很大的不同。在中央政府的作用上，传统治理机制比较强调中央政府的权威，而纵向嵌入式治理机制则主张中央政府与地方政府进行有机配合，即使在需要贯彻国家战略等情形下，中央政府不是以外力强力干预的方式介入，而是以地方政府间的合作作为载体，将纵向干预机制有机嵌入跨域合作治理过程。在中央政府介入的时机选择上，传统治理机制强调国家整体利益最优化的原则，往往会忽视地方利益诉求，纵向嵌入式治理机制则主张从国家利益和跨域合作的实际需要中寻求纵向嵌入的时机。一方面保证跨域合作不会偏离国家战略方向，另一方面为跨域合作提供制度保障以缓解跨域合作风险。在纵向政府间关系上，传统治理机制往往以命令和控制为主，而纵向嵌入式治理机制则更多强调协商和指导。

与单纯的柔性横向协作机制相比，纵向嵌入式治理机制由于融合了纵向干预与横向协作两种治理机制的特点，其刚性更强。与横向协作机制依赖地方政府间自愿性合作的柔性机制相比，纵向干预机制更多依赖正式权威下的刚性机制，包括政治、行政、法律、经济和组织人事等权力。正式权威是把"双刃剑"，它会在短期内迅速解决现有机制交易成本过高的问题，但是也有可能会导致长期交易成本增加。因此要善用正式权威，以使其在跨域合作中更好地发挥作用。

正式权威有时会成为纵向干预机制替代横向协作机制的原因，这是不对的。选择纵向嵌入式治理机制不是以纵向干预机制替代横向协作机制，而是要使纵向干预机制与横向协作机制有机配合，共同参与网络治理。"嵌入"的含义是指，中央政府不是跨域合作的"主宰者"或者"旁观者"，而是根植于跨域合作治理网络，通过战略引导、财

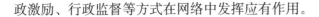

政激励、行政监督等方式在网络中发挥应有作用。

二、纵向嵌入式治理机制的选择

纵向嵌入式治理机制是根据跨域合作的具体情况来选择中央政府介入的时机和方式，并通过纵向干预机制与横向协作机制的有机配合来加以设计的最优跨域合作治理机制。纵向嵌入式治理机制表现为纵向干预机制与横向协作机制的组合使用。根据中央政府介入跨域合作的强度由强到弱的变化，纵向嵌入式治理机制可以呈现出从中央主导向地方自主性合作的连续谱系，以及纵向干预机制与横向协作机制的不同组合方式。

影响纵向嵌入式治理机制选择的主要因素是跨域合作风险及其蕴含的交易成本。在既定的制度环境下，跨域合作的交易成本主要受到两个方面的影响：一是跨域合作的风险，主要是指与跨域合作议题相关的沟通协调、利益分配和监督执行等风险。在不同的合作议题下，中央政府与地方政府之间以及地方政府之间包含着不同的利益关系，这些利益关系有些是相容的和互补的，有些却是相斥的和竞争的，由此导致参与主体的合作风险，并导致信息成本、谈判成本、监督成本和代理成本等交易成本。一般而言，相斥的和竞争性的利益关系下的合作风险比较高，其带来的交易成本也比较高。二是治理机制本身的因素，不同治理主体参与的交易成本是不同的，一般而言，地方政府之间以及地方政府与企业和非营利组织之间的横向协作机制的交易成本相对较小，而中央政府与地方政府之间的纵向干预机制的交易成本会比较高。纵向嵌入式治理机制的选择就是要实现合作风险与治理机制之间的最优匹配关系。当合作风险比较小时，适宜采用横向协作机制；而当合作风险变大时，横向协作机制的交易成本会迅速提高，此时比较适宜采用纵向干预机制与横向协作机制的结合。

本书选取我国跨域合作中的四类典型议题进行实证研究，分别是城市群治理、流域横向生态补偿、流域水资源综合管理、区域大气污染治理。上述四种合作议题类型中所包含的参与主体利益关系有较大差别，其合作风险呈现由弱到强的变化。我们可以根据不同议题的合作风险及其蕴含的交易成本特征进行纵向嵌入式治理机制选择。

不同议题的合作风险受到府际利益关系的影响，包括纵向政府间利益关系和横向政府间利益关系两个维度。其中：纵向政府间利益关系包括相斥性利益关系和相容性利益关系，横向政府间利益关系包括互补性利益关系、共生性利益关系和竞争性利益关系。

通过对不同议题合作风险及交易成本等因素的权衡，确定上述议题的最优纵向嵌入式治理机制。按照中央政府介入从弱到强程度的不同，可以分为中央引导下的地方自主性合作、中央支持下的地方主动性合作、中央与地方分工合作、中央主导下的地方被动性合作四类机制，如图 3-1 所示。

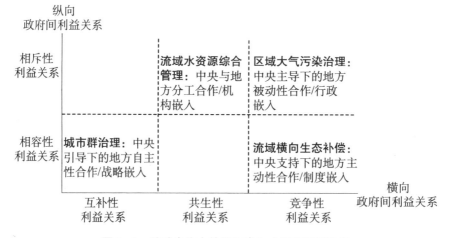

图 3-1　跨域合作中的纵向嵌入式治理机制选择

1. 城市群治理中的府际关系和纵向战略嵌入式治理机制选择

城市群治理是我国最为普遍的跨域合作类型，其目标是通过城市群内部地方政府之间的合作来推动交通基础设施一体化、产业发展一体化、生态保护一体化以及公共服务一体化。改革开放以来，随着地方政府自主权的不断增加，竞争成为我国地方政府关系的本质特征，但是在计划经济向市场经济转型的过程中，竞争失序导致行政区经济和"诸侯经济"等现象。随着我国社会主义市场经济体制改革不断深入以及区域经济一体化的发展，地方政府开始从竞争走向合作，试图通过构建城市群合作来提高自身竞争力，而中央政府也希望通过城市

群规划来推动区域协调发展。

城市群治理中的府际利益关系主要表现为相容性以及互补性和共生性等利益关系。从纵向政府间关系来看，中央与地方具有目标一致性，都将城市群发展纳入政策议程，在利益关系上具有相容性。从横向政府间关系来看，一方面表现为地方政府间优势互补和互利共赢的互补型合作，另一方面则表现为地方政府共同投入以获取国家战略支持的共建型合作。

在城市群治理议题下，合作的风险相对较小，主要集中在沟通协调等方面的风险，此时通过地方政府的自主性合作即可以实现交易成本最小化。同时，为了提高城市群治理的水平，降低沟通和协调等合作风险，地方政府会积极推动城市群纳入国家战略，在国家顶层设计引导下获得可持续发展能力。因此，城市群治理中的纵向嵌入式治理机制就表现为中央引导下的地方自主性合作。在这种机制下，地方政府发挥主导性作用，中央政府则通过战略规划来引导城市群治理的方向，表现为纵向战略嵌入式治理机制。

2. 流域横向生态补偿中的府际关系和纵向制度嵌入式治理机制选择

流域横向生态补偿是指为保护流域生态环境和矫正流域外部性而采取的经济性手段。按照补偿主体划分，可以分为以政府为主体的政府间补偿和以企业为主体的市场性补偿。政府间补偿又可分为纵向政府间补偿和横向政府间补偿。流域横向生态补偿的原因在于上游地区对于下游所带来的外部性溢出效应。上游地区进行生态保护投入使水质得到改善，会给下游带来正外部性；而上游地区污染河流则会给下游带来负外部性。因为地方政府代表地方利益，所以流域上下游地区针对外部性溢出效应的协调必然导致跨域合作。

流域横向生态补偿议题下的府际利益关系呈现出相容性以及竞争性和共生性利益关系的特征。从纵向政府间关系来看，流域横向生态补偿符合中央政府的利益诉求，通过生态补偿改善流域生态环境既是中央政府的战略目标，也有利于地方可持续发展，两者的利益关系具有相容性。从横向政府间关系来看，流域横向生态补偿一方面具有一定的竞争性，补偿方与被补偿方在补偿标准核算、目标考核体系以及补偿资金分配使用等方面都可能存在利益冲突；另一方面补偿各方也存在一定的共生性关系，流域生态环境的改善有赖于双方共同投入才能得以实现。因此流域横向生态补偿需要建立"双向补偿机制"，当上游达到水质考核目标时可以获得补偿，而未完成目标时则需要对下游进行补偿。

流域横向生态补偿基本不涉及中央与地方的利益冲突，因此在治理机制选择上应以地方主动性合作为主。同时，在流域横向生态补偿中地方政府间存在一定的竞争性，具有补偿型合作的特征，在利益分配和监督执行等方面存在合作风险，横向协作机制在解决流域横向生态补偿问题时往往需要中央政府的制度性支持，例如给予财政激励、提供沟通交流平台以及作为第三方参与水质目标考核与监督合作实施等，表现为纵向制度嵌入式治理机制。

3. 流域水资源综合管理中的府际关系和纵向机构嵌入式治理机制选择

我国《水法》明确规定，国家对水资源实行流域与行政区域相结合的管理体制，这在法律上确定了中央与地方分工合作的水资源管理模式。流域水资源综合管理涉及水资源开发利用以及与之相关的防洪抗旱除涝、水污染防治以及水生态保护等事务。尤其是在水量分配等流域管理事务中，表现出比较明显的分配型合作的特征。流域问题的实质是公共资源或公共池塘问题。由于我国水资源所有权属于国家，水资源使用权缺乏明确的制度性划分，因此如果没有跨域合作的制度安排，就会导致公用地悲剧等问题。

从纵向政府间关系角度来看，流域水资源综合管理中的府际利益关系介于相斥性利益关系和相容性利益关系之间。中央政府基于国家利益和社会整体利益考量，要求流域整体性治理，流域内的经济社会活动要服从于流域系统管理。然而地方政府面临的目标具有多样性，除了负有水资源管理的职责之外，还需要承担地方经济社会发展的职责。当流域管理与行政区域管理出现矛盾时，地方政府往往会首先考虑地方利益，导致相斥性的纵向政府间利益关系；而当流域管理与行政区域具有一致性目标时，则会形成相容性的利益关系。从横向政府间关系角度来看，流域内地方政府之间的关系具有比较强的竞争性，在水资源开发利用、水利基础设施建设、水环境污染防治和水生态保护等方面具有分配型合作的特征，在涉及流域整体共同投入方面则具有共建型合作的特征。

由于流域水资源综合管理中地方政府所具有的竞争性利益关系，为了避免流域的系统性和整体性管理受到行政区域割裂的影响，在治理机制的安排上就不能单纯依靠地方政府的自主性合作，而应该建立流域管理机构，构建纵向机构嵌入式治理机制，推动流域与行政区域分工合作以降低交易成本。我国在七大流域所设立的流域管理委员会就是纵向机构嵌入式治理机制的体现。

4. 区域大气污染治理中的府际关系和纵向行政嵌入式治理机制选择

区域大气污染合作治理是近年来学者关注比较多的跨域合作类型。大气污染具有区域性特征，单个政府不能通过自身努力达到预期效果，必须与区域内其他地方政府共同投入才可以实现大气污染治理目标。如果将空气质量视为区域公共物品，那么区域大气污染合作治理就是通过各方合作来提供区域公共物品的制度安排。在区域公共物品提供中存在的最大风险是搭便车问题，由于参与者的偏好不同，公共物品提供难以达到最优水平，由此导致集体行动困境。

我国区域大气污染治理中的府际利益关系呈现出较强的相斥性和竞争性利益关系。中央与地方在区域大气污染治理中往往存在目标冲突的情况，中央希望地方减排以改善区域环境质量，而地方则往往较多考虑经济发展目标。在传统工业化发展模式下，经济增长与环境保护之间存在较多矛盾。此时，中央的战略意图和政策导向就显得尤为重要。即使中央将发展战略转向绿色发展和生态文明建设，地方政府由于惯性和自身利益诉求，也常会强调经济发展目标而忽视环境保护要求，因此导致中央与地方形成相斥性利益关系。在横向政府间关系上，由于区域大气污染治理需要各方投入大量资源，并常以牺牲经济增长为代价，地方政府通常不会主动参与联合减排和治污合作过程，在减排任务责任分担方面存在着比较突出的竞争性利益关系。

在这种相斥性和竞争性利益关系下，单纯依靠横向协作机制的交易成本会变得非常高昂。此时，纵向干预机制对于成功实现区域大气污染治理目标显得尤为重要，往往需要中央政府采取行政监督等刚性政府工具以解决区域大气污染治理问题。尽管纵向干预机制本身的交易成本比较高，但是它能比横向协作机制更有效地降低沟通协调、利

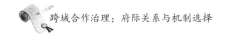

益分配和监督执行等合作风险，在中央政府行政干预下，地方政府需要根据要求建立联防联控联制的制度安排，表现为纵向行政嵌入式治理机制。在这种治理机制安排下，纵向干预不但没有抑制地方政府的自主性合作，反而为地方政府间合作留下了制度发展空间。

第四章
我国城市群治理中的府际关系与机制选择

　　城市群是指在特定地域范围内，由若干城市所组成的具有紧密内在联系的城市集合体。城市群是市场不断发育和成熟的结果，同时也有赖于政府的支持和推动。一方面，政府需要破除各种制度障碍，促进要素在城市群内部和城市群之间自由流动；另一方面，政府也需要提供良好的公共服务和基础设施，为城市群向一体化发展创造条件。

　　在我国城市群治理中，中央政府和地方政府都扮演着重要角色。中央政府致力于通过区域重构来提高城市群竞争力，以实现区域协调发展；地方政府则出于自身发展需要与相邻城市建立合作关系，以此推动城市群的协作性管理。因此，我国城市群治理是"自上而下"与"自下而上"的结合，其中包含着复杂的府际关系。从横向政府间关系来看，城市群内地方政府间的合作往往是互补型合作或共建型合作，具有互补性或共生性利益关系的特征；从纵向政府间关系来看，地方政府按照中央的战略意图开展合作，两者主要体现为相容性利益关系。总体来看，城市群治理的合作风险相对较小，可以采用中央引导下的地方自主性合作模式。在这种模式下，城市群治理以横向协作机制为主，地方政府通过政府间协议等方式开展自主性合作，中央政府则通过战略规划嵌入城市群治理中，引导城市群的发展方向。我们将这种中央政府以战略规划方式介入城市群治理，引导地方政府横向协作的治理模称为纵向战略嵌入式治理机制。

　　本章对我国城市群治理中的府际关系进行研究，首先梳理了城市群的概念以及我国城市群政策演变过程；其次分析城市群发展的制度背景、城市群治理中的府际关系及合作风险，提出城市群治理纵向战略嵌入式治理机制选择的思路；最后探讨作为纵向治理工具的战略规划在城市群治理中的作用及其运行机理，并以京津冀城市群治理为例进行实证研究。

第一节　城市群的概念与我国城市群政策演变过程

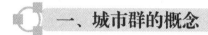

一、城市群的概念

城市群是指"在特定地域范围内，以1个特大城市为核心，由至少3个以上都市圈（区）或大城市为基本构成单元，依托发达的基础设施网络，形成的空间组织紧凑、经济联系紧密，并最终实现同城化和高度一体化的城市群体"[①]。这个概念包含以下四个层面的内容：

首先，城市群是特定的空间概念。《城市规划基本术语标准（GB/T50280—1998）》对城市群的定义是"一定地域内城市分布较为密集的地区"。我国城市群是推进新型城镇化的空间主体，是国家参与全球竞争和世界经济重心转移的重要承载体[②]。

其次，城市群往往以1个或多个城市作为核心城市，以核心城市带动周边城市一体化发展。根据核心城市数量的多少，可以分为单中心组合的城市群、双中心组合的城市群和多中心组合的城市群。其中，单中心组合的城市群是一种理想的高级城市群结构组合形态[③]。

再次，城市群需要依托现代化的交通工具和综合运输网络、高度发达的信息网络以及产业网络，发展城市个体之间的内在联系，形成

---

① 方创琳. 中国城市群形成发育的新格局及新趋向 [J]. 地理科学，2011，31（9）：1025－1034.

② 方创琳. 中国城市群研究取得的重要进展与未来发展方向 [J]. 地理学报，2014，69（8）：1130－1144.

③ 方创琳，王振波，马海涛. 中国城市群形成发育规律的理论认知与地理学贡献 [J]. 地理学报，2018，73（4）：651－665.

相对完整的城市集合体①。

最后，城市群发展的目标是同城化和高度一体化，即要突破行政区划的体制束缚，在城市群空间范围内进行基础设施建设、产业发展布局和公共服务等一体化发展。

城市群是城市发展的高级形态，是城市空间范围不断拓展和城市体系不断发育的产物。在集聚和扩散因素的影响下，城市一般会经历"单中心城市—都市区—都市圈—城市群"的时空演化过程②。传统城市化的特征是人口由农村向城市集中，随着人口和经济活动增加，城市范围不断扩大，但仍以单核城市为主。而后，人口和经济活动向郊区扩展，城市发展突破传统模式，由单核型向多中心型过渡，形成郊区和中心城市联动发展的都市区。都市圈则进一步跨出城市行政边界到达相邻城市，形成以大城市为核心，以1小时通行圈为基本范围的高度同城化地区。以若干都市圈为核心和基本单元，依托交通、信息和产业网络形成联系紧密的城市集合体，就成为城市群。未来，城市群进一步发展，则有可能形成大都市连绵带。

在实践中，都市区、都市圈和城市群等概念服务于不同的目的③。都市区的概念最早出现在美国，主要是指大都市统计区。美国在20世纪初期实现城市化，随后向郊区扩展，出现郊区化趋势，中心城市与郊区的联系日益紧密。在此背景下，美国人口统计署于1910年启用大都市区概念，是指"人口在10万人或10万人以上的中心城市及与中心城市连绵不断、人口密度达150人/平方英里的地区"④。美国的地方政府数量众多，中心城市与郊区都是独立的地方政府，在这种情况下针对城市连绵发展状况进行客观统计具有现实意义。日本是使用都市圈概念较早的国家，在1958年就编制了《第一次首都圈建设规划》，开展首都圈规划和建设实践。日本的首都圈规划具有明确的

---

① 姚士谋，等 . 中国的城市群［M］. 合肥：中国科学技术大学出版社，1992.

② 方创琳，宋吉涛，蔺雪芹，等 . 中国城市群可持续发展理论与实践［M］. 北京：科学出版社，2010.

③ 马向明，陈洋，陈昌勇，等 . "都市区""都市圈""城市群"概念辨识与转变［J］. 规划师，2020，36（3）：5 - 11.

④ 王旭，罗思东 . 美国新城市化时期的地方政府：区域统筹与地方自治的博弈［M］. 厦门：厦门大学出版社，2010：3.

政策导向，强调要建立城镇间和城镇中心与边缘之间的关系，体现的是一种自上而下的政府干预①。

我国采用较多的是城市群的概念，这与我国"市管县"的体制有关。在实践中，城市群往往被作为中央政府和地方政府的政策工具，体现了政府通过推动城市抱团发展来实现区域协调发展与参与全球竞争的政策意图。与都市区相比，城市群概念更加强调城市之间的联系与合作，更具有政策干预的意义；与都市圈相比，城市群的空间范围更广，更加具有国家或者国际性的功能，而不只是某些中心城市在限定区域的扩张。

随着我国城市群规划日趋完善，城市群内部功能偏弱、都市圈发育不足的问题开始显现出来。2019年2月，国家发展改革委发布《关于培育发展现代化都市圈的指导意见》，都市圈成为我国国家治理体系的重要的调控单元。以都市圈支撑城市群高质量发展，成为我国新型城镇化的重要方向。

二、城市群的识别与划分标准

城市群发展是城市不断发育并在空间上逐步拓展的动态过程，准确识别出处于不同发展阶段的城市群是学者研究的重要课题。已有城市群的划分标准大致可以分为"属性方法"和"网络方法"两类②。

"属性方法"侧重以具体可衡量的指标来描述和识别城市群。例如有学者采用城市数量不少于3个、100万人口以上的特大城市数量不少于1个、人口规模不少于2 000万人、城市化水平不低于50%、人均GDP不少于3 000美元、非农产业产值比例不低于70%、核心城市GDP中心度不低于45%、经济密度不低于每平方公里500万元、经济外向度不低于30%这9项具体指标来判断我国城市群的发育程度，从而

---

① 谭纵波. 东京大城市圈的形成、问题与对策：对北京的启示［J］. 国外城市规划，2000（2）：8-11，43.
② 张艺帅，赵民，程遥. 我国城市群的识别、分类及其内部组织特征解析：基于"网络联系"和"地域属性"的新视角［J］. 城市规划学刊，2020（4）：18-27.

区分出达到标准与未达到标准的城市群①。除此之外，还有学者以空间
计量模型、POI（信息点）数据或夜间灯光数据等对城市群进行判
定②。这些研究为制定城市群发展战略目标与政策提供了基础。

　　"网络方法"则强调城市之间的内在联系，通过构建城市间网络
联系对城市群加以识别。这种方法建立在"流动空间"思路基础上，
通过基础设施网络和各类要素流动来揭示城市群的网络联系，包括交
通网络、产业网络、信息网络和创新网络等③。例如，有学者集成自
然地表要素和陆地交通网络，构建了空间可达性分析方法，基于空间
可达性对全国城市空间格局进行刻画，同时对都市区、都市圈、城市
群等不同尺度的城市与区域系统进行分析④。

　　有学者将"网络方法"与"属性方向"相结合，在传统的网络分
析方法的基础上增加了邻近性及地域属性的因素，以企业总部和分支
关联数据为基础，识别出全国 22 个城市群，根据可识别出主体范围
情况将城市群划分成超Ⅰ型城市群、Ⅰ型城市群、Ⅱ型城市群、Ⅲ型
城市群，并分析不同类型城市群的内部组织特征⑤。还有学者从关系
地理和城市网络视角出发，以中国城市社会经济发展特征为基础，兼
顾城市群发育的基本条件，对全国城市群空间范围进行轮廓刻画和综
合校验，在此基础上识别出 15 个城市群⑥。这些研究从不同角度探讨

　　①　方创琳.中国城市群形成发育的新格局及新趋向 [J].地理科学，2011，31（9）：
1025-1034.
　　②　例如：陈群元，宋玉祥.城市群空间范围的综合界定方法研究：以长株潭城市群为
例 [J].地理科学，2010，30（5）：660-666；宁越敏.中国都市区和大城市群的界定：兼
论大城市群在区域经济发展中的作用 [J].地理科学，2011，31（3）：257-263；周亮，赵
琪，杨帆.基于 POI 与 NPP/VIIRS 灯光数据的城市群边界定量识别 [J].地理科学进展，
2019，38（6）：840-850.
　　③　例如：罗震东，何鹤鸣，耿磊.基于客运交通流的长江三角洲功能多中心结构研究
[J].城市规划学刊，2011（2）：16-23；路旭，马学广，李贵才.基于国际高级生产者服务
业布局的珠三角城市网络空间格局研究 [J].经济地理，2012，32（4）：50-54；熊丽芳，
甄峰，王波，等.基于百度指数的长三角核心区城市网络特征研究 [J].经济地理，2013，
33（7）：67-73；陆天赞，吴志强，黄亮.网络关系与空间组织：长三角与美国东北部城市群
创新合作关系的比较分析 [J].城市规划学刊，2016（2）：35-44.
　　④　陈伟.基于可达性的中国城市群空间范围识别研究 [J].地理研究，2020，39
（12）：2808-2820.
　　⑤　张艺帅，赵民，程遥.我国城市群的识别、分类及其内部组织特征解析：基于"网
络联系"和"地域属性"的新视角 [J].城市规划学刊，2020（4）：18-27.
　　⑥　陈伟.中国城市群识别与空间组织研究 [M].北京：科学出版社，2021.

我国城市群空间范围边界，为完善我国城市群战略和政策提供了基础。

三、我国城市群政策演变

20 世纪 90 年代，随着我国城市体系不断完善，在一些经济发达地区，中心城市与周边地区的联系日益紧密的都市区成为我国城市发展的新形态，同时出现了由若干都市区组成的城市密集区。这引起了学术界的注意，被学者称为"城市群"①。随后，城市群进入政策议程，成为我国新型城镇化空间布局的发展方向。

2006 年，我国在"十一五"规划中首次提出"要把城市群作为推进城镇化的主体形态"，从战略层面明确了城市群对我国城镇化及区域发展的重要意义。其后，历次的五年规划都对城市群发展战略进行部署。《全国主体功能区规划》《国家新型城镇化规划（2014—2020年)》《中共中央 国务院关于建立更加有效的区域协调发展新机制的意见》《国家发展改革委关于培育发展现代化都市圈的指导意见》等重要规划和政策文件进一步明确城市群的定位和发展方向，这些战略规划的出台对于城市群发展起到了重要的推动作用。

以五年规划为主要脉络，我国城市群政策演变过程大致可以分为四个阶段：

第一阶段明确城市群定位。"十一五"规划纲要明确了城市群的地位，指出城市群在我国城镇化发展与国土空间开发中的主体地位。《全国主体功能区规划》明确了城市群在我国国土空间开发中的地位和作用。

第二阶段确定城市群发展方向。"十二五"规划纲要明确了城市群的发展方向，即以城市群为主导，促进大中小城市与小城镇协调发展。《国家新型城镇化规划（2014—2020年)》进一步明确要"按照统筹规划、合理布局、分工协作、以大带小的原则，发展集聚效率高、

---

① 徐鹏程，叶振宇 . 新中国 70 年城市群发展的回顾与展望［J］. 发展研究，2019 (11)：18 - 25.

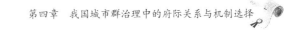

辐射作用大、城镇体系优、功能互补强的城市群"，并形成了我国城市群空间组织格局的雏形。

第三阶段构建城市群空间组织格局。"十三五"规划纲要构建了我国城市群的空间组织格局，提出建立健全城市群发展协调机制、培育发展现代化都市圈等发展方向，培育城市群功能、促进都市圈发展成为城市群发展的重要任务。

第四阶段深化城市群内部联系。"十四五"规划和2035年远景目标纲要提出促进推动城市群一体化发展、建设现代化都市圈，提高城市生活品质等发展任务，明确以促进城市群发展为抓手，全面形成"两横三纵"城镇化战略格局。

我国城市群政策演变过程如图4-1所示。

2010年，国务院颁布《全国主体功能区规划》，提出构建以"两横三纵"为主体的城市化战略格局，初步构建了我国城市群发展的基本骨架。《全国主体功能区规划》提出，推进环渤海、长江三角洲、珠江三角洲地区的优化开发，形成3个特大城市群；推进哈长、江淮、海峡西岸、中原、长江中游、北部湾、成渝、关中-天水等地区的重点开发，形成若干新的大城市群和区域性的城市群。

《全国主体功能区规划》中所确定的城市化战略在《国家新型城镇化规划（2014—2020年）》中得到贯彻，后者在第四篇"优化城镇化布局和形态"中，提出"根据土地、水资源、大气环流特征和生态环境承载能力，优化城镇化空间布局和城镇规模结构，在《全国主体功能区规划》确定的城镇化地区，按照统筹规划、合理布局、分工协作、以大带小的原则，发展集聚效率高、辐射作用大、城镇体系优、功能互补强的城市群，使之成为支撑全国经济增长、促进区域协调发展、参与国际竞争合作的重要平台"。同时，《国家新型城镇化规划（2014—2020年）》还提出要统筹制定实施城市群规划，建立完善跨区域城市发展协调机制，实现城市群一体化发展。自2015年4月至2019年2月，国务院陆续批复了9个冠以"城市群发展规划"的国家级城市群规划。除此之外，《京津冀协同发展规划纲要》《粤港澳大湾区发展规划纲要》提出要建设世界级城市群。至此，城市群规划发展到11个（见表4-1）。

年份

2006 "十一五"规划纲要：把城市群作为我国未来城镇空间布局的主体形态。

2010 《全国主体功能区规划》把城市群作为重点开发和优化开发区。

2011 "十二五"规划纲要：以大城市为依托，以中小城市为重点，逐步形成辐射作用大的城市群，促进大中小城市和小城镇协调发展。

2014 《国家新型城镇化规划（2014—2020年）》：把城市群作为推进我国新型城镇化的空间主体，提出以城市群为主导，构建大中小城市与小城镇协调发展的城镇化新格局。

2016 "十三五"规划纲要：提出城市群空间组织新格局，要"建立健全城市群发展协调机制，推动跨区域城市间产业分工、基础设施、生态保护、环境治理等协调联动，实现城市群一体化高效发展"。

2018 《中共中央 国务院关于建立更加有效的区域协调发展新机制的意见》建立以中心城市引领城市群发展、城市群带动区域发展新模式，推动区域板块之间融合互动发展。

2019 《关于培育发展现代化都市圈的指导意见》以促进中心城市与周边城市（镇）同城化发展为方向，以创新体制机制为抓手，以推动统一市场建设、基础设施一体高效、公共服务共建共享、产业专业化分工协作、生态环境共保共治、城乡融合发展为重点，培育发展一批现代化都市圈，形成区域竞争新优势，为城市群高质量发展、经济转型升级提供重要支撑。

2021 "十四五"规划和2035年远景目标纲要：以城市群、都市圈为依托促进大中小城市和小城镇协调联动、特色化发展。

图 4 - 1 我国城市群战略和政策演变示意图

表 4－1　我国主要城市群发展规划

规划名称	批复日期
《长江中游城市群发展规划》	2015 年 4 月
《京津冀协同发展规划纲要》	2015 年 4 月
《哈长城市群发展规划》	2016 年 2 月
《成渝城市群发展规划》	2016 年 4 月
《长江三角洲城市群发展规划》	2016 年 5 月
《中原城市群发展规划》	2016 年 12 月
《北部湾城市群发展规划》	2017 年 1 月
《关中平原城市群发展规划》	2018 年 2 月
《呼包鄂榆城市群发展规划》	2018 年 2 月
《兰州-西宁城市群发展规划》	2018 年 3 月
《粤港澳大湾区发展规划纲要》	2019 年 2 月

资料来源：根据中华人民共和国中央人民政府网站中相关资料整理。

"十四五"规划纲要提出，优化提升京津冀、长三角、珠三角、成渝、长江中游等城市群，发展壮大山东半岛、粤闽浙沿海、中原、关中平原、北部湾等城市群，培育发展哈长、辽中南、山西中部、黔中、滇中、呼包鄂榆、兰州-西宁、宁夏沿黄、天山北坡等城市群，形成"5＋5＋9"的城市群空间组织新格局。

第二节　我国城市群治理中的府际关系与机制选择分析

城市群的形成发育是城市在空间范围上不断扩张的过程。在城市群形成的初期，对区域治理的要求并不迫切，但是当城市群发展进入中期以后，随着城市经济社会活动日益超越传统城市行政区域的边界，就会产生对于城市群治理的需求①。城市群治理的核心问题是要解决城市群一体化与行政区经济之间的矛盾。从城市群角度来说，要进行一体化治理，而行政区经济则有可能会限制要素流动，此时就需要妥善处理城市群治理中的府际关系，通过治理机制设计，以最小的

---

① 孙久文，张泽邦．面向高质量发展的城市群治理［J］．前线，2019（10）：60－63．

交易成本推动城市群内地方政府之间的合作。本节对我国城市群治理的制度背景进行分析，梳理城市群治理中的府际关系及其合作风险，提出城市群纵向战略嵌入式治理机制选择的思路。

一、我国城市群治理的制度背景

我国城市群治理要放在府际关系重构、城市经济体制改革以及全球化和区域竞争的背景下加以考察。府际关系重构释放了地方政府的积极性，为城市群治理提供了制度前提。城市经济体制改革增强了城市经济的活力，提高了城市政府的竞争意识，为城市群治理奠定了坚实的物质基础。全球化和区域竞争强化了地方政府的策略性行为，使城市政府走向"为了竞争的合作"，这成为城市群治理的现实基础。

首先，我国府际关系的重构深刻影响着中央和地方角色转变，构成了城市群治理的制度前提。改革开放以来，我国府际关系经历了以经济分权化为特征的深刻重构过程。在财政体制上实行"分灶吃饭"的财政新体制，下放企业管理权及相应的经济管理权，这些措施极大提高了地方政府的自主性和积极性。经济分权化导致地方政府企业家精神的兴起，地方政府官员同时具有经济和政治双重目标，成为"政治企业家"[①]。随着城市在我国经济中的地位不断提高，城市竞争以及城市政府间竞争也逐渐发展起来。城市政府直接介入城市经济发展过程，通过重构经济空间等方式，提升城市竞争力。城市政府的企业家精神推动政府采取策略性行动，为城市争取更多的资源和发展空间。一方面，城市政府间在招商引资、基础设施建设以及国家优惠政策等方面存在激烈竞争；另一方面，当形势发生变化时，城市政府也会主动寻求与其他城市进行合作，然而这种合作是"为了竞争的合作"，

---

① 杨瑞龙. 我国制度变迁方式转换的三阶段论：兼论地方政府的制度创新行为 [J]. 经济研究，1998 (1)：5 - 12；杨瑞龙，杨其静. 阶梯式的渐进制度变迁模型：再论地方政府在我国制度变迁中的作用 [J]. 经济研究，2000 (3)：24 - 31，80；OI J C. The role of the local state in China's transitional economy [J]. The China quarterly，1995，144：1132 - 1149；WALDER A G. Local governments as industrial firms：an organizational analysis of China's transitional economy [J]. American journal of sociology，1995，101 (2)：263 - 301.

其实质在于地方政府的策略性行动。此外，在经济分权化背景下，中央政府对地方发展的干预程度减弱，但这并不意味着中央政府退出了区域事务，相反，中央政府仍然可以通过倾斜性优惠政策、影响重大基础设施布局等方式参与区域重构的过程。但是与计划经济时期不同，它更多是采用柔性方式来引导区域发展方向。正是在中央政府的引导和地方政府的自主竞争与合作下，城市群才在市场的推动下逐步发展起来。

其次，我国城市经济体制改革奠定了城市的中心地位，为城市群治理提供了坚实的物质基础。20世纪80年代中期，随着以农村家庭联产承包责任制为中心的农村改革顺利开展，以及城市企业扩大自主权试点取得明显成效，城市改革成为我国经济体制改革的重要内容。1984年10月，党的十二届三中全会审议通过的《关于经济体制改革的决定》，提出要"逐步形成以城市特别是大、中城市为依托的，不同规模的，开放式、网络型的经济区"，开创了以城市改革为重点的经济体制改革时期[①]。为了解决日益严重的城乡分割、流通堵塞、多头领导、互相牵制等城乡经济发展矛盾，提高城市在经济社会发展中的中心作用，我国开始实行市管县体制[②]。1982年，党中央、国务院下发《关于改革地区体制，实行市领导县体制的通知》，1983年又下发了《关于地市州党政机关机构改革若干问题的通知》，要求"积极试行地、市合并"，市管县体制逐步发展起来。城市中心地位的确立标志着我国经济体制上的重大转型。过去计划经济体制的特征是由中央政府主导来组织社会生产活动，而新体制则更加重视经济结构和空间地区布局，采取空间干预政策以经济区等方式推动经济发展[③]。在这个过程中，城市和区域成为我国经济发展的重要支撑，城市群也成为国家治理的新单元[④]。

---

① 十二届三中全会《关于经济体制改革的决定》的七大历史突破 [N]. 经济日报，2013-11-05.

② 周天勇. 从市管县到省管县的体制变迁 [J]. 中国党政干部论坛，2014（7）：7-11.

③ YEH A G O, XU J. Regional cooperation in the Pan-Pearl River Delta: a formulaic aspiration or a new imagination? [J]. Built environment, 2008, 34（4）：408-426.

④ 徐莹. 城市群成为国家治理新单元的进路探析 [J]. 人民论坛，2020（8）：68-71.

最后，全球化和区域竞争推动城市政府走向合作，构成城市群治理的现实基础。20世纪80年代中期，全球化浪潮开始兴起，商品和资金、技术等要素的跨国流动加快，城市成为全球价值链的重要节点，在全球竞争中发挥着重要作用。在全球化背景下，城市不能独善其身。为了提高城市竞争力，由中心城市带动周边城市结成城市联盟，以共同应对全球竞争的挑战，成为城市政府的战略选择。同时，国家积极调整区域空间布局，推动珠三角、长三角、环渤海地区城市群发展，这种战略导向促使城市政府走向合作，共同争取中央支持，以获得更大竞争优势。另外，随着城市经济的快速发展，市场要素流动突破城市行政界限，这在客观上要求城市政府跳出行政辖区思维，以合作来推动区域经济发展。

二、我国城市群治理中的府际关系及其合作风险

1. 城市群治理的议题特征

城市群治理议题具有战略性、综合性和灵活性等特征。首先，城市群治理是政府应对全球化和区域竞争的策略性行为，它包含着政府对外部环境和内部条件综合评估基础上的战略考量，体现着中央政府和地方政府的战略意图，具有很强的战略性。其次，城市群治理虽然以城市发展作为核心目标，但不局限于特定问题。一般而言，城市群治理涉及基础设施建设、产业合作、生态环境协同治理、公共服务一体化等内容。《中共中央 国务院关于建立更加有效的区域协调发展新机制的意见》指出，要"加强城市群内部城市间的紧密合作，推动城市间产业分工、基础设施、公共服务、环境治理、对外开放、改革创新等协调联动"。由此可见，城市群治理议题具有很强的综合性。最后，从城市群治理的边界来看，我国现有城市群虽然在政府规划中有相对明确的规模和边界范围，但是城市群的边界不像行政区划一样固定，它缺乏相关法律法规的约束，仅仅是一种规划导向。随着城市群辐射带动能力的不断增强，周边其他城市也有可能加入，这增加了城市群治理议题的灵活性。有学者认为城市群具有规模适度、功能复合以及具有边界弹性等特点，是实现国家有效治理的关键环节，应该成

为国家治理的新单元①。这种战略性、综合性和灵活性的议题特征使得城市政府可以比较容易地参与到城市群中来。同时，由于城市群内的地方政府间不具有隶属关系，城市政府具有较大的自主性，这使得城市政府可以以较低的成本来获取城市群合作的收益。

2. 城市群治理中的纵向政府间关系及其合作风险

改革开放以来，中央政府支持城市群发展的战略意图一直十分清晰，这为城市群发展指明了方向。中央支持城市群发展的政策演变可以大致分为三个阶段：一是 20 世纪 80 年代中期形成的"市带县"体制，打开了城市发展的空间，推动了中心城市的发展，为城市群发展提供了行政与空间基础；二是 20 世纪 90 年代城市经济体制改革，释放了城市经济发展的活力，促进了城市间要素流动与经济活动增加，为城市群发展奠定了良好的物质基础；三是"十一五"规划把城市群作为我国城镇空间布局的主体形态，明确了城市群的定位和发展目标。中央政府对于城市群发展具有战略导向上的支持和引导作用。在我国中央主导的单一制政府结构下，中央的支持为城市群的发展赋予了政治合法性，减少了城市群发展有可能偏离国家战略方向而带来的不确定性。

同时，城市政府出于提高自身竞争力的目的，与邻近城市共同策略性地推动城市群发展，这也符合城市政府的利益诉求。对于中心城市而言，与周边城市合作有利于拓展城市发展空间，在更大范围内配置资源，促进要素自由流动，拓宽中心城市发展的区域视野，并在全球竞争中占据有利位置；而对于周边城市而言，与中心城市合作则可以借助中心城市在基础设施、公共服务和产业链等方面的外溢优势，提升自身发展水平，同时还可以获得更多外部支持，开展单个城市无法完成的投资项目，为城市发展创造更好的外部环境。

从前述分析可以看出，城市群发展符合中央政府与地方政府的利益，城市群治理议题下的纵向政府间关系主要体现为相容性利益关系。中央政府与地方政府都有动力推动城市群合作，中央在战略上引导城市群发展的方向，而地方政府则主动谋划城市群合作，并争取获

---

① 徐莹. 城市群成为国家治理新单元的进路探析［J］. 人民论坛，2020（8）：68 - 71.

得中央支持，中央与地方具有战略上的契合性。在这种情况下，城市群合作的风险相对较小。一方面，在中央的支持和鼓励下，地方政府的合作具有政治合法性以及战略正当性，这有助于推动各方形成合作意向；另一方面，中央直接参与推动谋划城市群布局，有助于减少各方在沟通协调、利益分配和监督执行等方面的风险，降低交易成本。

3. 城市群治理中的横向政府间关系及其合作风险

城市群治理中的横向政府间关系主要呈现为互补性和共生性的利益关系。城市群合作是地方政府自主性参与和策略性行动的结果，因此，自愿性参与是城市群治理的重要特征。在地方政府具有较大自主权的情况下，地方政府将主要参与到互补型合作和共建型合作中。城市群主要合作议题包括：一是基础设施建设，参与各方共同投入交通、能源、信息网络等基础设施建设，推动基础设施互联互通和网络化发展，构建区域现代化基础设施体系；二是产业分工合作，发挥参与各方比较优势，推动形成合理的区域产业分工体系，提升产业链整体水平；三是生态环境协同治理，参与各方在大气污染治理、流域水环境治理等生态环境领域开展合作，推动生态环境联防联控联治；四是推动公共服务一体化，促进劳动力和资金、技术等要素自由流动；五是共同争取国家政策支持，构建区域先行示范区；六是打造区域形象，优化区域营商环境等。

在互补性和共生性利益关系下，参与各方具有较强的共同利益，一方利益的获得以另一方同时获得利益为前提，合作具有帕累托改进的性质和特点，这为开展城市群合作提供了良好的基础条件。在互补型合作中，参与各方优势互补、互利共赢，更加容易达成合作共识；而在共建型合作中，各方存在比较明确的共同目标，也比较容易形成合作意向。因此，总体来看，城市群合作风险相对比较小。

然而，共同利益并不意味着各方可以自然而然地顺利实现合作，城市群治理仍然存在一定的风险。一是沟通与协调方面的风险。城市群治理的议题十分复杂，涉及领域广，参与主体多，需要准确识别参与各方的利益诉求，把握区域整体发展条件和趋势，这意味着城市群合作需要进行大量的沟通与协调，信息成本比较高。由于参与各方不具有行政隶属关系，加之我国缺乏地方政府间横向交流的制度安排，各方在沟通与协调方面存在较大风险。二是利益分配方面的风险。城市群合作能够给合作参与方带来共同利益，但是如果不能合理分配合作收益，也会使合作受到影响。例如，"飞地经济"可以充分发挥各方在产业和空间方面的比较优势，有利于互利共赢，但是在"飞地"的管理体制、税收分享、成本投入等方面，各方都有可能会产生分歧，由此带来较高的谈判成本。三是监督执行方面的风险。当需要各方共同投入资源开展共建型合作时，有可能会出现"搭便车"和机会主义等行为，地方政府违反协议，希望以较低的成本获取合作收益，而由于合作缺乏强制性，监督执行的成本比较高，进而会产生合作难以执行的风险。

三、我国城市群纵向战略嵌入式治理机制选择

根据前述分析，当跨域合作的风险比较低时，运用横向协作机制比纵向干预机制的交易成本更低。因此，在城市群治理机制的选择上，应以横向协作机制为主，并辅之以适度的纵向干预机制，在实践中即体现为中央政府引导下的地方政府自主性合作。在这种治理模式下，地方政府开展自主性合作，中央政府则引领着城市群发展的方向，确保城市群能够在国家战略总体部署下获得可持续发展。这种治理模式将中央政府与地方政府的作用有效结合起来。一方面，地方政府有动力参与城市群治理，通过地方政府间合作推动城市群发育和成熟；另一方面，中央政府通过引导城市群战略方向等来推动城市群内地方政府间合作。因此，这种治理机制也可以称为"纵向战略嵌入式治理机制"，即中央政府根据城市群合作风险的状况，以战略规划的方式参与到城市群治理中来，引导地方政府的自主性合作，从而将纵向干预机制的宏观调控优势与横向协作机制的自主合作优势结合起来。城市群纵向战略嵌入式机制选择的逻辑思路如图4-2所示。

根据图4-2可以看出：（1）城市群治理的议题特征是城市群合作风险的主要影响因素。城市群治理是具有战略性、综合性和灵活性的合作议题，参与各方自愿参与到合作中来，从提高城市竞争力的战

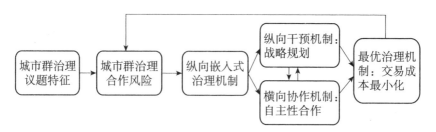

图 4 - 2 城市群纵向战略嵌入式机制选择的逻辑思路

略角度搭建城市群合作平台，以应对全球化和区域竞争的挑战。在城市群合作议题上，中央政府与地方政府具有相容性利益，地方政府间形成互补性或共生性利益关系，合作的风险比较小。（2）在特定合作风险情况下，依据交易成本最小化目标进行纵向嵌入式治理机制选择，形成中央政府引导下的地方自主性合作模式。（3）纵向干预机制与横向协作机制具有相互补充的作用。地方政府自主性合作并争取中央支持，中央政府则通过战略规划引导和支持地方合作，这种将"自上而下"与"自上而下"相结合的"纵向战略嵌入式治理机制"能够实现交易成本最小化，是一种最优城市群治理机制安排。

已有研究侧重分析横向协作机制在推动城市群合作中的作用。例如，在2004年成立的泛珠三角区域合作中，政府间合作方面采用了论坛和合作洽谈会、高层联席会议制度、日常办公制度、部门衔接落实制度等制度安排①。长江三角洲地区的区域政府合作则形成了长江沿岸中心城市经济协调会、长江三角洲城市经济协调会、长江流域发展研究院和长江开发沪港促进会等区域性合作组织②。这些研究对城市群政府间合作治理机制进行了深入剖析，丰富了对于城市群治理的认识。然而，仅从横向协作机制进行分析无法揭示城市群治理的全貌，也难以提出城市群治理的有效对策。近年来有学者开始关注纵向干预机制对于城市群治理的影响，他们运用嵌入性等概念来揭示城市群治理中的央地互动过程，为分析城市

---

① 陈瑞莲，刘亚平. 泛珠三角区域政府的合作与创新 [J]. 学术研究，2007 (1)：42 - 50.
② 张紧跟. 从区域行政到区域治理：当代中国区域经济一体化的发展路向 [J]. 学术研究，2009 (9)：42 - 49, 159.

群治理的府际关系提供了理论基础①。但是已有研究对于纵向干预机制与横向协作机制的关系的分析仍有待深入。本书构建的城市群纵向战略嵌入式治理机制逻辑模型，以城市群治理合作风险为基础，以交易成本最小化为目标，中央政府与地方政府共同做出战略行动，从而形成纵向干预机制与横向协作机制相互配合的纵向战略嵌入式治理机制安排。

本书认为，城市群治理不仅要发挥横向协作机制的作用，还要注重纵向干预机制的运用。在城市群治理中，纵向干预主要把战略规划作为干预手段，与其他政府工具相比，战略规划更为柔性，主要侧重中央的战略性引导而不是强制性干预来推动城市群发展，战略规划制定包含着中央政府与地方政府之间以及城市群内地方政府间的互动过程，这种纵向干预模式为地方政府创新提供了充足的政策空间，调动了地方政府的积极性和主动性，提高了城市群治理的内生动力。这与20世纪80年代和90年代以中央政府主导推动区域经济合作未能实现预期目标的状况形成了鲜明的对比②，体现了纵向战略嵌入式治理机制的优势。纵向战略嵌入式治理机制突破了传统"自上而下"和"自下而上"的简单两分法，它既不完全是由中央政府主导推动的"自上而下"的制度安排，也不完全是由地方政府"自下而上"的自主性合作，而是央地紧密互动、共同发挥自身优势开展战略性行动的结果，这与我国改革开放以后府际关系的转变与特征是十分契合的③。

第三节　城市群战略规划及其在城市群治理中的作用

战略规划是组织根据外部环境变化与内部条件分析，对组织发展

---

① 文宏，林彬. 国家战略嵌入地方发展：对竞争型府际合作的解释 [J]. 公共行政评论，2020，13（2）：7-22，193；王路昊，林海龙，锁利铭. 城市群合作治理中的多重嵌入性问题及其影响：以苏南国家自主创新示范区为例 [J]. 城市问题，2020（1）：4-11.

② 例如，上海经济区1982年成立，1987年就解散了。引自：XU J. Governing city-regions in China: theoretical issues and perspectives for regional strategic planning [J]. Town planning review，2008，79（2-3）：157-186.

③ HEILMANN S. From local experiments to national policy: the origins of China's distinctive policy process [J]. The China journal，2008（59）：1-30.

进行全局性和前瞻性的谋划，以确定组织使命和战略方向，明确战略目标和任务。城市群战略规划是对城市群战略定位及其空间布局、产业发展、基础设施建设、生态环境保护和公共服务等进行的总体谋划和部署，以实现各城市优势互补和互利共赢。城市群战略规划推动形成城市内部合理分工，对于抑制城市间无序竞争和促进区域协调发展具有重要意义。城市群战略规划作为纵向干预的主要政策工具，体现了中央与地方的互动关系，有助于城市群内部地方政府间达成合作共识，缓解合作风险。城市群战略规划与相关横向制度安排共同构成城市群治理的制度体系，推动城市群内地方政府间走向合作。

一、我国城市群战略规划的产生与发展

我国城市群战略规划属于区域规划类型，体现了中央政府对于城市群发展的战略导向。新中国成立以来，中央政府介入区域事务分为以下三个阶段[①]。

一是新中国成立初期，我国在地方行政建制上实行大区建制[②]。大区人民政府或军政委员会，最初既是本辖区的最高一级的地方政府，同时也是中央人民政府的代表机关。1952 年 11 月，一律改为行政委员会，不再作为一级行政机关，而是作为中央人民政府的代表机构。大区建制有利于加强中央集中统一领导，应对各地发展情况不一、发展不平衡的状况。后来，出于集中调配全国资源以适应大规模发展的需求，以及一些政治因素的影响，中央于 1954 年 6 月撤销了六大区行政委员会建制。这是中央直接管理区域事务的首次尝试。

二是 20 世纪 80 年代到 90 年代中期，由中央政府主导推动地区合作。改革开放初期，为了科学合理地布局生产力和城市，中央主导推动设立了许多经济合作区，包括上海经济区（1982）、东北经济区（1983）、淮海经济区（1986）、西江走廊（1986）、苏锡常地区

---

① XU J. Governing city-regions in China：theoretical issues and perspectives for regional strategic planning ［J］. Town planning review，2008，79（2 - 3）：157 - 186.

② 林尚立. 国内政府间关系 ［M］. 杭州：浙江人民出版社，1998：288 - 289.

(1985)、长株潭地区（1985）、渤海湾（1986）以及一些欠发达地区的合作区，到 20 世纪 80 年代后期，经济合作区已达 100 多个①。中央设立经济合作区的目的是促进横向经济联合和地区经济协作，打破计划经济体制下的条块分割。然而，由于中央主导的经济区缺乏统一市场基础，地方政府的市场意识和合作意识不足，加之合作组织松散，缺乏正式强有力的制度安排，许多组织最后都解散了。20 世纪 90 年代，中央又以推动地区经济技术合作的方式来解决区域问题，但也未能完全达到预期目标②。

三是 20 世纪 90 年中期以来，中央政府开始实施区域发展战略，促进区域协调发展。形成以推进西部大开发、振兴东北地区等老工业基地、促进中部地区崛起、鼓励东部地区率先发展的"四大板块"战略，即区域发展总体战略。

随着我国社会主义市场经济不断发展和完善，区域规划作为宏观调控手段的作用日益增强，并在国家层面上形成了区域发展规划、土地利用规划、城镇体系规划等各具特色的规划形式。城市群战略规划兼具上述区域规划的特点，具有综合性、战略性和灵活性。

改革开放以来，与城市群发展有关的区域规划包括③：（1）1982 年 12 月成立了上海经济区规划办公室，作为国务院的派出机构，1984 年 3 月开始编制《上海经济区城镇布局规划纲要（1985—2000）》，这是改革开放以来我国首次进行区域城镇布局规划工作。（2）1991 年，国家计委内负责国土工作和地区经济工作的职能机构合并为国土地区司，并于 1992 年先后编制长江三角洲及沿江地带规划要点等七大区域发展规划，但这些规划基本是依托计划经济体制编制的，作用有限。（3）随着城市间的横向联系日益增加，城市群规划或都市圈规划应运而生。例如，1994 年 11 月，广东省做出开展珠江三角洲经济区规划的决定，城市群规划是五个重点专题之一。（4）20 世

---

① XU J. Governing city-regions in China: theoretical issues and perspectives for regional strategic planning [J]. Town planning review, 2008, 79 (2-3): 157-186.

② 庞效民. 90 年代我国区域经济合作政策效果分析 [J]. 地理研究, 1999 (9): 231-240.

③ 武廷海. 区域规划概论（中国近现代）[M]. 北京：中国建筑工业出版社, 2019: 115-150.

纪 90 年代中后期以来，城市发展外部环境激烈变化，传统空间规划方法"捉襟见肘"，广州、南京、杭州、济南等城市开展了空间发展战略研究，制定都市发展空间战略规划或概念规划。（5）"十一五"规划把区域规划放在突出重要的位置。2004 年 4 月，"十一五"规划编制工作领导小组先期启动京津冀都市圈和长江三角洲地区两个区域规划的前期工作，为城市群规划积累了宝贵经验。（6）随着城镇化的快速推进，前期城市发展空间战略规划开始与区域协调发展规划结合起来，从单个城市的发展战略规划转向城镇群的发展战略规划。

从上述历程看出，与城市群有关的区域规划经历了从"中央主导"到"中央引导"规划制定方式的转变，城市群规划回应城市发展规律和城市政府战略行动的特征日益明显。中央政府的干预与地方政府的战略行动形成良好的互动关系。20 世纪 90 年代以来，全球竞争日趋激烈，城市区域成为全球竞争的重要载体。在激烈的城市竞争情况下，城市政府的企业家精神被充分激发出来，一些中心城市开始突破传统城市规划的刚性束缚，制定更具有前瞻性和灵活性的战略规划，为城市提供更加广阔的发展空间。广州于 2000 年制定了《广州城市发展概念规划》，成为我国第一个制定战略规划的城市。其后，南京、杭州等城市纷纷开始制定战略规划，为城市发展提供空间指引和政策支持[①]。

为应对区域内城市无序竞争状况，地方政府也主动采取措施，推动城市协调发展，提高区域整体竞争力。2004 年广东省与国家建设部联合制定《珠江三角洲城镇群协调发展规划（2004—2020）》，推动城市沟通与协调，强化对区域发展的宏观调控[②]。与此同时，各类区域组织也逐步发展起来。2004 年 6 月，泛珠三角区域政府行政首长在广州签署了《泛珠三角区域合作框架协议》[③]。长江三角洲各省市构建了三个层次的合作制度安排：一是副省（市）长级别的沪苏浙经济合作

---

① WU F，ZHANG J. Planning the competitive city-region：the emergence of strategic development plan in China [J]. Urban affairs review，2007，42（5）：714 - 740.

② XU J. Governing city-regions in China：theoretical issues and perspectives for regional strategic planning [J]. Town planning review，2008，79（2 - 3）：157 - 186.

③ 陈瑞莲，刘亚平. 泛珠三角区域政府的合作与创新 [J]. 学术研究，2007（1）：42 - 50.

与发展座谈会;二是长三角 15 城市市长级别的长江三角洲城市经济协调会;三是长三角各城市政府职能部门之间的协调会①。地方政府的自主性合作实践与中央政府的战略导向具有高度契合性,共同推动了城市群战略规划的产生与发展。

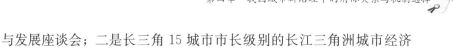

二、我国城市群战略规划的制定过程与影响因素

城市群战略规划是中央政府与地方政府互动的结果。有学者用"碎片化的威权主义"来刻画我国改革开放后的政治体制,其主要特征是:政策的制定和实施需要不同的部门来完成,在政策实施过程中需要达成共识,同时需要高层领导的支持②。在我国单一制政府体制下,中央政府对区域事务仍然有着很强的纵向控制力,但这些权力被分散在"条条"手中,同时,我国地方政府间横向的制度性联系较为缺乏。从这种静态的制度结构来看,我国城市群合作的难度是很大的。地方政府的企业家精神有助于弥补这些不足。在激烈的城市竞争压力下,地方政府采取更加积极的战略性行动,为了竞争而合作,以全局和前瞻视野对区域空间进行重新界定,推动建立相邻城市间的合作关系。同时,在定义城市群发展区域空间范围时,地方政府尤其注重与中央战略导向的契合性,以获取中央的支持,实现区域利益最大化。因此,城市群战略规划过程可以描述为:中央政府释放区域发展的信号,地方政府进行创新和试验,当时机成熟时,中央政府批准地方的创新和试验,从而使城市群发展获得政治合法性。

当地方政府的创新和试验与中央的战略意图相匹配时,城市群的发展就会相对比较顺利;反之,则有可能会影响城市群发展的前景。有学者对 2007 年前后珠三角城市群的发展进行分析指出:2004 年,广东省发起推动建立泛珠三角合作计划,意在建立包括广东、广西、

① YEH A G O, XU J. Regional cooperation in the Pan-Pearl River Delta:a formulaic aspiration or a new imagination? [J]. Built environment, 2008, 34(4):408-426.

② LIEBERTHAL K, OKSENBERG M. Policy making in China:leaders, structures, and processes [M]. Princeton:Princeton University Press, 1988:22-23.

海南、福建、湖南、江西、四川、贵州和云南 9 省区以及香港和澳门两个特别行政区的合作网络，然而，该计划没有进入随后国家编制的"十一五"规划纲要①，这使得泛珠三角的合作面临着极大的不确定性。2007 年后，广东省重新调整了区域发展战略方向，更加强调与香港和澳门建立紧密的合作关系，明确广东与香港和澳门的定位和分工，这更加符合中央推动香港和澳门深度融入内地经济发展的战略意图。于是，2008 年 9 月，由国家发展改革委牵头组织，近 200 位部委委员、学者组成的珠三角地区改革发展规划调研组在广东展开密集调研，会同广东省政府编制了《珠江三角洲地区改革发展规划纲要（2008—2020 年）》，该规划纲要由 2008 年 12 月 17 日召开的国务院常务会议审议并原则通过，明确了珠三角城市群未来发展的方向。

地方政府的主要领导在城市群战略规划中发挥着重要的作用。首先，主要领导影响城市发展愿景。在我国的规划体系中，战略规划不是法定的强制性规划，它具有很强的灵活性，体现的是对城市应对外部环境和提升城市竞争力的战略考量。战略规划在某种程度上并不是寻求更加科学的方法来解决具体问题，而在于形成城市发展的愿景或概念，主要领导对于城市愿景、概念以及战略目标往往会产生直接的影响②。其次，城市群发展有赖于主要领导的共识。城市群战略规划涉及不具有行政隶属关系的城市间的合作，城市政府尤其是其主要领导对于合作的共识是城市群达成战略规划的前提，为此，需要建立城市群内的主要领导和部门负责人沟通机制。再次，主要领导可以运用其影响力发起城市群合作。城市群发展中往往会存在能够发起城市群合作的"守门人"，他们一般由区域内部在政治级别或者经济实力方面更有优势的城市的领导来承担。例如在长三角城市群合作中，上海是直辖市，上海的主要领导一般都是政治局委员，政治级别比较高，所以有能力发起合作。另外，在确定城市群合作的区域空间范围及参与者时，政治级别也是需要考虑的重要因素。最后，主要领导能够打

---

① "十一五"规划纲要在"鼓励东部地区率先发展"小节中提出"继续发挥经济特区、上海浦东新区的作用，推进天津滨海新区开发开放，支持海峡西岸和其他台商投资相对集中地区的经济发展，带动区域经济发展"。

② WU F，ZHANG J. Planning the competitive city-region：the emergence of strategic development plan in China [J]．Urban affairs review，2007，42（5）：714-740.

开城市群合作的"政治之窗"。城市政府的主要领导可以视为"政治企业家",他们具有很强的捕捉"政策之窗"的能力,能够发现政策过程中蕴含的机会,并将这些机会转化为城市群合作的动力。

 ## 三、我国城市群战略规划的内容及作用

城市群战略规划的主要任务包括:(1)明确区域的整体定位,确定区域的总体发展战略、目标以及区域内分工。(2)协调规划区内共同关注但任何一方都难以自行解决的重大问题。(3)研究提出促进区域整体发展的政策措施①。在"十一五"规划编制京津冀都市圈和长三角地区区域规划时,国家发展改革委曾印发两个区域规划的工作方案,其基本原则对后续城市群战略规划产生了深远的影响。2015年后编制出台的城市群战略规划基本都包括含上述内容。以最早批复的《长江中游城市群发展规划》为例,该规划包括九章,可分为三个部分:一是发展背景和总体思路,明确区域的发展基础、战略定位和发展目标;二是区域重大协同发展问题,包括城乡统筹发展、基础设施互联互通、产业协同发展、生态文明共建、公共服务共享、深化开放合作;三是规划组织实施,包括组织协调与督查检查。

城市群战略规划虽然一般由中央政府主导制定和批复,但它体现了地方政府间以及中央政府和地方政府间的共识,这降低了城市群合作的沟通成本和信息成本,为城市群合作奠定了基础。城市群合作不意味着没有竞争,相反,城市群内围绕招商引资、基础设施布局等与地方政府利益密切相关领域的竞争仍十分激烈,所以这种合作是"为了竞争的合作"。一旦失去了中央政府的支持,城市政府间的竞争有可能会导致合作的破裂。中央政府的干预有助于凝聚城市群内政府合力。在城市群规划制定的过程中,往往需要大量的调查研究,广泛征求各方意见,兼顾各方利益诉求,参与各方要进行艰难的讨价还价,为所在城市争取最大化利益。因此,城市群规划搭建了城市群内地方政府间

---

① 武廷海. 区域规划概论(中国近现代)[M]. 北京:中国建筑工业出版社,2019:139.

以及中央政府和地方政府沟通的平台。一旦规划得到中央批复，中央会通过各种政策和项目来引导各方按照规划指引开展合作。因为战略规划不具有强制性，所以在规划制定过程中达成共识就显得尤为重要。

城市群战略规划往往意味着中央发出支持该区域发展的积极信号，随之而来的是中央政府在项目上对城市群的倾斜和支持，主要包括：（1）下放审批权或给予先行先试政策支持。例如，为支持珠三角城市群发展，中央在《内地与香港关于建立更紧密经贸关系的安排》（CEPA）框架内赋予广东在审批香港服务业进入方面更大的自主权，从 2008 年开始，将香港会计服务、医疗服务、旅游与交通运输服务等领域进入广东的审批权下放给广东①，这对促进广东和香港建立更密切的经济联系具有重要意义。（2）给予重大基础设施建设的支持。例如，2019 年中共中央、国务院印发的《长江三角洲区域一体化发展规划纲要》提出，共同打造数字长三角，协同建设新一代信息基础设施，其中包含着中央希望推进长三角重大项目建设、释放有效投资需求的战略意图，也是长三角发挥数字经济优势、加快产业数字化和智能化转型、提高产业链供应链稳定性和竞争力的重要支撑。（3）中央以专项资金等支持城市群一体化发展。例如，2021 年国家发展改革委发布的《粤港澳大湾区建设、长江三角洲区域一体化发展中央预算内投资专项管理办法》明确，专项资金通过直接安排到项目的方式支持粤港澳大湾区建设、长江三角洲区域一体化发展。其中，粤港澳大湾区建设以直接投资安排方式支持地方政府投资项目。长三角一体化发展支持符合条件的政府投资项目，按照相关规定采取直接投资或资本金注入方式，支持符合条件的企业投资项目，按照相关规定采取投资补助或贷款贴息方式。中央的参与和支持有效降低了城市群内政府间讨价还价的成本，这有助于降低城市群合作的风险。

城市群规划明确了城市群内部政府间协调机制与规划监督执行的制度安排。城市群规划一般由省级地方人民政府与国务院部门共同实施，由国务院相关部门进行督促检查和评估。例如，《长江三角洲城市群发展规划》明确，由上海市、江苏省、浙江省、安徽省人民政府

---

① CHEUNG T Y P. The politics of regional cooperation in the Greater Pearl River Delta [J]. Asia pacific viewpoint，2012，53（1）：21 - 37.

和国务院有关部门共同实施；在地方层面，健全长三角三省一市层面的"三级"运作机制，充分发挥长三角地区合作与发展联席会议的组织协调功能；在国家层面，有关部门要研究支持长三角城市群发展的具体措施；国家发展改革委、住房城乡建设部对规划实施情况进行跟踪分析和督促检查，适时组织开展规划实施情况评估。同时，该规划还要求，三省一市人民政府共同研究制订三年行动计划和年度工作计划，编制出台专项规划，建立专项合作机制，完善激励约束机制，督促各地区采取共同行动策略。另外，该规划还提出营造良好舆论环境，增强公众对城市群一体化发展的认同感，引导各类市场主体积极参与城市群一体化建设等要求。这些制度安排有助于督促城市群内地方政府间开展合作，降低监督执行成本和背信风险。

正是由于上述原因，城市群内地方政府在自主性合作的同时，都会争取纳入国家战略。城市群合作建立在地方政府自主性合作的基础上，但仅由地方政府间横向合作难以避免合作风险，战略规划有助于缓解风险，降低交易成本。开展战略规划不仅是为了获得国家的物质和政策支持，而且能保障城市群合作得以稳定发展。

第四节　京津冀城市群案例研究

如前所述，城市群治理是地方政府自主行动与中央政府战略引导的结合，是一种纵向战略嵌入式治理机制，一般是在中央释放明确的城市群发展的信号后，地方政府自主探索合作，由中央制定规划予以确认的过程。然而，在地方政府自主性探索过程中，由于存在沟通协调、利益分配、监督执行等问题，合作往往面临很大的不确定性。此时，就需要强化中央顶层设计，推动各方达成合作共识，打破行政壁垒，以规划制定与实施为牵引，推动各方走向合作。在我国东部三大城市群中，京津冀发展不协调、不平衡的矛盾最为突出，受关注度最高，解决难度最大①。自 20 世纪 80 年代以来，合作走走停停，一直

---

① 京津冀协同发展领导小组办公室负责人就京津冀协同发展有关问题答记者问［N］.人民日报，2015－08－24（1）.

未能取得实质性进展。2013 年以来，习近平总书记多次就京津冀协同发展做出指示。2015 年 6 月，《京津冀协同发展规划纲要》印发实施，成为京津冀协同发展的顶层设计和行动指南。在高层推动下，京津冀协同发展走上快车道。

一、京津冀合作的基础条件

京津冀包括北京、天津、河北三省市，面积约 21.6 万平方公里，占全国的 2.3%，2018 年末常住人口 1.1 亿人，占全国的 8.1%，地区生产总值 8.5 万亿元，占全国的 9.4%①。京津冀有着特殊的历史渊源，经济社会发展具有梯次性、互补性和共生性特征，合作基础良好②。从梯次性来看，京津冀经济社会发展具有较大的差距，根据世界银行对不同国家收入分组标准，北京和天津已经达到富裕国家水平，而河北只有中等收入水平，梯次性既是京津冀协同发展的问题所在，也为京津冀合作提供了理论前提，它意味着通过产业有序转移，有可能实现三地互利共赢。从互补性来看，京津冀要素禀赋不同，北京具有丰富的教育、科技和文化等资源优势，天津航运、物流和制造业优势突出，而河北则具有劳动力和土地等要素成本优势，在发展过程中，京津冀可以发挥各自的比较优势，形成有效互补。从共生性来看，区域大气污染治理、水资源开发和利用、水环境治理以及区域公共安全等都具有很强的外部性，只能通过京津冀协同在一体化框架内才能提出系统解决方案。因此，从发展的基础条件来看，京津冀具有合作的必要性和可行性。正如 2014 年 2 月习近平总书记在北京市考察工作结束时的讲话中指出，"京津冀同属京畿重地，地缘相接、人缘相亲，地域一体、文化一脉，历史渊源深厚、交往半径相宜，完全能够相互融合、协同发展"。

---

① 国家发展改革委．京津冀协同发展［EB/OL］．（2019 - 11 - 27）．https：//www. ndrc. gov. cn/qjzl/jjjxtfz/201911/t20191127 _ 1213171. html? code＝&state＝123.

② 邢华．推进京津冀协同发展的理论思考：学习习近平总书记系列重要讲话体会之三十五［J］．前线，2014（3）：18 - 21.

　　然而，京津冀合作也面临着许多深层次的障碍和困难。其主要表现为，北京和天津两极独大，河北城市规模总体偏小，城镇化率不高，城镇化的潜力没有充分发挥出来，导致城市间难以形成有效的互动与合作①。具体而言，一是在北京与周边的关系上，过于强调周边地区为首都服务，优质资源大量向北京聚集，导致北京与周边无法形成合理分工局面；二是区域未能形成集聚与扩散良性格局，回波效应大于扩散效应，形成北京人口过度集中与周边地区发展相对滞后并存的局面；三是城市间分立发展，缺乏有效的协调机制，难以统筹解决大气污染治理、水资源开发利用、水环境治理以及公共服务一体化等区域发展问题；四是单纯追求 GDP 增长和人口聚集的倾向比较严重，形成城市经济发展快于城市管理水平的"一条腿长，一条腿短"的现象②。人口和经济活动向中心城市集中是经济发展的客观规律，然而，当城市的政治地位等非市场原因成为吸引要素资源的重要因素时，就有可能扭曲经济规律。这种产业和制度条件一旦形成，很难通过市场力量加以解决，如果不加以调控，将会形成特大城市低水平扩张的情形，不利于城市健康发展，也不利于形成良性的中心城市与周边地区的互动关系③。

　　以京津冀 13 个城市间在世界知识产权组织专利数据库的专利合作申请数为基础，运用社会网络分析方法构建 2001—2005 年、2006—2010 年和 2011—2015 年三个阶段的京津冀城市群创新网络，并对比了京津冀和长三角城市群创新网络的点度中心度、中间中心度、接近中心度以及网络密度等指标（如图 4-3 所示），可以发现④：

　　第一，从网络中心度指标来看，网络边缘城市创新合作较弱。在2001—2005 年和 2006—2010 年两个阶段，京津冀城市群都有 5 个城市未能参与到创新合作网络中，网络结构较为松散，且基本以北京为

　　①　邢华. 推动京津冀优势互补高质量发展［J］. 前线，2020（3）：61-64.
　　②　邢华. 推进京津冀协同发展的理论思考：学习习近平总书记系列重要讲话体会之三十五［J］. 前线，2014（3）：18-21.
　　③　邢华. 特大城市人口规模调控的理论探讨［A］//陆军. 城市管理研究：第 2 辑. 上海：华东理工大学出版社，2017：3-17.
　　④　邢华，张常明. 浮现中的城市群创新网络：京津冀城市间专利合作与城市群演进［J］. 地域研究与开发，2018，37（4）：61-66.

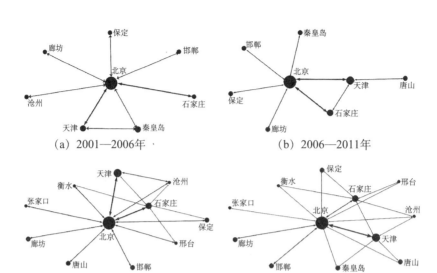

图 4-3 2001—2015 年京津冀创新合作的社会网络动态图谱

核心呈放射状，网络边缘的城市之间创新合作很弱。而到了 2011 年
之后，创新合作网络节点才逐渐增多，网络规模逐步扩大，城市群创
新合作网络结构开始变得复杂，但网络边缘城市间的创新合作仍然
较弱。

第二，从网络密度指标来看，京津冀创新联系比较松散。2001—
2005 年、2006—2010 年和 2011—2015 年期间，京津冀城市群创新网
络的网络密度分别为 0.102 6、0.102 6 和 0.205 1，这意味着大部分
城市之间还没有形成紧密的创新合作关系。将京津冀城市群和长三角
城市群创新网络的社会网络分析指标进行对比，可以发现，与长三角
城市群相比，京津冀城市群创新网络中核心城市少、自主创新能力
弱、网络化程度低，还处于发育之中。

 二、京津冀城市群治理的探索过程

京津冀在我国区域发展中具有重要战略地位，在我国区域规划过
程中，京津冀始终占据重要位置，体现了中央对京津冀区域发展的重
视和支持。京津冀城市群治理的探索过程主要包括如下阶段：

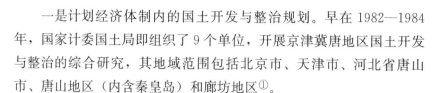

一是计划经济体制内的国土开发与整治规划。早在 1982—1984 年，国家计委国土局即组织了 9 个单位，开展京津冀唐地区国土开发与整治的综合研究，其地域范围包括北京市、天津市、河北省唐山市、唐山地区（内含秦皇岛）和廊坊地区①。

二是社会主义市场经济体制早期的跨省区经济规划。1992 年，中共十四大报告明确提出建设社会主义市场经济体制的目标，区域规划成为实施宏观调控的重要手段，其后，国家计委先后组织编制了环渤海地区等七大区域发展规划。1996 年，《国民经济和社会发展"九五"计划和 2010 年愿景目标纲要》在"促进区域经济协调发展"部分，提出七个区域经济协调发展的方向，其中包括环渤海地区，指出"依托沿海大中城市，形成以辽东半岛、山东半岛、京津冀为主的环渤海综合经济圈"。

20 世纪 90 年代后期，国家对跨省的区域城镇体系规划工作日益关注，提出在有条件的地区，比如长江三角洲、京津冀地区，应该迅速开展区域规划工作。2000—2001 年，清华大学教授吴良镛组织开展京津冀地区城乡空间发展规划研究，主要包括北京、天津、唐山、保定、廊坊等城市所辖的京津唐和京津保两个三角地区。"十五"计划纲要提出，要"进一发挥环渤海、长江三角洲、闽东南地区、珠江三角洲等经济区域在全国经济增长中的带动作用"。

三是完善社会主义市场经济体制阶段的区域规划。2004 年 4 月，国家发展改革委"十一五"规划编制工作领导小组第一次会议提出，先期启动京津冀都市圈和长江三角洲地区两个区域规划的前期工作。清华大学课题组持续关注京津冀发展研究，先后出版《京津冀地区城乡空间发展规划研究二期报告》与《京津冀地区城乡空间发展规划研究三期报告》。

其后历次五年规划都对京津冀发展进行部署。国家"十一五"规划纲要提出推进天津滨海新区开发开放战略。"十二五"规划纲要提出，推动京津冀、长江三角洲、珠江三角洲地区区域经济一体化发展，同时提出打造首都经济圈，重点推进河北沿海地区等区域发展。

---

① 武廷海．区域规划概论（中国近现代）［M］．北京：中国建筑工业出版社，2019：116．

"十三五"规划纲要将"推动京津冀协同发展"单独成章，同时提出推进环渤海地区合作协调发展等。"十四五"规划及 2035 年远景目标纲要则提出，推进京津冀协同发展、长江经济带发展、粤港澳大湾区建设、长三角一体化发展，打造创新平台和新增长极。

在中央的引导与组织下，京津冀地方政府也积极开展合作探索。主要标志性事件：一是 1981 年，京、津、冀、晋、内蒙古五省（区市）在呼和浩特市召开了第一次华北地区经济技术协作会议，成立了第一个区域协作组织——华北地区经济技术协作区，它是全国最早的区域协作组织①。二是 1986 年，在天津市市长李瑞环的倡导下，环渤海地区 15 个城市共同发起成立了环渤海地区市长联席会，被认为是京津冀地区最正式的区域合作机制。三是 2004 年 2 月，国家发展改革委召集京津冀发改部门在廊坊召开京津冀区域经济发展战略研讨会，达成"廊坊共识"，随后，国家发展改革委、商务部和京、津、冀、晋等 7 省区市领导在廊坊达成《环渤海区域合作框架协议》，商定成立环渤海合作机制的三层组织架构，这是京津冀地区区域治理最为重要的标志性事件之一。

2004 年 11 月，国家发展改革委正式启动京津冀都市圈区域规划的编制工作。直到 2010 年 8 月，《京津冀都市圈区域规划》才初步编制完成，上报国务院，区域发展规划按照"8＋2"的模式制定：包括北京、天津两个直辖市和河北省的石家庄、秦皇岛、唐山、廊坊、保定、沧州、张家口、承德八个地市。但是这个规划没有得到批复。2011 年，"京津冀都市圈"的概念被"首都经济圈"取而代之，并被写入国家"十二五"规划纲要。2014 年，国家发展改革委再次改变京津冀区域规划的名称，称之为"首都经济圈一体化发展的相关规划"②。

从 2004 年开始编制规划的十年间，京津冀区域规划一直在讨论和酝酿之中，始终没有达成共识，规划也一直没有得到批复，这在我国区域规划的编制实践中是少见的。这侧面反映出京津冀合作治理中

---

① 马海龙．行政区经济运行时期的区域治理：以京津冀为例 [D]．上海：华东师范大学，2008．

② 魏丽华．京津冀产业协同发展问题研究 [D]．北京：中共中央党校，2018．

存在风险与极高的交易成本，主要原因为：一是政治因素的影响，京津冀地区是国家首都所在地，首都地区的经济社会发展具有高度敏感性，政治因素是区域发展必须考虑的首要变量，这极大增加了区域合作的风险；二是经济因素的影响，京津冀经济社会发展差距比较大，城市之间的发展极不平衡，城市合作参与方的地位不均等，导致合作存在很大风险①。事实上，从早期的"环渤海"到"京津唐"，再到"京津冀都市圈"和"首都经济圈"，在如何确定合作的参与方这个问题上一直在游移。在这种情况下，如果中央不从战略层面进行顶层设计，京津冀合作是很难有实质性进展的。

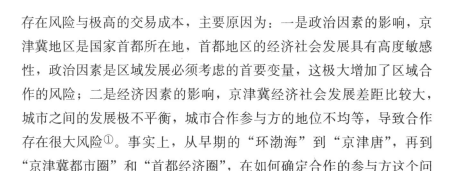

三、《京津冀协同发展规划纲要》的制定

从 2012 年开始，京津冀地区的严重雾霾引起了各方的广泛关注，要求京津冀区域协同治理，这成为京津冀协同发展的催化剂②。2013年，国务院印发《大气污染防治行动计划》，明确提出防治目标，并要求建立区域协作机制，统筹区域环境治理③。大气污染暴露了京津冀地区发展存在的诸多困难与问题：一是北京集聚了过多的非首都功能，"大城市病"问题日益突出，引发了交通拥堵、环境污染严重、水资源短缺、房价高等经济社会问题，这些问题难以在短时间内通过市场机制和城市供给侧结构性改革加以改变，需要从区域角度统筹加以解决④；二是区域功能布局不够合理，城镇体系结构失衡，京津两极过于"肥胖"，周边中小城市过于"瘦弱"，区域发展悬殊，特别是

---

① 2005 年 8 月 17 日，亚洲开发银行资助的一份调查报告首次提出"环京津贫困带"的概念：在国际大都市北京和天津周围，环绕着河北的 3 798 个贫困村、32 个贫困县，年均收入不足 625 元的 272.6 万贫困人口。如果以 150 公里的直线距离计算，与北京接壤的河北省张家口、承德、保定三市就有 25 个国家级和省级贫困县。

② 孙洪磊. 哲学视域下的京津冀区域协调发展 [D]. 北京：中共中央党校，2014.

③ 吕翔. 区域冲突与合作及制度创新研究：以京津冀地区为例 [D]. 天津：南开大学，2014.

④ 邢华. 深入推进北京城市治理供给侧结构性改革 [J]. 前线，2017（9）：79-82.

河北与京津两市的发展水平差距较大，公共服务水平落差明显①。要解决上述问题，需要京津冀三地采取实质性行动来推动协同发展，而过去十年间协同发展的探索意味着仅靠地方政府的自主性探索无法实现预期目标，此时迫切需要国家层面加强统筹，推动京津冀区域整体协同发展。

党的十八大后，党中央高度重视京津冀协同发展问题。2013年5月，习近平在天津调研时提出，要谱写新时期社会主义现代化的京津"双城记"。2013年8月，习近平在北戴河主持研究河北发展问题时，提出要推动京津冀协同发展。2014年2月，习近平在北京主持召开座谈会，专题听取京津冀协同发展工作汇报，强调实现京津冀协同发展，"是面向未来打造新的首都经济圈、推进区域发展体制机制创新的需要，是探索完善城市群布局和形态、为优化开发区域发展提供示范和样板的需要，是探索生态文明建设有效路径、促进人口经济资源环境相协调的需要，是实现京津冀优势互补、促进环渤海经济区发展、带动北方腹地发展的需要"，"是一个重大国家战略"，"要坚持优势互补、互利共赢、扎实推进，加快走出一条科学持续的协同发展路子来"，并提出"必须进行顶层设计，用顶层设计指导、引领、推动合作"。2014年8月，国务院成立京津冀协同发展领导小组以及相应办公室，由国务院副总理担任组长，这体现了中央通过强化组织领导方式来推动京津冀协同发展的顶层设计和统筹协调。按照京津冀协同发展领导小组的总体部署，领导小组办公室会同党中央、国务院30多个部门、三省市和京津冀协同发展专家咨询委员会，多次深入实际调查研究，就功能定位达成广泛共识。经过反复研究和修改完善，并先后7轮征求各方面意见，形成《京津冀协同发展规划纲要》。2015年4月，中共中央政治局审议通过《京津冀协同发展规划纲要》，2015年6月正式印发实施，京津冀协同发展开始进入全面实施阶段。

过去京津冀协同发展难以取得实质性进展，主要问题在于北京的定位不够清晰，扭曲了要素资源配置，导致优质资源向北京过度集中，周边地区发展受到抑制。《京津冀协同发展规划纲要》以有序疏

①　京津冀协同发展领导小组办公室负责人就京津冀协同发展有关问题答记者问［N］.人民日报，2015－08－24（1）.

解北京非首都功能、解决北京"大城市病"为基本出发点，将疏解北京非首都功能作为京津冀协同发展的"牛鼻子"，抓住了京津冀协同的核心，具有鲜明的问题导向。首先，该规划明确了京津冀区域整体定位和三省市功能定位，整体定位是"以首都为核心的世界级城市群、区域整体协同发展改革引领区、全国创新驱动经济增长新引擎、生态修复环境改善示范区"，北京的定位是"全国政治中心、文化中心、国际交往中心、科技创新中心"，北京四个中心的定位符合区域整体定位，体现了区域发展的整体性。其次，该规划确定了"一核、双城、三轴、四区、多节点"的空间布局，将京津与河北主要城市均包含在内，搭建了京津冀协同发展的骨架，有助于城市间功能互补与协同联动。再次，该规划提出在交通、生态环保和产业三个重点领域率先突破，以重大项目实施带动规划落地，推动京津冀协同尽快取得实质性进展。最后，该规划强调深化改革、创新驱动、试点示范三个关键支撑，为京津冀发展提供强劲动力。

在中央的强力推动下，京津冀三省市积极履行主体责任，有关部门强化协作配合，京津冀协同不断取得重大进展。围绕《京津冀协同发展规划纲要》，编制全国首个跨省级行政区的《"十三五"时期京津冀国民经济和社会发展规划》，出台专项规划，三省市分别制定落实各自规划方案，形成协同发展规划体系的"四梁八柱"。以贯彻规划纲要为引领，以疏解北京非首都功能为重点，着力推进河北雄安新区规划建设，着力推进北京城市副中心规划建设，构建北京发展的新"两翼"，在交通、生态环保和产业三个领域率先突破，京津冀走上协同发展的快车道。

四、结论与进一步讨论

1. 结论

本节对京津冀协同发展的案例研究得出以下结论：第一，城市群治理是中央与地方共同作用的结果。中央政府发挥战略引导作用，地方政府履行主体责任，各部门相互协调配合，协同解决区域发展重大问题。改革开放以来，虽然中央政府进行了大量的放权化改革，但在我国区域发展过程中，中央政府从未缺席。不同的是，中央政府的政策工具由指令性计划向战略性引导转型，区域规划成为中央宏观调控的重要工具。城市政府在激烈竞争的压力下，发挥企业家精神，积极采取战略性行动，主动参与重组区域发展空间的合作，推动地方竞争向合作发展。由此可见，在城市群发展这一议题下，中央政府与地方政府的利益是相容的，地方政府间则具有互补性和共生性利益的特征。这为城市群治理提供了良好的合作前提。与其他类型的合作相比，城市群治理中的中央政府作用更为柔性，更加强调战略引导，这些特点在京津冀协同发展中表现得也很突出。

第二，城市群治理过程表现为中央释放区域发展的信号，地方政府进行自主性合作探索，时机成熟时，中央政府牵头制定战略规划，将其纳入国家战略予以支持。在这个过程中，中央释放的信号通常具有战略性、方向性和普遍性特征。如何理解和贯彻中央精神，有赖于地方政府的解读。地方政府捕捉到区域发展的机会，就会进行创新性合作，通过重构区域发展空间来落实国家战略，同时实现自身发展诉求。然而，地方政府的自主性探索常常面临风险和不确定性，例如区域创新与国家战略不完全契合等。此时，战略规划可以推动各方达成合作共识，当战略规划纳入国家战略时，区域发展就有了中央的支持和背书，合作的不确定性就大大降低。但在有些情况下，战略规划需要依赖高层领导的强力推动才能完成，这是由于区域合作的风险较高，只有在高层推动的顶层设计下，才能突破合作僵局。例如在京津冀协同发展的案例中，由于三省市的发展差距以及政治因素等，三地长期未能达成合作共识。此时，高层领导的强力推动对于城市群治理的发展具有重大作用。

第三，战略规划是中央政府介入城市群治理的主要政策工具。城市群规划本身体现了中央政府与地方政府、地方政府之间互动的过程。我国的城市群治理不是"自上而下"或者"自下而上"，而是"上下互动"的过程。虽然战略规划一般由中央政府牵头制定，但是编制过程中需要进行大量的调查研究，广泛征求意见，规划编制需要地方政府以及中央部门的深度参与。这表明，战略规划是各方讨价还价的过程，也是凝聚各方意志的过程。因此，战略规划可以发挥为各方沟通协调提供平台的作用，降低沟通和协调成本。另外，战略规划还包含了中央重大项目和优惠政策等具体实施的安排，以区域整体发展为目标统筹项目落地和规划实施，降低了合作的谈判成本。战略规划通常还对规划实施机制提出要求，中央政府和地方政府以及相关部门负责督促落实，强化规划绩效评价，这有助于降低监督成本，减少合作中的机会主义行为。由此可见，战略规划对于缓解合作风险、降低交易成本有重要作用。

2. 进一步讨论

本节也提出了一些值得进一步讨论之处和后续研究的方向。第一，城市群治理的异质性问题。城市群治理采用纵向战略嵌入式治理机制的交易成本比较小，但是不同的城市群发展基础和合作条件不同，导致城市群治理的异质性问题。例如京津冀和长三角的经济社会发展条件有显著差异，京津冀各城市间经济发展差距比较大，且北京是国家首都，这会对要素资源配置产生扭曲性影响。因此，尽管京津冀与长三角都面对类似的城市群治理议题，但两者之间在治理机制上存在很大不同。在长三角运行良好的联席会议制度，在京津冀治理中却很难取得预期效果。这种情况表明，我们不能用一个统一的治理机制来应对所有城市群治理问题，需要深入城市群内部，深入分析城市群不同的议题特征、参与方的特征以及区域发展的历史和现实条件，才能分析得出有切实应用指导意义的治理方案。

第二，城市群治理中的政治因素分析。城市群治理包含着许多层面的政治因素。首先，中央政府主导或者引导城市群治理，这本身就是一个政治过程，背后包含着我国府际关系的变迁。在分权化改革的背景下，如何加强对区域发展的有效调控，是府际关系改革需要解决的重要课题。其次，城市群治理是一个区域空间重构的过程，哪些城市可以进入城市群发展空间，也会受到政治因素的影响。一方面，我国城市存在着直辖市、省会城市、计划单列市、特区、特别行政区等不同的类型，城市等级存在差异，不同城市在资源动员能力上存在很大差别。另一方面，各个城市又是相互独立的，一般不存在行政隶属关系。在这种情况下，如何协调不同等级又具有独立性的城市，是后续研究的重要方向。如果将城市群视为一个网络，城市群的形成就可

以描述为网络演化的过程，网络中的节点及其联系都是不同的，相应的治理机制安排也应有所差别。最后，网络演化过程是自发形成的，还是由"政治企业家"推动的，也需要未来深入探讨。

第三，如何理解高层领导在推动城市群治理中的作用？在我国许多跨域合作治理过程中，都可以看到高层领导推动合作的案例。高层领导可以视为政治动员，在推动合作中的作用非常明显，往往能迅速打破僵局。例如，京津冀协同发展的实质性合作与中央领导人的直接推动是分不开的。因此，需要从理论上对此加以分析。其一，高层领导是内生于跨域合作过程还是仅仅作为外生变量产生影响？我们倾向于认为，高层领导推动内生于跨域合作过程，与区域合作风险密切相关；同时外部因素也对高层领导推动产生影响。高层领导能够有效推动合作的原因在于他们站在国家战略发展的高度，同时又回应了跨域合作的需求。我们可以采用"嵌入性"这个概念对此加以刻画。跨域合作嵌入我国政治经济和社会发展过程，高层领导根据跨域合作的需求以及国家发展的战略考虑，推动区域合作过程。其二，嵌入性视角下高层领导推动与传统中央主导区域合作有显著不同。嵌入性视角下高层领导推动是在区域合作风险较高情况下的回应性干预，而中央主导则属于外部强制性干预。高层领导推动合作的目的在于提高各方参与合作的动力，营造合作所需的制度环境，最终还是要由合作各方去落实。然而，由于高层领导的干预，地方政府的行为曲线会产生"拐点"，从而为良性区域合作创造条件。高层领导推动与地方政府行动转变以及城市群治理绩效等关键变量之间的关系，值得未来深入探讨。

第五章
我国流域横向生态补偿中的府际关系与机制选择

生态补偿是调节生态保护建设者与受益者之间利益关系的制度安排，流域横向生态补偿是我国生态补偿的重要组成部分①。生态补偿的方式可以分为政府补偿和市场补偿，其中政府补偿可分为纵向生态补偿和横向生态补偿。本章主要研究流域横向生态补偿。

从跨域合作治理的角度来看，流域横向生态补偿是流域内不具有行政隶属关系的上下游地方政府间的生态补偿制度安排，其实质是围绕生态系统服务的价值实现而采取的地方政府间合作。流域横向生态补偿议题涉及补偿主体与客体、补偿依据与补偿标准等内容，其中包含着复杂的地方政府间讨价还价过程以及纵横交织的府际关系。在纵向政府间关系方面，体现为相容性利益关系，中央政府推动生态补偿制度建设为地方政府间合作提供制度基础，地方政府的生态补偿实践符合中央政府利益。在横向政府间关系方面，既表现为各方在补偿方式、补偿标准及资金分配等方面存在的竞争性利益关系，又表现为双方共同投入所形成的共生性利益关系。总体上来看，流域横向生态补偿呈现中等程度的合作风险，应采取中央支持下地方政府主动性合作的治理机制，即地方为主、中央支持，利益共享、责任共担。

在流域横向生态补偿中，中央政府的作用主要是提供制度性支持，包括产权界定、规则设计、提供协商平台、给予财政奖励等，以降低交易成本，推动各方达成合作。我们将中央政府以制度性支持方

---

① 根据《国务院办公厅关于健全生态保护补偿机制的意见》（国办发〔2016〕31号），我国主要在森林、草原、湿地、荒漠、海洋、水流、耕地等重点领域开展生态补偿工作。

式介入流域横向生态补偿，实现纵向干预机制与横向协作机制有机配合的治理机制称为纵向制度嵌入式治理机制。本章首先介绍流域横向生态补偿的理论观点与实践探索；其次对流域横向补偿中的府际关系及其合作风险进行分析，提出纵向制度嵌入式治理机制选择的思路；最后探讨中央政府的制度性支持在流域横向生态补偿中的作用，并以新安江流域省际水环境补偿试点为例进行实证研究。

第一节　流域生态补偿的理论观点与实践探索

一、关于生态补偿的两种主要理论观点

　　生态补偿是以保护和可持续利用生态系统服务、促进人与自然和谐相处为目的，根据生态服务的价值、生态保护的成本以及发展机会成本，以市场经济手段为主，调节生态保护者、受益者和破坏者等利益相关者关系的制度安排①。已有研究关于生态补偿存在"损害者补偿"和"受益者补偿"两种主要理论观点。

　　"损害者补偿"是指对遭受破坏的生态系统进行修复或者异地重建②，也包括新建生态场所来替代原有生态功能或质量③，本质上是为了抑制环境损害者的负外部性行为，是由生态环境的损害者向受害者支持的补偿。我国于 2017 年发布的《生态环境损害赔偿制度改革方案》提出"环境有价，损害担责"的工作原则，指出生态环境损害应"体现环境资源生态功能价值，促使赔偿义务人对受损的生态环境进行修复。生态环境损害无法修复的，实施货币赔偿，用于替代修

---

　　① 中国生态补偿机制与政策研究课题组. 中国生态补偿机制与政策研究［M］. 北京：科学出版社，2007：1-5.

　　② CUPERUS R, CANTERS K J, PIEPERS A A G. Ecological compensation of the impacts of a road：preliminary method for the A50 road link (Eindhoven-Oss, The Netherlands)［J］. Ecological engineering, 1996, 7 (4)：327-349.

　　③ ALLEN A O, FEDDEMA J J. Wetland loss and substitution by the Section 404 permit program in southern California, USA［J］. Environmental management, 1996, 20 (2)：263-274.

复"。对破坏生态环境的行为进行赔偿性的补偿，这是我国生态补偿机制建设中非常独特的问题①。

"受益者补偿"是当前生态补偿机制建设中越来越得到普遍接受的概念，国际上称之为环境服务付费（payments of environmental services，PES），其基本思想是认为生态补偿是一种激励机制而不是惩罚机制，应由环境服务的受益者向服务提供者进行补偿，即遵循"受益者付费原则"，而不是"污染者付费原则"②。"受益者补偿"的定义存在三种理论视角③：第一种是基于科斯理论的生态补偿，是指环境服务的购买者与提供者之间的自愿性交易行为，它以明确的产权界定和交易成本为零等为假设条件，包括基于谈判的自愿交易、生态系统服务的可度量性以及补偿支付的条件性等内容④。第二种生态补偿定义建立在庇古理论的基础上，庇古理论强调通过政府收税或补贴而不是市场的方式来解决生态服务的外部性问题，因此，生态补偿就是为了使环境服务的使用者采取与社会利益一致的决策而提供的货币或非货币激励手段⑤。第三种超越了科斯理论和庇古理论，将生态补偿定义为"针对环境增益服务而对环境服务的自愿提供者进行有条件支付的透明系统"⑥。这种定义包含了科斯意义上的市场补偿与庇古意义上的政府补偿，更加强调对自愿提供者的有条件支付，而不局限于特定的补偿方式，有助于调动环境服务提供者的积极性。这与《国务院办公厅关于健全生态保护补偿机制的意见》（国办发〔2016〕31号）的精神是一致的。

---

① 王金南，万军，张惠远．关于我国生态补偿机制与政策的几点认识［J］．环境保护，2006（19）：24-28.

② 强海洋．建立健全国家生态补偿机制研究［J］．环境与可持续发展，2020，45（2）：74-78.

③ 袁伟彦，周小柯．生态补偿问题国外研究进展综述［J］．中国人口·资源与环境，2014，24（11）：76-82.

④ WUNDER S. Revisiting the concept of payments for environmental services［J］. Ecological economics，2015，117：234-243.

⑤ MURADIAN R，CORBERA E，PASCUAL U，et al. Reconciling theory and practice：an alternative conceptual framework for understanding payments for environmental services［J］. Ecological economics，2010，69（6）：1202-1208.

⑥ TACCONI L. Redefining payments for environmental services［J］. Ecological economics，2012，73：29-36.

二、我国流域生态补偿主体及补偿方式

流域生态补偿是流域内的受益主体（污染者）对保护主体（受害者）的补偿①。在我国当前的生态补偿实践中，各级政府，尤其是中央政府，发挥着主导性作用。2019 年，中央和地方各级政府投入生态补偿的资金规模总量接近 2 000 亿元，而社会资金占比不足 1％②。在政府财政资金中，地方财政资金占比很小，2011 年的占比为 2.4％，其后逐步增加，到 2016 年占比提高到 12.0％③。在实践中，我国流域横向生态补偿的主体主要是各级政府，其主要原因在于以下两个方面：一是地方政府是独立的水资源使用权主体，具备成为生态补偿中受偿主体的条件。我国现行法律规定了水资源的单一所有制，而且只能由国务院代表国家行使。我国《水法》第三条规定："水资源属于国家所有。水资源的所有权由国务院代表国家行使。农村集体经济组织的水塘和由农村集体经济组织修建管理的水库中的水，归各该农村集体经济组织使用。"国家的水资源所有权派生出各地区的水资源使用权，地方政府作为地方利益的代表，可以独立拥有水资源的使用权④。因此，重点水生态功能区域所在地的地方政府和处在流域上游的地方政府，可以依据所提供的环境服务获得相应补偿。这也是生态产品价值实现的途径之一⑤。随着我国自然资源资产产权制度不断健全，分级行使所有权体制成为未来水资源产权制度的发展趋势，地方政府在水资源管理中的定位将更加明确。另外，我国《生态环境损害赔偿制度改革方案》规定，国务院授权省级、市地级政府（包括直辖

---

① 蒋毓琪，陈珂. 流域生态补偿研究综述 [J]. 生态经济，2016，32 (4)：175-180.

② 强海洋. 建立健全国家生态补偿机制研究 [J]. 环境与可持续发展，2020，45 (2)：74-78.

③ 靳乐山，吴乐. 我国生态补偿的成就、挑战与转型 [J]. 环境保护，2018，46 (24)：7-13.

④ 潘佳. 流域生态保护补偿的本质：民事财产权关系 [J]. 中国地质大学学报（社会科学版），2017，17 (3)：34-44.

⑤ 刘铮，张宇恒. 基于共享发展理念的生态补偿机制研究：以新安江流域为例 [J]. 毛泽东邓小平理论研究，2017 (5)：51-56，107.

市所辖的区县级政府）作为本行政区域内生态环境损害赔偿权利人。这也是地方政府作为受偿主体的表现形式。

二是由于水环境服务具有公共物品的特征，受益者的范围非常广泛，而且难以确定具体的受益者及受益程度，政府往往会成为流域横向生态补偿中的补偿主体。由政府作为补偿主体，有助于降低环境服务的受益者与提供者之间进行讨价还价的成本，避免集体行动困境，激励环境服务的提供者采取与社会利益相一致的生态保护行为。对于重点水生态功能区域，因为它们为全国提供重要生态产品，受益范围是全局性的，所以需要由中央政府给予补偿；而处在流域下游地区的地方政府，则需要对上游地区提供超标准的优质环境服务给予补偿。流域横向生态补偿就是流域上游和下游地方政府之间的补偿。《国务院办公厅关于健全生态保护补偿机制的意见》明确提出要推进横向生态补偿，提出鼓励"流域下游与上游通过资金补偿、对口协作、产业转移、人才培训、共建园区等方式建立横向补偿关系"，并"鼓励在具有重要生态功能、水资源供需矛盾突出、受各种污染危害或威胁严重的典型流域开展横向生态保护补偿试点"。

在流域横向生态补偿中，补偿资金始终是各方利益主体关注的核心问题，从而表现出不同的水生态补偿财政资金运作模式。有学者将我国流域生态补偿模式划分为上下游政府间协商交易的流域生态补偿模式、上下游政府间共同出资的流域生态补偿模式、政府间财政转移支付的流域生态补偿模式和基于出境税制的政府间强制性扣缴流域生态补偿模式，其中上下游协商交易的模式采取水权交易、异地开发等方式，更具有市场交易的特征①。有学者基于资金流向等因素，将前述模式表述为生态补偿转移支付模式、政府间共同出资设立生态环境保护专项资金模式、基于断面水环境质量的政府间强制扣缴生态补偿资金模式等各类水生态补偿财政资金的运作模式，并细化了各种模式的适用条件②。这些不同类型生态补偿模式的实践探索为我国不断完

---

① 王军锋，侯超波. 中国流域生态补偿机制实施框架与补偿模式研究：基于补偿资金来源的视角［J］. 中国人口・资源与环境，2013，23（2）：23－29.

② 谢慧明，俞梦绮，沈满洪. 国内水生态补偿财政资金运作模式研究：资金流向与补偿要素视角［J］. 中国地质大学学报（社会科学版），2016，16（5）：30－41.

善流域横向生态补偿制度积累了丰富的经验。

三、多元化和市场化流域生态补偿手段的运用

虽然政府补偿是我国流域生态补偿的主导模式，但是单纯依靠政府补偿资金来源比较单一，难以满足生态保护建设的需要。例如，在新安江流域横向生态补偿试点中，上游黄山市为了有效涵养水资源，关停了170多家污染企业，拒绝了180多个投资项目，涉及资金约160亿元，同时，还要承担200多亿元的银行贷款，单纯的补偿资金无法弥补这些付出[①]。在九洲江流域横向生态补偿中，九洲江广西段综合整治工程骨干项目总投资约35.5亿元，而粤桂两省区和国家的投资只有15.5亿元，资金缺口比较大[②]。上述情况在我国流域横向生态补偿中非常普遍。另外，我国生态功能区的财力总体比较弱，较重的生态保护责任与较弱的财力之间形成矛盾，支持欠发达地区发展与生态补偿交织，增加了问题的复杂性[③]。

为了使流域生态补偿长期可持续发展，未来应积极探索多元化、市场化的生态补偿手段，采取多种途径吸引社会资金参与生态补偿，激励企业和非营利组织参与到生态补偿中来。例如，某矿泉水公司投资购买了上游水源区1 500公顷的农业用地，并将土地的使用权无偿交由愿意改进土地经营方式的农户经营，以改善上游水源区的水质，同时，还与乳品企业和农场签订合同，按照一定标准支付补偿，激励农场改进生产经营方式以减少非点源污染；某基于社区的海岸生态系统修复项目（绿色海岸项目），将海岸植物养护的成效（以植株成活率达到75％为标准）作为社区获得资助的必要条件，以实现对珊瑚礁

① 李长健，赵田．水生态补偿横向转移支付的境内外实践与中国发展路径研究［J］．生态经济，2019，35（8）：176－180.

② 昌苗苗，陈洋．九洲江流域生态补偿试点实践进展［J］．环境保护，2017，45（7）：28－30.

③ 杨晓萌．中国生态补偿与横向转移支付制度的建立［J］．财政研究，2013（2）：19－23.

的保护①。

社会资本参与生态补偿的方式可以分为四种类型②：一是社会资本作为生产补偿项目的投资方参与湿地公园等生态补偿；二是社会资本作为生态系统服务的提供者、自然资源的受托方直接参与到生态补偿中来；三是社会资本作为生态系统服务的购买者进行参与，例如下游水电站为降低清淤费用向上游居民支付补偿以降低其使用强度；四是社会资本作为专业平台进行参与。另外，上游地区应积极探索生态产品的多种价值实现方式，促进生态产品公益性价值实现、生态产品所有者权益实现与生态产品溢出价值实现的统一③，推动上游地区由"输血"到"造血"发展模式的转变。

第二节 我国流域横向生态补偿中的府际关系与机制选择分析

 ## 一、我国流域横向生态补偿的议题特征与制度环境

1. 我国流域横向生态补偿的议题特征

我国流域横向生态补偿虽然只涉及下游与上游的补偿关系单一议题，但该议题是我国生态文明建设的重要组成部分，具有全局性影响力，议题的重要性程度比较高。同时，流域横向生态补偿的议题也比较复杂。目前，在流域横向生态补偿主体与客体、补偿模式、补偿标准与依据、补偿机制等方面还没有形成共识，各利益相关者之间还存在许多认识不一致的地方。而且，生态补偿往往与支持欠发达地区发展等交织在一起，增加了议题的复杂性与合作风险。具体如下：

① 强海洋. 建立健全国家生态补偿机制研究［J］. 环境与可持续发展，2020，45（2）：74-78.

② 靳乐山，吴乐. 我国生态补偿的成就、挑战与转型［J］. 环境保护，2018，46（24）：7-13.

③ 马家龙. 市场化多元化生态保护补偿的浙江实践及启示［J］. 中国国土资源经济，2020，33（1）：4-10.

一是我国流域生态环境问题比较突出，需要通过各种途径改善流域水环境，这构成了流域横向生态补偿的客观条件。2015年《中国水资源公报》表明，全国530个重要省界断面中34%的断面为Ⅳ类至劣Ⅴ类水质。水环境质量受到社会的广泛关注。例如，千岛湖是新安江下游杭州市的重要水源地，但是千岛湖的水环境质量曾一度严重恶化，根据2009年6月公布的《中国地表水水质月报》，千岛湖在2009年1月的水质属于Ⅳ类，按照环保部门的分类标准，仅适用于一般工业用水及人体非直接接触娱乐用水，不适宜作为水源地，因此受到社会广泛关注，并通过政协调研报告等方式引起了中央领导的重视①。通过开展新安江流域横向生态补偿试点，新安江流域的水环境质量得到了很大改善。由此可见，流域生态环境状况是推动生态补偿的客观前提。

二是我国目前还没有形成比较完备的流域横向生态补偿法律体系，导致对流域横向生态补偿实施存在不同认识，增加了生态补偿议题的复杂性。首先，在生态补偿主体和客体责任界定方面，上游地区认为，在流域生态保护和建设中，存在"少数人投入，多数人受益""部分地区投入，全社会受益""欠发达落后地区投入，发达富裕地区受益"等不合理现象，上游地区"在保护的同时，也在保穷"，因此应该得到补偿②；下游地区则认为，向国家缴纳的税收中已经包含了生态环境保护的费用，因此应由中央政府而不是下游地区承担补偿责任，而且如果上游地区的来水污染了下游地区，上游地区应该补偿下游地区。另外，中央政府在流域横向生态补偿中应该承担什么样的责任，也存在认识上的分歧③。

其次，在流域横向生态补偿模式中，下游地区为了获得优质的水资源，可能还会愿意对上游地区的生态保护和建设给予一定的财政资金补偿，但是上游地区不只希望解决水生态环境问题，而是希望建立

---

① 卫志民，胡浩. 多源流理论视阈下生态补偿机制的政策议程分析：以新安江流域生态补偿机制为例 [J]. 行政管理改革，2020 (5)：57 - 64.

② 吴江海. 加快建立新安江流域生态共享机制的思考 [J]. 徽州社会科学，2008 (11)：7 - 12.

③ 杨爱平，杨和焰. 国家治理视野下省际流域生态补偿新思路：以皖、浙两省的新安江流域为例 [J]. 北京行政学院学报，2015 (3)：9 - 15.

共享发展的机制，通过生态补偿解决因环境保护而丧失的发展机会问题，即需要实现从"输血"到"造血"的转变，从单一补偿向综合补偿转变，这是流域横向生态补偿中比较困难的环节①。

再次，流域横向生态补偿标准和依据目前尚不明确。流域横向生态补偿的"双准"即补偿基准和补偿标准问题是确立生态补偿数额的关键，也是各利益相关方谈判的核心问题②。补偿基准涉及如何选择监测指标、合理确定考核基期、如何构建跨界断面水质水量监测体系等内容；补偿标准则涉及以投入成本、环境效益还是以补偿意愿作为补偿核算标准等内容③。目前学者对流域横向生态补偿标准进行了大量研究。例如，有学者基于流域生态环境产权的界定，综合考虑流域生态环境服务的水量分摊和水质补偿，将其纳入流域横向生态补偿标准测算中，提出上下游之间的生态补偿标准④。但这些标准的核算与现实中由各方谈判形成的补偿数额相差很大。

最后，在补偿机制设计方面，目前还没有形成稳定长期可持续的制度安排。现行以政府为主导的流域横向生态补偿模式在财政资金使用上缺乏合理的绩效评价，财政转移支付制度与支付指标不一致，财政转移受惠项目的生态补偿指向不够明确，财政资金与该地区承担的生态保护和建设任务需要进一步挂钩⑤。流域上下游还没有形成"利益共享，责任分担"的生态保护与建设协作机制，生态环境保护与经济发展不一致的矛盾仍然存在。流域内上下游政府间在平等、公正和民主基础上的讨价还价机制和利益博弈机制尚未建立，这些都使得未来流域横向生态补偿，尤其是省际横向生态补偿，面临很大的挑战。

三是流域横向生态补偿与支持欠发达地区发展等交织，进一步增

①　何理，冯立阳，赵文仪，等．关于我国流域横向生态补偿机制的回顾与探索［J］．环境保护，2019，47（18）：32-38．

②　王金南，刘桂环，文一惠．以横向生态保护补偿促进改善流域水环境质量：《关于加快建立流域上下游横向生态保护补偿机制的指导意见》解读［J］．环境保护，2017，45（7）：14-18．

③　蒋毓琪，陈珂．流域生态补偿研究综述［J］．生态经济，2016，32（4）：175-180．

④　马永喜，王娟丽，王晋．基于生态环境产权界定的流域生态补偿标准研究［J］．自然资源学报，2017，32（8）：1325-1336．

⑤　马家龙．市场化多元化生态保护补偿的浙江实践及启示［J］．中国国土资源经济，2020，33（1）：4-10．

加了议题的复杂性。我国重要生态功能区大都是经济相对落后的地区，对流域上游地区的生态补偿同时能够起到支持欠发达地区发展的效果，因此，流域横向生态补偿往往会与支持欠发达地区发展等联系在一起。2018 年 1 月发布的《生态扶贫工作方案》（发改农经〔2018〕124 号）明确要发挥生态补偿在精准扶贫和精准脱贫中的作用；同年 1 月发布的《中共中央国务院关于实施乡村振兴战略的意见》指出要借助生态补偿，把乡村生态优势转变为经济效益，生态补偿成为新时期乡村振兴战略的重要环节。生态补偿与支持欠发达地区发展在政策目标、手段与方式上存在很大不同，两者不能混为一体，然而国家发展战略和政策又要求生态补偿不仅仅聚焦于生态目标，如何平衡两者的关系，是需要探索的重要课题[①]。

2. 我国流域横向生态补偿的制度环境

我国流域横向生态补偿议题的复杂性与基础制度还不够完善有关。生态文明建设是一个系统工程，具有系统性、整体性、协同性等特征。我国 2015 年发布的《生态文明体制改革总体方案》构建了生态文明体制改革的"四梁八柱"，明确了生态文明体制改革的目标是"到 2020 年，构建起由自然资源资产产权制度、国土空间开发保护制度、空间规划体系、资源总量管理和全面节约制度、资源有偿使用和生态补偿制度、环境治理体系、环境治理和生态保护市场体系、生态文明绩效评价考核和责任追究制度等八项制度"构成的生态文明制度体系。这些基础性制度安排与流域横向生态补偿制度建设有紧密联系，这些基础性制度安排不够完善，导致流域横向生态补偿认识存在诸多分歧。

一是在自然资源资产产权制度方面，我国现行水资源所有权的规定还不够细化，缺乏水资源分级代理行使所有权、所有权与使用权分类等制度安排，水流确权还处于试点阶段，这导致流域横向生态补偿难以充分体现所有权者权益，地方政府间生态补偿的法律依据不足。

---

① 参见：靳乐山，吴乐. 我国生态补偿的成就、挑战与转型 [J]. 环境保护，2018，46（24）：7-13；王金南，万军，张惠远. 关于我国生态补偿机制与政策的几点认识 [J]. 环境保护，2006（19）：24-28；刘桂环，文一惠. 新时代中国生态环境补偿政策：改革与创新 [J]. 环境保护，2018，46（24）：15-19.

有学者认为，流域生态保护补偿的本质是民事财产权关系，流域补偿体现了发展权和生态利益的再分配①。由于我国对资源产权和环境产权的关系没有明确的法律规范，进而导致地方政府在环境保护上缺乏必要激励，只能采取折中办法，由地方政府作为辖区居民代表，签订类似于环境保护地役权合同②。也有学者认为，应构建上下游共享生态环境权益的流域横向生态补偿标准体系，将流域生态环境产权界定作为标准制定的基础③。这些研究表明，流域横向生态补偿需要完善的自然资源资产产权制度作为支撑。

二是我国环境治理体系还不够完善，污染物排放许可证制度、污染防治区域联动机制、农村环境治理体制机制、环境信息公开制度、生态环境损害赔偿制度以及环境保护管理制度等基础性制度安排还不够健全，还不能够形成对社会主体自觉开展环境保护的有效激励和约束体制。在这种情况下，单纯依靠流域横向生态补偿来改善流域生态环境的力度不足。另外，我国在水功能区管理制度、流域断面水质监测和考核制度等方面仍存在不足，流域横向生态补偿工作全面铺开还缺乏有效的技术支撑。

三是我国目前还缺乏地方政府间横向沟通交流的制度性安排，流域利益相关者的磋商渠道、平台和政策依据不够充分，缺乏地方政府环境责任协议纠纷的仲裁服务，横向生态补偿机制仍不够完善。在财政转移支付方面，我国目前采取的是单一的纵向转移支付模式，很难体现生态服务的收益补偿关系，缺乏制度性的横向转移支付安排，应建立以纵向转移支付为主、横向转移支付为补充的政府间财政转移支付制度④。

---

① 潘佳. 流域生态保护补偿的本质：民事财产权关系 [J]. 中国地质大学学报（社会科学版），2017，17（3）：34-44.

② 景守武，张捷. 新安江流域横向生态补偿降低水污染强度了吗？[J]. 中国人口·资源与环境，2018，28（10）：152-159.

③ 马永喜，王娟丽，王晋. 基于生态环境产权界定的流域生态补偿标准研究 [J]. 自然资源学报，2017，32（8）：1325-1336.

④ 杨晓萌. 中国生态补偿与横向转移支付制度的建立 [J]. 财政研究，2013（2）：19-23.

二、我国流域横向生态补偿中的府际关系及其合作风险

1. 流域横向生态补偿中的纵向政府间关系

从纵向政府间关系来看，流域横向生态补偿呈现出相容性的利益关系。流域横向生态补偿符合中央和地方利益，通过生态补偿改善流域水环境质量是我国生态文明建设的需要，也是地方可持续发展的需要。流域横向生态补偿中存在的矛盾主要与我国基础性制度安排不够完善有关，中央政府主要通过制度性支持的方式，强化流域横向生态补偿的顶层设计，推动生态补偿试点，不断完善流域补偿政策，以此支持流域横向生态补偿发展。

在顶层设计方面，中央通过不断深化生态补偿改革方案，以党的文件、国家法律法规以及国务院"决定""意见"等方式不断完善生态补偿顶层设计，推动生态补偿政策实施。主要政策文件如表 5-1 所示。

表 5-1　与流域横向生态补偿有关的政策文件

时间	政策名称	主要内容
1990 年	《国务院关于进一步加强环境保护工作的决定》（国发〔1990〕65 号）	提出"谁开发谁保护，谁破坏谁恢复，谁利用谁补偿"和"开发利用与保护增殖并重"的方针，首次确立了生态补偿政策
2005 年	《中共中央关于制定国民经济和社会发展第十一个五年规划的建议》	提出"按照谁开发谁保护、谁受益谁补偿的原则，加快建立生态补偿机制"
2008 年	《水污染防治法》	首次在法律中提出水环境生态补偿的内容
2015 年	《生态文明体制改革总体方案》（中发〔2015〕12 号）	指出要"探索建立多元化补偿机制，逐步增加对重点生态功能区转移支付，完善生态保护成效与资金分配挂钩的激励约束机制。制定横向生态补偿机制办法，以地方补偿为主，中央财政给予支持"

续表

时间	政策名称	主要内容
2016 年	《关于健全生态保护补偿机制的意见》（国办发〔2016〕31 号）	提出要"不断完善转移支付制度，探索建立多元化生态保护补偿机制，逐步扩大补偿范围，合理提高补偿标准，有效调动全社会参与生态环境保护的积极性，促进生态文明建设迈上新台阶"
2016 年	《关于加快建立流域上下游横向生态保护补偿机制的指导意见》（财建〔2016〕928 号）	提出要"充分调动流域上下游地区的积极性，加快形成'成本共担、效益共享、合作共治'的流域保护和治理长效机制"
2021 年	《关于深化生态保护补偿制度改革的意见》	提出要围绕生态文明建设总体目标，加强同碳达峰、碳中和目标任务衔接，进一步推进生态保护补偿制度建设，发挥生态保护补偿的政策导向作用

通过表 5-1 可以看出，中央一直积极支持和引导流域横向生态补偿发展，对生态补偿的要求也越来越具体。生态补偿作为我国生态文明体制建设中的重要内容，与主体功能区战略、支持欠发达地区发展工作、碳达峰和碳中和目标任务等紧密衔接，成为我国生态环境保护的关键举措。在生态补偿中，流域横向生态补偿取得阶段性成果，中央对流域横向生态补偿机制建设提出了比较明确的指导意见，在补偿基准、补偿方式、补偿标准、联防共治机制、补偿协议等方面予以指导，有效推动了流域横向生态补偿成功试点及可持续发展。

在流域横向生态补偿中，中央政府承担着重要的职责。首先，中央政府对大江大河大湖和跨境河流直接行使所有权，对于这些重要河湖的生态保护补偿负有直接责任。根据《关于推进中央与地方财政事权和支出责任划分改革的指导意见》（国发〔2016〕49 号），"体现国家主权、维护统一市场以及受益范围覆盖全国的基本公共服务由中央负责，地区性基本公共服务由地方负责，跨省（区、市）的基本公共服务由中央与地方共同负责"，"在条件成熟时，将全国范围内环境质量监测和对全国生态具有基础性、战略性作用的生态环境保护等基本公共服务，逐步上划为中央的财政事权"。国界河湖治理收益范围广、公共服务的溢出特征比较突出，这些基本公共服务应确定或上划为中央的财政事权。这些重要河湖的生态补偿资金，应由中央财政资金、生态受益地区的财政资金和所征收的税费等构成的生态基金共同承担。

其次，中央政府是基础制度的供给者，应在制度建设和政策引导方面发挥积极作用。在制度建设方面，中央政府具有制定全国性的法律法规的权力，应通过法治建设为流域横向生态补偿提供标准和依据。目前我国流域横向生态补偿在水权界定、环境治理体系和财政转移支付等基础性制度方面还比较欠缺，制约了流域横向生态补偿的全面铺开。地方对于中央的法律法规的要求非常迫切，需要进一步深化生态保护补偿制度改革。一是要探索多元化、市场化补偿机制；二是要强化生态补偿科技支撑，研究制定生态补偿技术指南，积极开展生态服务价值核算体系研究；三是完善自然资源资产产权制度，完善监测、监督和协作联动机制，建立生态补偿政策评估和生态补偿考核机制，为流域横向生态补偿提供有力支撑。

最后，中央政府是省际纠纷的协调者，应为流域横向生态补偿提供沟通和协调平台。我国《省际水事纠纷预防和处理办法》指出，"经纠纷各方协商未达成协议的，由水利部或水利部所属流域管理机构处理。必要时，报国务院裁决"。流域横向生态补偿，尤其是跨省的流域横向生态补偿涉及补偿客体与对象、补偿标准与依据、补偿模式等内容存在较大的讨价还价空间，也存在许多争议，需要由中央政府来进行协调。另外，我国缺少地方政府横向合作的制度性安排，地方政府的沟通和协调缺乏制度化平台，中央政府通过省部际联席会议等方式搭建各利益相关者交流的平台，有助于各方达成合作。

除了提供一般支持性制度和政策之外，中央政府有时还直接参与到地方政府的协议谈判过程之中。例如，以中央财政转移支付等方式来推动达成流域横向生态补偿协议，这种参与体现了中央政府的策略性行为。我们使用模糊集定性比较分析（fsQCA），利用中国报纸资源全文数据库，在数据库中使用中文，用"流域""协议""省"作为1949—2019 年媒体报道的检索词，检索到 18 432 条媒体报道（含重复报道），最终确定把 35 个流域环境治理作为本研究的样本，以此来分析中央政府参与流域生态协议的影响因素①。

研究结果表明，在不同的条件组合下，中央政府有不同的干预选择。通过必要性分析发现，当协议主题涉及参与者的核心利益而使得区域间协议难以达成时，中央政府更易进行干预。这表明，中央政府不仅出于国家整体层面的战略考量来积极推动流域横向生态补偿，而且也会针对流域横向生态补偿中地方政府合作的实际情况有针对性地参与到合作中来，从而形成纵向干预机制与横向协作机制相互交织的流域横向生态补偿治理机制安排。

2. 流域横向生态补偿中的横向政府间关系

从横向政府间关系来看，流域横向生态补偿呈现出竞争性或者共生性利益关系的特征。竞争性利益关系主要是指补偿方与受偿方在补偿标准、水质监测等方面的利益冲突。由于我国流域横向生态补偿缺乏基础性制度安排作为支撑，还没有形成流域横向生态补偿的技术标准，上下游地方政府在开展横向补偿时的标准和依据不足，对于涉及自身利益的补偿细节难以达成共识，在认识上也存在诸多分歧。例如，在横向补偿中，如何衡量上游对于生态系统服务的贡献？目前仅原则性提出以上游地区的投入成本、发展的机会成本和补偿意愿等进行综合考量，但是具体应如何核算生态价值，现实中还没有形成统一的标准。这个问题直接涉及上下游地方政府的补偿财政投入，是横向生态补偿谈判中的核心。对于竞争性的利益关系，需要搭建各方沟通和协调的平台，进行反复的沟通磋商。在协商不成功的情况下，如果该流域环境治理具有全局性的影响，就需要由中央出面进行干预。

共生性利益关系主要是指流域生态环境改善有赖于双方的共同投入才能实现。在科斯定理的设定下，流域污染权的分配是生态补偿的前提，如果上游拥有污染权，则可以加大开发力度，以获得更大发展机会；而如果下游拥有污染权，则上游应该购买相应权利才能得以发展。现实中科斯定理的假设很难得到满足。更为现实的选

---

① XING H, XING P Y. To intervene or not: strategic choices of the central government in China's sub-national hydropolitics [J]. Water international, 2021, 46 (5): 652 - 670.

择是上下游共享生态环境权益，共同承担环境保护的成本，形成共生性利益关系。然而共生性利益关系可能会带来搭便车等机会主义行为，环境投资的资产专用性增加了双方合作的风险。如何构建机制妥善协调上下游地区利益关系，是流域横向生态补偿成功实施的关键问题。

目前，我国流域横向生态补偿主要集中在省内辖区之间的横向补偿，省际生态补偿还处于试点阶段。我国《生态文明体制改革总体方案》（中发〔2015〕12号）提出要"鼓励各地区开展生态补偿试点，继续推进新安江水环境补偿试点，推动在京津冀水源涵养区、广西广东九洲江、福建广东汀江-韩江等开展跨地区生态补偿试点，在长江流域水环境敏感地区探索开展流域生态补偿试点"。《关于健全生态保护补偿机制的意见》（国办发〔2016〕31号）提出要"鼓励在具有重要生态功能、水资源供需矛盾突出、受各种污染危害或威胁严重的典型流域开展横向生态保护补偿试点。在长江、黄河等重要河流探索开展横向生态保护补偿试点。继续推进南水北调中线工程水源区对口支援、新安江水环境生态补偿试点，推动在京津冀水源涵养区、广西广东九洲江、福建广东汀江-韩江、江西广东东江、云南贵州广西广东西江等开展跨地区生态保护补偿试点"。相关流域试点情况如表5-2所示。

表5-2 我国流域横向水生态补偿试点情况

补偿双方	补偿流域	协议内容简述	补偿基准
浙江-安徽	新安江流域水环境补偿	在监测年度内，当上游安徽提供水质优于考核标准时，由下游浙江补偿安徽1亿元；劣于标准时，由安徽补偿浙江1亿元。财政部每年拨付3亿元，用于新安江上游水环境与水生态保护修复相关工程建设与管理工作	水质：4项指标以前三年平均浓度为补偿基准
广东-广西	九洲江流域上下游横向生态补偿	约定2014—2017年由两省政府各出资3亿元，设立粤桂九洲江流域跨省水环境保护合作资金，考核监测断面及其水质的分年度考核目标。中央政府对广西实行奖励性补偿	水质：达到Ⅲ类水质标准

续表

补偿双方	补偿流域	协议内容简述	补偿基准
广东-福建	汀江-韩江流域上下游横向生态补偿	双方遵循"双向补偿"原则，2016—2017年由两省（区）财政每年各出资1亿元进行流域生态的专项整治，要求汀江和梅潭河跨省界断面年均值达到Ⅲ类水质标准，水质达标率保持在100%，波动率不得超过10%，达标合格将获得中央财政6亿元补助	水质：设定不同断面水质达标率
广东-江西	东江流域上下游横向生态补偿	两省每年从财政收入中拨付1亿元专项用于流域横向生态补偿，中央财政按照水质水量达标的情况给予适度的奖励，在补偿期内跨界断面水质3年内均要达标且水质达标率逐年改善	水质：达到Ⅲ类水质标准并逐年改善
天津-河北	引滦入津上下游横向生态补偿	两省（市）共同出资设立引流入津水环境补偿资金，资金额度为两省（市）在2016—2018年每年各1亿元，共6亿元，中央财政依据考核目标完成情况确定奖励资金，拨付给上游省份用于污染治理	水质：达到Ⅱ类水质标准
云南-贵州-四川	赤水河流域横向生态补偿	三省共同出资2亿元设立赤水河流域水环境横向补偿资金，依据考核断面水质达标等情况，获取相应的生态补偿资金，依据各段补偿权重及考核断面水质达标情况，分段清算生态补偿资金，将补偿资金及治理任务分解落实到各责任市县。该试点在长江经济带生态修复奖励政策范围，中央财政于2018—2020年安排150亿元水污染防治专项资金作为奖励资金	水质：达到Ⅲ类水质标准
北京-河北	密云水库上游潮白河流域水源涵养区横向生态补偿	北京市将以水量、水质、上游行为管控三方面指标，对密云水库上游潮白河流域的河北省承德市、张家口市相关县（区）进行生态保护补偿，对污染治理工作成效进行奖励	水质："3＋1"项水质指标，要求达到Ⅱ—Ⅲ类水质标准或优于2017年水平；水量：原则不低于2000年以来平均值

资料来源：崔晨甲，李淼，高龙，等．流域横向水生态补偿政策现状及实践特征［J］．水利水电技术，2019，50（S2）：116－120．

3. 流域横向生态补偿中的合作风险分析

总体来看，流域横向生态补偿具有中等程度的合作风险，主要表现在以下几个方面：一是沟通协调方面的风险。由于我国流域横向生态补偿的制度建设仍不够完善，流域生态与主体功能区战略、支持欠发达地区发展工作、碳达峰和碳中和问题交织，加之我国缺乏横向地方政府间合作的制度性安排，各方对于生态补偿的目标任务和实施路径还存在许多认识上的分歧。沟通和协调渠道比较少，导致各方难以就合作达成一致意见，合作意愿不高。二是利益分配的风险。流域横向生态补偿既包括财政资金的转移支付，也包括产业转移、园区共建、人才培训等综合补偿，还包括多元化和市场化的补偿方式，这些补偿方式与地方政府的利益直接相关，各方都要为本辖区争取最为有利的条件，讨价还价的成本比较高。三是监督执行方面的风险。流域横向生态补偿协议的实施有赖于各方共同投入，然而在协议执行的过程中可能存在的搭便车以及资产专用性投资风险使得协议难以长期执行。

三、我国流域横向生态补偿的纵向制度嵌入式治理机制选择

根据流域横向生态补偿的合作风险特征，在治理机制选择上应采取中央支持下的地方主动性合作模式，即以地方合作为主，中央给予支持。首先，地方政府应主动围绕流域横向生态补偿开展政府间合作。其次，中央政府给予制度性支持，为合作提供谈判规则、协商平台和资金支持。中央政府的制度性支持与地方政府间的环境责任协议相互补充，构成流域横向生态补偿的纵向制度嵌入式治理机制。如图 5-1 所示。

第一，流域横向生态补偿的议题特征和制度环境是形塑纵向政府间关系与横向政府间关系的重要因素。一方面，流域横向生态补偿议题具有全局性影响，而且与主体功能区战略、支持欠发达地区发展工作、碳达峰和碳中和目标任务等议题交织，中央与地方在加强生态保护与建设的目标方面具有相容性。另一方面，我国尚未建立起完备的流域横向生态补偿法律体系，相关配套制度还不够完善，缺乏流域横

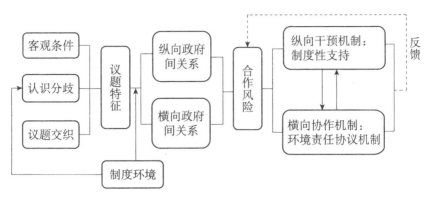

图 5-1　我国流域横向生态补偿治理机制选择模型

向生态补偿具体实施的指导细则，因此各方在"谁补偿谁、如何补偿、补偿多少"等问题上存在较大的认识分歧，这导致地方政府间存在竞争性利益关系。

第二，政府间关系的特征蕴含着流域横向生态补偿的合作风险。流域横向生态补偿的风险包括沟通与协调的风险、利益分配的风险、监督执行的风险等。尽管地方政府间利益关系具有的较强的竞争性会带来较大的合作风险，然而，由于纵向政府间利益关系具有相容性特征，可以在一定程度上化解地方政府间关系蕴含的风险，流域横向生态补偿呈现中等的合作风险程度。

第三，流域横向生态补偿的风险可以通过纵向干预机制与横向协作机制的综合运用加以缓解。横向协作机制方面，应该构建地方政府间有约束力的环境责任协议。这种协议的特征：一是自愿签订协议；二是能够为上下游带来直接利益，上游可以获得资金补偿及其他补偿，下游可以获得优质的水生态服务；三是补偿应该是双向的，即如果上游提供了优质的水生态服务，则下游应该补偿上游，如果上游提供的水生态服务不达标，则上游应该对下游给予赔偿；四是应该明确协议执行的第三方机制。纵向干预机制主要表现为制度性支持，即通过界定产权、设计规则、提供平台、加强监督等方式为流域横向生态补偿提供支持。

中央政府既是流域横向生态补偿的参与主体，又是治理主体。面对我国流域生态环境质量恶化的状况，中央需要与地方共同采取措施加以治理。中央政府的主要政策手段包括战略顶层设计、推动横向生态补偿试点以及制定补偿政策等，这些一方面构建了我国流域横向生态补偿的制度框架，另一方面又起到了缓解横向地方政府间合作风险的作用。在这个过程中，中央政府的作用主要是制度性嵌入，即通过提供流域横向生态补偿的制度性支持，为流域内上下游地方政府间合作创造条件。中央政府以制度性支持介入流域横向生态补偿，推动地方政府签署并执行有约束力的环境责任"双向补偿"协议，实现纵向干预机制与横向协作机制的有机配合，我们可以将其称为流域横向生态补偿的纵向制度嵌入式治理机制。

在流域横向生态补偿治理机制选择中，理论上存在两种治理模式的选择：一种是中央主导的生态补偿模式，地方政府的自主性很小，中央政府发挥主导作用，这种模式效率可能会比较高，但是难以调动地方政府的积极性。另一种是地方政府自主补偿模式，这种模式能充分发挥地方政府的主动性，但是会存在各种合作障碍，导致合作难以实现。可以看出，纵向制度嵌入式治理机制既不是自上而下的中央主导型治理模式，也不完全是自下而上的地方主导型治理模式，而是包含了中央与地方互动的动态治理模式，在不同的治理阶段，中央政府发挥着不同的作用，这是我国流域横向生态补偿治理的重要特色。

第三节　制度性支持在我国流域横向生态补偿中的作用

前述分析表明，在流域横向生态补偿中，中央政府主要采取制度性支持手段，通过纵向制度嵌入的方式发挥作用。理想情况下，应构建生态补偿的基础性制度安排，当条件暂时不具备时，则需要采取相应的干预机制以应对合作中的具体问题。本节对流域横向生态补偿合作过程进行分析。首先将补偿合作分为意愿产生、契约谈判、契约执行三个阶段，分析各个阶段的合作风险与交易成本特征；其次分别从纵向制度嵌入式治理的应然机制和实然机制两个方面分析制度性支持在流域横向生态补偿中的作用。

一、流域横向生态补偿合作的三个阶段

从地方政府间横向协作来看，流域横向生态补偿机制是具有双向补偿特征的环境责任协议，其实质是具有约束力的契约机制。契约理论认为契约签订前和签订后的信息不对称问题是不同的，契约签订前主要是逆向选择问题，而契约签订后则主要是道德风险和机会主义问题。有学者认为，地方政府间的合作过程具有意愿产生和合作实施两阶段特征①。根据 2003 年国际市镇管理联盟（ICMA）的调查，45％的地方政府想要与其他地方共享公共服务，但是其中只有一半的地方政府实施了合作行动。意愿产生阶段受到合作的需求因素以及信息和代理成本的影响，而合作能否实施则与谈判成本和执行成本有关。基于上述研究，我们将流域横向生态补偿合作过程划分为意愿产生、契约谈判与契约执行三个阶段，分析各阶段的合作风险和交易成本。另外，也考虑了生态补偿合作协议的多期博弈的特征。如图 5-2 所示。

| Ⅰ意愿产生 | Ⅱ契约谈判 | Ⅲ契约执行 | 多期博弈 |

图 5-2　流域横向生态补偿合作的三阶段过程模型

1. 意愿产生阶段

地方政府之所以愿意合作，是因为具有合作的内在需求。在流域横向生态补偿中，下游通过补偿可以获得优质的水资源，而上游则可以利用补偿加大生态保护和建设投入，与下游共同分担流域生态环境保护的责任，生态补偿可以为上下游带来共同利益，达到共赢的结果。然而，存在共同利益并不一定能够使上下游产生合作意愿。其中，对于生态补偿认识上的分歧是各方难以走到一起的核心原因。上游地区认为，自己在生态保护和建设方面进行了大量投入，放弃了许多发展机会，向下游提供了优质的水资源，理应获得补偿；而下游地区则认为，上游进行生态保护和建设，是分内的事，不应向下游要求

---

① KWON S W，FEIOCK R C. Overcoming the barriers to cooperation：intergovernmental service agreements［J］. Public administration review，2010，70（6）：876-884.

补偿，不仅如此，如果上游污染了水环境导致下游受到损害，还应向下游进行赔偿，由于地方分享的税收中已经包含了环境保护的支出，因此，即使需要补偿，也应由中央来补偿，而不应该由下游进行补偿。由于在认识上存在分歧，地方政府间合作的信息成本很高，抑制了合作意愿的产生。另外，地区人口统计情况、经济社会发展基本情况、地方政府的政治级别以及中央政府对流域生态环境保护的态度等因素也会影响地方政府对流域横向生态补偿的认识，这些因素可以称为代理成本，高昂的代理成本也会对合作意愿产生影响。

2. 契约谈判阶段

若地方政府已经产生合作意愿，愿意就生态补偿采取合作行动，那么下一步的利益分配能否达到各方满意就成为合作能否得以实现的关键环节。其中，补偿标准和补偿基准的"双准"是谈判各方关注的核心。前者涉及补偿资金数额，与下游地方政府的成本密切相关；后者涉及水质和水量标准，决定着上游地方政府的生态环境保护和建设投入。我国关于补偿"双准"的技术标准的缺乏，导致地方政府谈判成本十分高昂，这成为地方政府合作的重要障碍因素。地方政府除了考虑财政收入等经济利益外，还会存在政治利益的考量。如果生态环境建设和生态补偿能够为地方官员争取到更多的政治资本，则会有助于地方政府间合作。另外，我国缺乏横向地方政府间沟通交流和协商的平台，加之流域上下游往往存在较大的经济发展差距，导致合作常常陷入困境。

3. 契约执行阶段

在这一阶段，上游地方政府为了达到契约中规定的水质和水量目标要求，需要进行大量的生态环境保护和建设投入。由于契约签订后上游地区具有信息优势，可能会存在道德风险和机会主义行为。此时就需要对上游地区的生态环境保护和建设投入情况，以及水质和水量达标情况进行有效监督，督促上游地方政府执行协议要求。同时也需要对协议执行情况进行阶段性评估，督促下游地方政府按时拨付补偿资金。上述监督和评估工作很难由双方自行完成，需要由双方认可的第三方机构承担相应职责，由此产生比较高昂的监督成本。另外，从已有流域横向生态补偿实践来看，下游地区的补偿资金远远低于上游

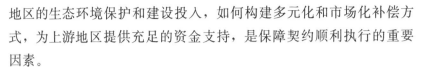

地区的生态环境保护和建设投入，如何构建多元化和市场化补偿方式，为上游地区提供充足的资金支持，是保障契约顺利执行的重要因素。

此外，流域水环境生态补偿一般都要运行多个周期，前一期的合作对后期会产生一定的影响。其中，专用性资产是多期合作博弈中的关键影响因素。资产专用性是指在不牺牲生产价值的前提下，资产可用于不同途径以及由不同使用主体利用的程度①。拥有这种性质的资产称为专用性资产，包括特定地点、特定物质资产、人力资本、品牌、时间投入，以及社会资本、私人关系、声誉等②。专用性资产具有转换成本高、存在被"敲竹杠"风险等特征，进行了专用性资产投资的一方常被锁定在特定的关系中③。在流域横向生态补偿中，上下游地方政府建立了处理补偿事务的专门机构，补偿资金专款专用，围绕协议水质和水量目标进行了物质和非物质投资，积累了合作声誉，产生了社会资本，这些都会对下一期合作产生积极作用。然而，专用性资产投资也会带来补偿"双准"的层层加码问题。给定合作必须要持续进行下去，下游地方政府在每一期合作时都有可能会提高对水质水量标准的要求；而上游地方政府则会提出增加补偿资金的要求。这种层层加码使得契约的多期执行面临障碍。

二、流域横向生态补偿中纵向制度嵌入式治理的应然机制

流域横向生态补偿合作中存在的诸多障碍和风险，大多是基础性制度安排缺乏或政策缺位造成的，需要在制度层面加以解决。中央政

① WILLIAMSON O E. The economic institutions of capitalism [M]. New York: The Free Press, 1985.

② WILLIAMSON O E. Comparative economic organization: the analysis of discrete structural alternatives [J]. Administrative science quarterly, 1991, 36 (2): 269－296; BLUMBERG B F. Cooperation contracts between embedded firms [J]. Organization studies, 2001, 22 (5): 825－852.

③ XIN K K, PEARCE J L. Guanxi: connections as substitutes for formal institutional support [J]. Academy of management journal, 1996, 39 (6): 1641－1658.

府是国家基础性制度与全国性政策的供给者，理应在流域横向生态补偿中发挥支持性作用。流域横向生态补偿中纵向制度嵌入式治理的应然机制是指，在理想情况下，中央政府应该采用什么样的制度安排来根本性地解决制度供给不足等问题。制度建设通常需要一个比较长期的过程，不会一蹴而就，然而它应该成为流域横向生态补偿制度发展的方向。立足于未来和长期制度建设，中央政府应着重构建和完善以下基础性制度体系。

1. 建立和健全自然资源资产产权以及相关配套制度

对生态补偿的认识不统一是制约我国流域横向生态补偿合作的重要原因。由于对生态补偿的性质、目标和补偿方式等缺乏共识，上下游地方政府难以就"谁补偿谁、补偿多少、如何补偿"等问题达成一致，各方不愿意走到一起，生态补偿的合作意愿不强。有人认为流域横向生态补偿是对上游丧失的发展权利的补偿，有人认为是对上游提供优质水生态服务的补偿，还有人认为是对上游支持欠发达地区发展及生态保护和建设的补偿。这些观点的分歧背后都与自然资源资产产权的界定不清有关。

未来应在水资源为国家所有的基础上进一步明确细化以下制度安排：一是建立分级行使所有权的体制，实行中央和地方政府分级代理行使所有权职责的体制，明确地方政府行使所有权的资源清单和空间范围，使地方政府成为地方水资源的产权主体，为地方政府开展以自愿交易为特征的横向生态补偿提供法定依据。二是基于生态服务价值构建上下游地方政府的自愿交易和生态补偿关系，当上游提供超标准的优质水生态服务时，下游应该给予上游补偿，当上游提供的水质或水量低于标准时，则应对下游给予补偿。三是以自然资源资产有偿使用和价值增值为核心构建自然资源所有权益实现机制，通过设立绿色发展基金、发行绿债、发展生态产业、健全资源开发补偿等多元化和市场化方式对上游给予补偿，提高上游开展生态环境保护和建设的积极性。四是对于重要生态功能区、大江大河大湖所提供的生态产品，具有全国外溢性和公共产品特征的，应由中央政府给予补偿，以实现其公益产权。构建和完善产权等基础制度有助于提高生态补偿的社会共识，降低信息成本和代理成本，提高各利益相关者的合作意愿。

2. 构建流域横向生态补偿的技术标准和实施导则

在流域横向生态补偿中存在的一个普遍问题是相关技术标准和实施导则的缺乏，导致各方难以就补偿标准和补偿基准达成一致，谈判成本非常高昂。目前对于补偿标准的核算是根据上游进行生态环境保护和建设的投入、丧失的发展机会以及下游的支付意愿等进行综合计算，所得出的结果一般都超过下游地区的支付意愿，难以为补偿方所接受。上游地区生态环境保护和建设的成本很高，其中包含着历史欠账等多方面的原因，以上游地区的投入和机会成本来计算补偿资金数额存在诸多难题。应在已有横向生态补偿试点的基础上，采用各方协商确定的补偿数额作为参照标准，构建横向生态补偿的技术标准和实施导则，提出横向生态补偿的工作程序、技术要求和方法，引导和规范地方政府开展生态补偿实践。协商确定补偿资金数额的做法易于被各方接受，有助于降低谈判成本和信息成本，缩短谈判时间，提高谈判效率。另外，应积极构建生态服务价值核算体系，以生态服务所形成的生态资产及其投资带来的生态价值作为横向生态补偿的核算依据，以下游地区政府和市场主体的支付意愿为基础，推动以政府补偿为主向多元化、市场化补偿方式转变。

3. 优化中央对流域横向生态补偿的专项财政转移支付制度

目前我国流域横向生态补偿实践中，中央政府一般都给予了一定数额的专项财政转移支付支持。对于中央的财政转移支付，应明确其资金的性质和目标。中央的财政转移存在两种情况：一种是中央对重要生态功能区、大江大河大湖的纵向生态补偿；另一种是对省际横向生态补偿的引导和奖励资金。前者是由于该区域所提供的生态产品具有全国的外溢性和公共产品特征，应该由中央政府给予补偿；后者的目的则是对流域横向生态补偿进行引导和奖励。中央政府的引导和奖励一方面可以弥补下游补偿资金与上游投入成本之间的差额，另一方面也有助于吸引社会资本进入。由于生态保护和建设的初期投入相对比较高，中央政府的引导和奖励对于生态补偿工作的启动非常必要。

引导和奖励资金不具有可持续性，而且会随着补偿工作的推进而逐步退坡，但是现实中地方对于中央投入仍存在较大期待。为此，要重视以下工作：一是针对省际流域横向生态补偿建立省部际联席会议制度，使中央与地方共同推动生态补偿成为常态化的稳定制度安排，明确中央支持的省际流域补偿范围和支持标准，强化中央对省际流域横向生态补偿的责任担当，形成流域横向生态补偿的长期机制。二是整合中央对流域生态保护和建设的专项财政资金，用于支持地方开展横向生态补偿，以大江大河大湖为主体，逐步构建覆盖全流域的生态补偿机制。

4. 完善流域生态环境治理的政策体系

流域横向生态补偿协议的执行有赖于完善的监测和评估机制。在流域横向生态补偿中，中央的监测和评估体系具有较高的公信力，可以作为地方环境责任协议的第三方监督机制，保障补偿协议的实施，降低监督成本。目前，我国已经在一些省界断面上建立了自动监测机制，有些还设立了省界双向的监测断面。由中央机构实施监测和评估，一方面能够督促地方加强生态环境保护和建设，提高水环境质量；另一方面为地方合作提供了有公信力的监测数据，依托这些监测数据，能够为国家实施流域宏观管理提供依据。已有研究表明，这些双向监测断面的设置有助于推动省际合作，表明中央政府的环境政策能够在一定程度上起到推动横向生态补偿的作用[1]。除了水质水量监测外，还应建立生态补偿政策评估机制，做好相关基础数据统计，完善评估方法，对生态补偿实施动态评估。同时，应建立生态补偿考核机制，明确相关部门责任，强化年度考核，将生态补偿政策评估纳入各部门政绩考核中。水权交易制度、环境保护许可证制度、污染防治区域联动机制、环境信息公开制度、生态环境损害赔偿制度等环境治理政策体系也会对流域横向生态补偿产生影响，应进一步完善相关政策体系，为流域横向生态补偿提供良好的政策环境。

三、流域横向生态补偿中纵向制度嵌入式治理的实然机制

当基础性制度体系无法在短时间内建立时，中央政府为了推动流

---

① XING P, XING H. Environmental inter-local collaboration under mate-governance: the trade-off between collective and selective benefits [J/OL] . Local government studies, 2022. https://doi.org/10.1080/03003930.2022.2148662.

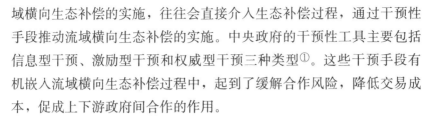

域横向生态补偿的实施，往往会直接介入生态补偿过程，通过干预性
手段推动流域横向生态补偿的实施。中央政府的干预性工具主要包括
信息型干预、激励型干预和权威型干预三种类型①。这些干预手段有
机嵌入流域横向生态补偿过程中，起到了缓解合作风险，降低交易成
本，促成上下游政府间合作的作用。

**1. 信息型干预有助于降低沟通和协调中的信息成本，促成各利益
相关方开展合作**

信息型干预基于纵向政府在宣传最佳实践中的优势地位，通过编撰
最佳实践的指导意见、在政策文件中进行话语塑造等方式将鼓励和支持
合作的信息传达出去，以增加行动者进行合作的收益预期，推动合作得
以实现②。中央政府的信息干预有助于加强纵向信息交流、促进各方
沟通协商、推动试点示范与政策推广，能够有效降低信息成本。

在纵向信息交流方面，上下游地方政府间在流域水环境治理和生
态补偿上出现纠纷和矛盾时，可以通过人大代表、政协委员以及政府
内部层级向中央传递地方诉求，中央以调研考察等方式了解实际情况
和各方需求，向地方传递中央政策意图，推动意见统一和整合，减少
分歧和矛盾。在各方沟通协商方面，在不具备制度化的横向政府间沟
通渠道的情况下，中央可以主导搭建省部际沟通协商平台，由中央相
关部委牵头、上下游政府开展协商，推动各方尽快进入实质性合作谈
判。在试点示范与政策推广方面，中央选择若干代表性流域作为生态
补偿试点，帮助试点流域达成合作，形成可推广的经验，为该流域的
后续合作以及其他流域提供学习样板，减少了重新探索合作以及寻求
合作方案的成本。

2. 激励型干预有助于降低谈判成本，降低利益分配的风险

激励型干预基于市场机制，通过财政激励和机制设计提高行动者
的合作净收益，以推动行动者之间的合作。我国相对集中的分税制财
政管理体制为依托于上级财政的激励型干预提供了基础。当缺乏明确

---

① MOSELEY A，JAMES O. Central state steering of local collaboration：assessing the impact of tools of meta-governance in homelessness services in england [J]．Public organization review，2008，8（2）：117–136.

② 王路昊，林海龙，锁利铭，等．地方政府间经济合作到创新合作：自我升级与上级驱动 [J]．公共管理评论，2019（2）：17–43.

的横向补偿技术标准或实施导则时，上下游地方政府之间对于补偿标准和补偿基准会存在很大分歧，各方都努力为所在辖区争取最大利益，这会导致谈判陷于困境。中央政府通过财政专项支付方式对横向补偿给予引导和奖励，推动构建对各方都有约束力的环境责任协议，有助于各方暂时搁置争议，从大局着眼，推动谈判顺利进行。

从财政激励来看，中央的引导资金有助于推动各利益相关方尽快进入谈判过程，中央的奖励资金则有助于弥补上游生态环境保护和建设投入与下游补偿资金的差额。这既提高了上游开展生态环境保护和建设的积极性，也减轻了下游给予上游补偿的资金压力，形成各方责任共担、利益共享的生态补偿合作格局。从机制设计来看，中央政府直接介入环境责任协议的签署，成为具有公信力的第三方执行机制，有助于减少协议执行中的不确定性，降低合作风险，提高地方政府参与横向生态补偿的信心。

3. 权威型干预有助于迅速启动合作，降低监督成本

权威型干预基于层级机制，通过立法和制定正式的制度规范等施加外部强制力量，推动行动者形成合作共识并达成合作[①]。我国上下级政府之间长期存在的领导、监督关系和干部任用制度为权威型干预的实施提供了基础。权威型干预还可以通过上级政府的正式权威和对关键资源的控制影响下级政府的行为，这种权威性和控制力降低了下级政府不履行合作协议的可能性，强化了对履行合同义务与责任的监督，降低了横向政府间合作的背信风险，进而使得合作的达成与执行成为可能[②]。另外，还可以运用权威型干预来界定合作规则，设定合作责任，以高层推动的方式督促地方政府开展合作[③]。

在合作意愿产生阶段，各方由于对生态补偿认识上存在分歧，难以走到一起开展合作。信息型干预虽然可以传递纵向信息，但缺乏强

① RODRÍGUEZ C，LANGLEY A，BÉLAND F，et al. Governance，power，and mandated collaboration in an interorganizational network ［J］. Administration ＆ society，2007，39（2）：150-193.

② HARDY C，PHILLIPS N. Strategies of engagement：lessons from the critical examination of collaboration and conflict in an interorganizational domain ［J］. Organization science，1998，9（2）：217-230.

③ 周凌一. 纵向干预何以推动地方协作治理？：以长三角区域环境协作治理为例 ［J］. 公共行政评论，2020，13（4）：90-107，207-208.

制性权威。此时，如果辅之以高层领导的批示，就会提高补偿合作的政治性和战略性，为合作提供合法性基础。国家部委运用行政层级的控制力和影响力，能够迅速将意见分歧的各方组织到一起，这为合作的启动奠定了基础。在契约执行阶段，各方由于需要进行大量的投入，可能会存在机会主义行为。通过国家层面的监测和评估，能够督促各方履行协议责任。与信息型干预和激励型干预相比，权威型干预手段更为刚性，能够在地方政府间分歧和纠纷难以解决时迅速加以干预，提高谈判和协议执行的效率。

第四节　新安江流域省际水环境补偿试点案例研究①

新安江流域横向生态补偿试点是全国首个省际流域横向生态补偿试点。该流域发源于安徽省黄山市，地跨安徽和浙江两省，流域上游为新安江，位于黄山市境内，下游主要为千岛湖，位于杭州市境内。该流域在我国生态补偿基础制度体系尚不健全的情况下进行了横向生态补偿探索，取得了巨大的成功，为我国类似的流域横向生态补偿积累了经验。其中，中央政府通过信息型干预、激励型干预和权威型干预推动各利益相关方达成合作，构建了具有新安江特色的纵向制度嵌入式治理机制。本节对新安江流域省际水环境补偿试点案例进行研究，深入剖析中央政府在流域横向生态补偿中的作用，以进一步解释纵向制度嵌入式治理机制的内涵，为更好地发挥中央和地方作用，推动流域横向生态补偿提供借鉴。

一、案例背景

新安江流域横向生态补偿的起源最早可追溯至 20 世纪 90 年代。

---

① 本节内容主要来自：邢华，邢普耀. 强扭的瓜不一定不甜：纵向干预在横向政府间合作过程中的作用［J］. 经济社会体制比较，2021（4）：84 - 94.

1998 年，新安江下游的千岛湖出现了严重的水体富营养化问题。上游黄山市排放的污水被认为是导致千岛湖污染的因素之一。湖体污染的压力使得浙江省对上游来水质量提出了要求。但是，污染问题并未就此解决。2003 年，钱塘江的持续枯水导致了严重的海水倒灌。浙江省政府为解决杭州、嘉兴出现的缺水问题，提出了千岛湖引水计划。然而，作为千岛湖上游的新安江由于长期受到工业污水的污染，整体水质情况并不乐观。浙江省为满足引水计划的条件，要求黄山市按照水源地生态保护标准，禁止高污染、高排放企业进入。黄山市则以限制工业企业会影响当地发展为由予以回绝，上下游矛盾开始显现。

2004 年，两省之间的矛盾开始上升到国家层面。全国人大十届二次会议期间，浙江省代表在大会上提交了关于要求支持新安江引水工程的建议，期望从国家层面向安徽省施加压力。与此同时，安徽省也开始采取行动。距离千岛湖最近的歙县以"下游的引水工程会对上游的自然环境和地区发展带来影响"为由，通过专题上报的形式请求黄山市和安徽省与浙江省进行协调。同年 8 月，安徽省水利厅将此专题上报至水利部，上下游矛盾进一步加剧。

二、中央政府在流域横向生态补偿中的作用

1. 上级调研、意图传递与合作合法性赋予

在 21 世纪之初，虽然全社会已经开始意识到环境保护的重要性，但是由于行政区之间经济竞争白热化，以牺牲经济发展换取环境保护的方案仍然很难被地方政府所接受。处于上游的黄山市是经济相对欠发达地区，考虑到财政压力，在没有得到充分补偿的情况下，黄山市不会主动采取污染治理行为。而处于下游的杭州市则认为，正是黄山市的污水排放导致了千岛湖水质问题，理应由上游负责，不应给予上游生态补偿。由此可见，双方在合作之初并未形成合作的基本共识，这导致了严重的协调问题，合作意愿也并不存在。此时各方均期望依靠中央政府的力量来解决问题。

2004 年 11 月，全国人大环资委新安江流域水质保护调研组赴黄山市就新安江水质保护问题进行了调研。调研结束后，调研组就提出

了"争取列为全国上下游生态建设和水质保护的流域生态建设试点、流域生态共建共享示范区"的意见①。随后，安徽和浙江开始针对相关事宜采取行动。安徽省成立了新安江流域横向生态补偿协调工作组。黄山市也对探索新安江流域横向生态补偿机制提出了要求。浙江省下发了《关于进一步完善生态补偿机制的若干意见》。杭州市也发布了相关意见，并对生态补偿机制进行了正式认可。全国人大环资委的调研和意见可以视为信息型干预，它表明了新安江流域生态保护在国家发展中的战略意义，向安徽和浙江两省传递了比较明确的政策意图。这种政策意图首先在省级政府得到回应并通过层级体制向下传导，为推动安徽和浙江的生态补偿合作提供了合法性条件。

然而信息型干预并没有解决新安江生态补偿中固有的"谁补偿谁"的问题。这与我国早期生态补偿制度的缺失有很大关系。按理说，上游排污造成了下游水质污染，应该是"谁损害，谁补偿"，上游应该补偿下游。可是从另外一个角度来看，上游治理污染如果使得下游水质改善，应该是"谁受益，谁补偿"，下游应该补偿上游。在制度不完备的情况下，各方都觉得应该得到补偿，自然很难产生合作倾向。例如，浙江省虽然下发了相关文件，但文件仅提出了"水质不达标时上游应当给予下游经济补偿"，并未针对下游对上游的补偿进行说明。从这个角度来看，行动者并没有展现真正的合作意愿。在这种情况下，只能通过权威型干预来加以推动。

2. 重点督办、高层批示与合作倾向的产生

2006年，第十届全国人大四次会议为合作的实质性推进带来了转机。在这次会议上，全国人大代表何少苓等人提交了《关于在新安江流域建设国家级生态示范区和构建"和谐流域"试点的建议》，并希望两省开展跨省流域横向生态补偿的试点工作。随后两年内，该建议连续被全国人大常委会确定为重点督办议案。在全国人大重点督办推动下，浙江表示愿意给予安徽一定的补偿，以期提高新安江的水质和保证本省的用水安全。2007年7月，国家发展改革委、环保总局、财

① 聂伟平，陈东风. 新安江流域（第二轮）生态补偿试点进展及机制完善探索［J］. 环境保护，2017，45（7）：19-23；吴江海. 加快建立新安江流域生态共享机制的思考［J］. 徽州社会科学，2008（11）：7-12.

政部等国家部委将新安江流域确定为全国首个跨省流域横向生态补偿试点，并拟订方案征求安徽和浙江两省的意见①。2007 年 8 月，环保总局下发了《关于开展生态补偿工作试点的指导意见》，正式明确了流域横向生态补偿包括上游对下游补偿和下游对上游补偿两方面，并对补偿方式进行了特别说明。

2011 年 2 月，国家副主席习近平同志在全国政协《关于千岛湖水资源保护情况的调研报告》上做出重要批示："千岛湖是我国极为难得的优质水资源，加强千岛湖水资源保护意义重大，在这个问题上要避免重蹈先污染后治理的覆辙。浙江、安徽两省要着眼大局，从源头控制污染，走互利共赢之路。"在批示的指引下，各方强化了合作意识，明确了通过生态补偿合作治理新安江的思路。

全国人大常委会的重点督办议案、国家部委的试点推动以及高层领导人的批示都属于权威型干预。督办议案是促进政府重大决策、重要工作部署贯彻落实的手段，依靠层级权威和组织权力发挥作用；国家部委的纵向干预是层级权威的直接体现；而高层领导人的批示则能起到直接和有力的干预效果。在制度不完备的情况下，权威型干预对于横向政府间合作的启动起到了重要的作用。它主要克服了地方政府难以达成合作共识的协调问题，推动各方形成了合作倾向。在当时的制度背景下，如果没有纵向干预，仅靠地方政府之间的自主性合作，是很难进入合作过程的。

3. 协调分歧、权威监督与合作的达成和执行

各方共识形成后，新安江流域横向生态补偿进入谈判阶段。在这个阶段，分配问题是谈判的核心。各方需要就协议细节讨价还价，以求达成一致意见，及时签订补偿协议。这个阶段双方主要在水质标准、监测方式以及补偿资金等方面存在分歧。

水质标准问题与新安江特殊的地理位置有关。正如一位曾参与谈判的关键人员所说："新安江上游是河流，省界的地方是入湖口。浙江认为这个地方是湖库，但河流的水质标准和湖库的水质标准差异很

---

① 聂伟平，陈东风. 新安江流域（第二轮）生态补偿试点进展及机制完善探索 [J]. 环境保护，2017，45（7）：19—23；吴江海. 加快建立新安江流域生态共享机制的思考 [J]. 徽州社会科学，2008（11）：7—12.

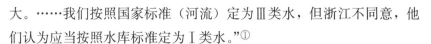

大。……我们按照国家标准（河流）定为Ⅲ类水，但浙江不同意，他们认为应当按照水库标准定为Ⅰ类水。"①

补偿资金问题一直以来都是双方争议的核心。早在合作倾向产生之前，双方就对下游是否应该给予上游补偿的问题存在分歧。尽管试点意见解决了该分歧，但有关补多少、怎么补的问题仍旧存在。正如双方所说："一开始谈判就是靠两边自己谈，不知道要拖到哪年才能谈成。……建的很多设施需要运维，这还要投钱，很多时候补偿的钱肯定是不够的，还要自己再掏腰包。""……补贴这边是愿意的，但是钱都给国家交税了，我们也很为难啊。"②

除水质标准分歧和补偿资金问题外，水质监测采用自动方式还是手动方式也是双方谈判的焦点。为防止合作执行中的机会主义行为，浙江倾向于使用自动监测设备进行监测，安徽则以需要考虑汛期的特殊情况、确保结果有效性为由，倾向于采用手动监测的方式。

在解决上述问题的过程中，中央政府的干预发挥了必不可少的作用。水质标准的分歧实质反映了上游治污成本与下游水质要求的分歧，亦即分配问题。如果按照上游倾向的Ⅲ类标准来要求，则下游面临水质差的问题；如果按照下游倾向的Ⅰ类标准来要求，则上游面临成本高的问题。环保部针对上述情况，以机制设计的方式，重新确定了针对新安江流域横向生态补偿的水质标准方案。该方案跳出了以"类"定标准的窠臼，直接根据新安江流域不同污染物的实际情况确定标准，在下游水质可接受的范围内，降低上游的治污压力。

补偿资金分歧同样也是分配问题的具体体现。国家部委的财政激励是缓解该问题的重要手段。早在 2010 年 12 月，财政部就先行拨付 5 000 万元的专项资金以启动新安江流域水环境补偿试点工作。2011 年，财政部继续安排补偿资金 3 亿元用于支持新安江流域上游的保护和治理工作。其中，2 亿元由中央财政拨付，1 亿元由浙江省提供。

监测方式的分歧反映了可能存在的机会主义问题，即双方都对监测方式的准确性存在一定的质疑。环保部并没有直接在人工监测和自动监测之间做出选择，而是采取了更具权威性的监测方式，以降低合

①② 来自采访记录。

作执行中机会主义行为发生的可能性。即在双方联合监测、交换数据的基础上由环保部最终确定。

2012年9月，财政部、环保部、安徽省、浙江省正式签订协议，开展为期3年的第一期试点合作。协议采用双向补偿的方式，中央财政提供3亿元直接以专项资金的形式拨付给安徽。两省各提供的1亿元根据断面水质监测情况确定分配。若监测达到标准，浙江将其提供的1亿元补偿给安徽；若未达到标准，安徽将其提供的1亿元补偿给浙江。自此，全国首个跨省生态补偿试点——新安江流域横向生态补偿合作正式确立。

在上述过程中，中央政府综合采用了激励型干预和权威型干预来推动两省达成合作，并确保了执行的可能。两省的谈判不仅涉及补偿资金数额和水质标准确定等分配问题，也涉及由监测方式分歧所带来的机会主义问题。其中，激励型干预主要体现在中央财政资金的拨付和水质标准方案的设计方面。如果没有中央财政先期投入以及签订协议后每年3亿元的专项投入，仅靠安徽和浙江两者的双向补偿，很难最终达成合作目标。这一点对于本案例中经济发展相对较弱的黄山市而言尤为重要。另外，环保部编制的水质标准方案采用机制设计的方式，解决了成本收益分歧所导致的分配问题。机制设计并非直接通过财政投入的方式增加各方的利益，而是通过协调各方成本收益的方式解决分歧。

权威型干预主要体现在监测方式的确定上。环保部所设置的具有权威性的监测方式减少了合作执行中可能存在的背信问题。与双方单独进行监测相比，上下游联合开展的水质监测降低了各方"操纵数据"的可能性，在一定程度上避免了机会主义行为的出现。环保部对于监测数值的确定和合作治理结果的监督进一步增强了上述作用，保障了合作的顺利实施。

由此可见，在合作达成和执行阶段，横向政府间合作的利益分配问题和监督问题，可以通过激励型干预和权威型干预的综合运用加以解决。在本案例中，中央政府的干预在合作意愿产生阶段将横向政府间合作"扶上马"之后，又在契约谈判和执行阶段起到了"送一程"的作用。

4. 信任、共同价值与自组织合作的产生

在第一期试点合作中，新安江流域生态保护成果显著。跨省断面连续 3 年达到协议确定的水质标准。2015 年，新安江流域横向生态补偿第二期合作开始磋商。相比第一期合作，第二期合作中的纵向干预程度逐渐降低，这主要体现在谈判过程、资金划拨、指标确定等方面。虽然本次合作仍为中央、浙江、安徽共同负责，但各方明确了工作机制为皖浙两省建立的联席会议制度，具体合作事务主要由两省自主协商。相关部门的人员表示："第二期，由国家组织，由我们自己两个省进行协商，国家有时候也出面……"①

第二期合作中，中央采用退坡的形式进行资金划拨，由每年拨付 3 亿元改为 3 年分别安排 4 亿元、3 亿元、2 亿元拨付安徽省。这在一定程度上反映了激励型干预的削弱。谈判过程中针对评价指标的博弈也是纵向干预弱化的重要表现。在第二期合作中，评价指标的确定更多是两省自主谈判的结果。安徽方面的人员说道："一开始是新保局（新安江保护局）和环保局定标准，给到省（安徽省）里面，然后省里再给我们递到浙江省，浙江省看完后再反馈到省里来，然后省里给我们说指标的问题，让我们再修改。……第二期谈判最终谈成的关键还是双方省里的高层出面……"② 虽然第二期合作中纵向干预的作用有所减弱，但合作结果依旧较为理想。

2018 年 10 月，皖浙两省正式签订了《关于新安江流域上下游横向生态补偿的协议》（第三期）。本轮合作协议完全由双方自主谈判、自主签订。协议在补偿资金上实现了完全由皖浙双方提供。从合作治理机制角度看，第三期合作真正实现了从纵向干预到自主性合作的转变。

从 2012 年签订试点协议到 2018 年第三期合作，新安江流域横向生态补偿试点的合作治理机制发生了动态变化。依托纵向干预机制使浙江和安徽在流域横向生态补偿事宜上建立了合作网络，这为未来的自组织合作打下了基础。首次合作的优良治理绩效让行动者之间获得了相互信任，降低了未来合作的风险，使自主性合作成为可能。除此

①② 来自采访记录。

之外，在第一期和第二期合作的执行过程中，合作各方在物质资本、人力资本、政府机构等方面进行了投入。例如，实施农药集中配送制度，推动城乡污水治理升级，实施渔业污染治理，设立专门机构新安江保护局等。这些专用于新安江流域环境治理和合作事务的投资可以被视为一种专用性资产投入。它为合作双方提供了高质量的承诺，提高了双方的承诺感知水平[①]，增进了双方的信任，促进了自组织合作的产生。与此同时，新安江流域横向生态补偿试点的成功也产生了良好的声誉，成为生态补偿机制建设的示范，这使双方产生了共同价值。新安江流域横向生态补偿的做法和经验被广泛宣传和推广，成为我国开展生态文明体制建设的"样板工程"。在合作过程中，双方针对"新安江"这一符号产生了共同价值，这种正向价值的认同给予了双方持续合作的动力，推动自组织合作的发展。

三、结论与进一步讨论

本节以新安江流域横向生态补偿试点为例，研究了在基础性制度体系尚不完备的情况下，中央政府通过纵向干预为流域横向生态补偿提供制度性支持，从而推动地方政府间合作的过程和机制。研究表明，纵向干预可以解决地方政府间合作面临的协调、分配和监督问题，通过信息型干预、激励型干预和权威型干预的综合运用，缓解了合作风险，降低了交易成本。同时，纵向干预还可以在合作的过程中推动地方政府间产生信任和共同价值，促进纵向干预引导下的合作向地方政府自主性合作转变。

1. 结论

一是中央政府可以运用权威型干预和信息型干预解决协调问题，以促进地方政府间合作意愿的产生。在新安江流域横向生态补偿的案例中，经济发展与环境保护之间的矛盾、上下游在水环境保护和建设以及生态补偿责任划分上的分歧使安徽和浙江存在难以调和的合作矛

---

① ANDERSON E, WEITZ B. The use of pledges to build and sustain commitment in distribution channels [J]. Journal of marketing research, 1992, 29 (1): 18-34.

盾，从而使两省的合作意愿难以形成。虽然全国人大环资委的调研以信息型干预的方式向两省传递了上级的政策意图，并赋予了合作合法性，但该种干预并未真正解决双方的激励冲突和责任问题。因此，仅靠信息型干预很难引导地方政府产生合作意愿。权威型干预通过议案督办、试点推进、高层领导批示等方式将责任落实到地方政府，改变其目标函数，并明确了合作规则，这才是高风险情形下撬动合作的核心因素。因此，在信息型干预和权威型干预的共同作用下，协调问题得以解决，两省达成合作共识，合作意愿得以形成。

二是中央政府可以运用激励型干预和权威型干预解决分配问题和监督问题，以促进横向政府间合作的达成与执行。随着合作进入谈判过程，两省在补偿数额、水质标准以及监测方式等方面的分歧带来了严重的利益分配问题和监督问题，这增加了合作风险。为解决由两省成本收益分歧所带来的分配问题，财政部通过专项资金拨付提供经济激励，环保部通过设计水质标准方案进行机制设计。在这些激励型干预的作用下，利益分配问题得到解决，合作过程得以推进。对于由监测方式分歧所致的监督问题，环保部通过设置具有权威性的监测方式来抑制地方政府的机会主义行为，使两省合作最终达成并顺利执行。

三是中央政府可以增进地方政府间的信任和共同价值，促进自组织合作的产生。在初次合作达成后，合作网络的建立和优良的合作绩效增进了双方的信任。双方在合作执行中对专用性资产的投入提供了相互的可信承诺。优良的合作绩效所带来的声誉为双方提供了正向的共同价值。这些因素使得两省之间的二期和三期协议逐步以自主性方式执行。

2. 进一步讨论

一是案例体现了在基础性制度体系不完备的情况下，应对流域横向生态补偿采用纵向制度嵌入式治理的实然机制。新安江流域横向生态补偿是在制度不完备、上下游地区经济发展存在很大差距，以及缺少成功经验借鉴的情况下开展的试点，各个阶段的合作风险都很高。此时，纵向干预将地方政府间合作"扶上马"，再"送一程"，有利于双方建立长期合作关系。当前我国改革已进入"深水区"，许多方面的制度建设还不够完备，这个时候不能盲目地否定纵向干预的作用，要善于运用纵向干预来启动横向政府间合作并推动合作持续发展。同时，纵向干预也要着眼于长期发展，把重心放在制度建设上，以明确行动者的合作预期。

二是制度性支持是本案例中纵向干预的主要途径。本案例中地方政府合作面临着较高的合作风险，然而纵向政府间关系具有的相容性，可以在一定程度上缓解横向合作风险。在这种情况下，中央政府不是以外力强制的方式主宰合作，而是通过各种途径为地方政府合作提供制度性支持。例如，通过信息型干预促进沟通协调，通过激励型干预明确谈判规则和搭建平台，通过权威型干预强化监督执行等。在这个过程中，中央政府的角色是"促进者"，而不是"主宰者"。新安江流域横向生态补偿试点的成功之处在于，中央政府是以各种方式"促进"而不是"替代"了安徽和浙江两省的合作。纵向干预主要立足于改变两省的激励结构，强化地方责任，并向下级政府传导。

三是形成了纵向干预机制和横向协作机制的有机配合。纵向干预机制为横向协作机制提供了制度性条件，横向协作机制积累了社会资本和专用性资产，纵向干预机制与横向协作机制相互配合，两者具有互补性。在纵向干预机制下的合作重塑了地方政府之间的信任和共同价值，为地方政府间自主性合作创造了条件，也为纵向干预相机退出创造了条件。该试点的成功探索为全国流域横向生态补偿积累了经验，通过将试点经验提炼上升为基础性制度，流域横向生态补偿纵向制度嵌入式治理从实然机制走向应然机制。

第六章
我国流域水资源综合管理中的府际关系与机制选择

　　我国流域水资源综合管理涉及防洪减灾、水资源开发和利用、水污染防治与水土保持、水生态治理等，是流域内以水资源权属管理为核心的水行政事务的统一管理①。流域是由分水线所包围的水系干流和支流的集水区域，是国家水资源管理的基本单元，具有整体性和系统性特征。跨省流域水资源综合管理属于中央事权范围，应从流域整体加以谋划。但是，我国政府管理采取"条块结合，以块为主"的管理体制，地方政府对本辖区内的水资源管理负有主体责任。因为流域往往涵盖多个行政辖区，所以，在流域管理的整体性与行政区域管理的分散性之间必然会存在一定的矛盾和冲突。

　　流域水资源综合管理包含着复杂的府际关系。从纵向政府间关系来看，既有相斥性利益关系，又有相容性利益关系。中央更多从水资源管理的制度设计和流域整体出发进行谋划，而地方政府则需要兼顾水资源的生态、社会和经济功能，更多考虑地方利益。当国家整体利益与地方局部利益不一致时，就会呈现出相斥性利益关系；而当国家整体利益与地方局部利益一致时，则会表现为相容性利益关系。从横向政府间关系来看，由于流域内上下游、左右岸、干支流的地方政府间在水资源调度、水污染防治、水利基础设施建设等方面可能存在不同利益，流域水资源综合管理会表现为竞争性利益关系，呈现出分配型合作或共建型合作的特征。另外，我国流域水资源综合管理中还存

---

　　① 高而坤 . 谈流域管理与行政区域管理相结合的水资源管理体制［J］. 水利发展研究，2004（4）：14-19，24.

在"九龙治水"的部门分割现象，跨部门合作的难度比较高。总体来看，流域水资源综合管理表现为中等偏上程度的合作风险，仅靠地方政府间的自主性合作难以破解流域水资源综合管理难题。中央政府通过在重要流域设置流域管理机构嵌入流域水资源综合管理过程之中，将流域管理与行政区域管理结合，实现中央与地方分工合作，形成纵向机构嵌入式治理机制。流域管理机构代表中央行使水行政管理的权力，履行中央在流域水资源管理中的责任，流域管理与行政区域管理各负其责，有助于推动流域内地方政府间的合作。

本章首先梳理我国流域管理体制的发展历程；其次分析流域水资源综合管理中的府际关系及纵向机构嵌入式治理机制选择；再次对我国流域管理机构的职能定位和运作机制进行剖析，厘清流域管理机构与地方政府的关系，探究流域管理机构在我国水资源综合管理中的作用；最后对沂沭泗管理局进行案例研究。

第一节　我国流域水资源综合管理体制的发展历程

一、我国水资源管理体制的发展阶段

水资源管理体制是国家为了管理和监督全社会水事活动，保障利益相关者的合法权益，实现水资源可持续利用而确立的组织体系和权限划分的制度安排①。水资源管理体制与水管理模式的演进有内在联系。有学者认为，历史上的水管理经历了四个阶段：一是安全管理，即以防洪为目标，以水量和土地使用为管理重点的阶段；二是部门水管理，即以农业、工业、生活用水等人类使用为管理目标的阶段；三是集成式水管理，即以流域为单元，以水系角度试点多种类型水管理集成的阶段；四是交互式水管理，即以优化水、经济与社会相关关系

---

① 高而坤. 谈流域管理与行政区域管理相结合的水资源管理体制［J］. 水利发展研究，2004（4）：14－19，24.

为目标，实现水资源可持续发展的综合性管理阶段①。在这个过程中，水管理逐渐从单一走向多元，水资源管理体制也从部门管理向综合管理转变。

我国水资源管理体制的发展可以划分为四个阶段②：

一是只管工程不管资源的非正式资源管理阶段（1949—1977 年）。在这一阶段，我国涉水事务的管理非常分散，水利部只负责以防洪和跨流域调水为主的水利建设。

二是以行政命令为主的正式制度萌芽阶段（1978—1987 年）。这一阶段开始提出水资源综合管理的要求，1984 年，国务院决定水利电力部为全国水资源综合管理部门，统一管理全国水资源，并负责协调用水部门的矛盾及各类水事纠纷，但涉水事务仍然分散在多个部门。

三是取水许可管理阶段（1988—1998 年）。这一阶段，水利部的综合管理职能得到加强。1988 年《水法》第九条规定，国家对水资源实行统一管理与分级、分部门管理相结合的制度；国务院水行政主管部门负责全国水资源的统一管理工作。

四是基于水权的正规制度管理阶段（2002 年至今）。2002 年修订的《水法》第十二条规定："国家对水资源实行流域管理与行政区域管理相结合的管理体制。国务院水行政主管部门负责全国水资源的统一管理和监督工作。国务院水行政主管部门在国家确定的重要江河、湖泊设立的流域管理机构（以下简称流域管理机构），在所管辖的范围内行使法律、行政法规规定的和国务院水行政主管部门授予的水资源管理和监督职责。县级以上地方人民政府水行政主管部门按照规定的权限，负责本行政区域内水资源的统一管理和监督工作。"第十三条规定："国务院有关部门按照职责分工，负责水资源开发、利用、节约和保护的有关工作。县级以上地方人民政府有关部门按照职责分工，负责本行政区域内水资源开发、利用、节约和保护的有关工作。"

---

① VAN AST J A. Trends towards interactive water management：developments in international river basin management ［J］. Physics and chemistry of the earth, part B：hydrology, oceans and atmosphere, 1999, 24 (6)：597 - 602；朱德米. 构建流域水污染防治的跨部门合作机制：以太湖流域为例 ［J］. 中国行政管理, 2009 (4)：86 - 91.

② 贾绍凤, 张杰. 变革中的中国水资源管理 ［J］. 中国人口·资源与环境, 2011, 21 (10)：102 - 106.

由此形成国家水行政主管部门统一管理和监督，流域管理与行政区域管理相结合，有关部门分工负责的水资源管理体制。

 二、我国水资源管理体制改革的发展历程

党的十八大以来，我国水资源管理融入生态文明建设进程，进入了全面深化改革的新时期。2012 年召开的党的十八大提出"美丽中国"概念，并被纳入国家"十三五"规划。十八届三中全会提出要"建立系统完整的生态文明制度体系，用制度保护生态环境"。2013年，习近平总书记在《关于〈中共中央关于全面深化改革若干重大问题的决定〉的说明》中对健全国家自然资源资产管理体制和完善自然资源监管体制进行了说明。2015 年，习近平总书记在十八届五中全会中提出了绿色发展理念，提出"实行能源和水资源消耗、建设用地等总量和强度双控行动"。同年，习近平总书记在《关于〈中共中央关于制定国民经济和社会发展第十三个五年规划的建议〉的说明》中指出，"要研究建立双控的市场化机制，建立预算管理制度、有偿使用和交易制度，更多用市场手段实现双控目标"。2015 年，中央出台《生态文明体制改革总体方案》，构建了生态文明建设的"四梁八柱"。2018 年，党的十九届三中全会通过了《深化党和国家机构改革方案》，其后组建了国家自然资源部和生态环境部，将水利部的水资源调查和确权登记管理职责划入自然资源部，将水利部的编制水功能区划、排污口设置管理、流域水环境保护职责划入生态环境部。我国水资源管理的机构设置和职能定位更加明晰，形成了水资源资产管理体制、合理开发利用和严格监管体制的有机统一。

 三、我国流域管理与行政区域管理相结合的
管理体制的形成过程

流域是水的运动的基本单元，是自然形成的地表水的集水区域，是上下游、左右岸、干支流、水量与水质、地表水与地下水相互联系的有机整体[①]。以流域为单元进行水资源管理是世界各国水资源管理的共识。早在1899年，德国就设立了鲁尔河协会，作为北莱茵-威斯特法伦州11个河流的流域管理机构。1992年在巴西里约热内卢召开了联合国环境与发展大会，该会议通过的《21世纪议程》要求按照流域一级或子一级对水资源进行管理[②]。2000年，欧盟颁布《水资源管理框架指导方针》，要求27个成员国都要制订以流域为单元的水资源管理计划[③]。目前国外比较典型的流域管理机构有：美国田纳西河流域管理局、英国泰晤士河流管理局、澳大利亚墨累-达令流域委员会等。在治理体制方面呈现出三种模式[④]：一是国家多部门合作治理，由综合流域管理机构负责某方面流域跨界事务的治理，例如美国科罗拉多河流域、英国泰晤士河流域等；二是国家多部门合作治理，流域综合管理机构在中央政府领导下开展流域综合治理，例如日本淀川流域等；三是通过协商建立的流域协调组织综合治理，由赋权的单一流域机构开展跨行政区治理，例如澳大利亚墨累-达令河流域、美国特拉华河流域等。

我国很早就注重按流域治水，在秦始皇时期就派出机构或官员督办江河治理。民国时期政府在主要江河设置了扬子江水利委员会、黄河水利委员会、导淮委员会、华北水利委员会、珠江水利局、太湖流域水利委员会等具有现代意义的流域管理机构，但江河流域治理没有得到很好实施[⑤]。新中国成立后，国家相继在重要江河设置专门的流域管理机构。1949年重新组建黄河水利委员会；1950年设立长江水利委员会和治淮委员会，后治淮委员会职能发生多次变迁，于1990年更名为淮河水利委员会；1979年、1980年、1982年和1984年分别

---

① 钟玉秀，刘宝勤. 对流域水环境管理体制改革的思考［J］. 水利发展研究，2008（7）：10-14，31.

② 高而坤. 谈流域管理与行政区域管理相结合的水资源管理体制［J］. 水利发展研究，2004（4）：14-19，24.

③ 杨朝晖，褚俊英，陈宁，等. 国外典型流域水资源综合管理的经验与启示［J］. 水资源保护，2016，32（3）：33-37，110.

④ 施祖麟，毕亮亮. 我国跨行政区河流域水污染治理管理机制的研究——以江浙边界水污染治理为例［J］. 中国人口·资源与环境，2007（3）：3-9.

⑤ 同②.

设立珠江水利委员会、海河水利委员会、松辽水利委员会、太湖流域管理局。由此形成了全国七大流域管理机构分管七大流域片的流域水资源管理格局[1]。

然而，在 2002 年修订的《水法》颁布以前，流域管理机构的法律地位并不明确。在 20 世纪 80 年代以前，流域管理机构主要负责流域的规划工作，职能比较单一，甚至变成单纯的技术性办事机构。1988 年的《水法》规定，国家对水资源实行统一管理与分级分部门管理相结合的制度，并没有规定流域管理机构的法律地位，流域管理机构大多依据政府文件或部门规章进行运作，发挥作用比较有限。随着水资源短缺、水污染加剧等全国水资源形势发生重大变化，我国水资源分部门管理体制带来的分割管理弊端日益突出，完全靠行政区域管理难以保障水资源可持续利用，因此对流域水资源进行综合管理的要求变得十分迫切。2002 年修订的《水法》明确规定，国务院水行政主管部门在国家确定的重要江河、湖泊设立的流域管理机构，在所管辖的范围内行使法律、行政法规规定的和国务院水行政主管部门授予的水资源管理和监督职责。流域管理机构的法律地位更加明确，形成了流域管理与行政区域管理相结合的具有中国特色的水资源管理体制。

第二节　我国流域水资源综合管理中的府际关系与机制选择分析

流域水资源综合管理涉及水的多种用途以及水资源的多维属性，水的流动性导致水事活动的外部性，流域水资源管理的整体性与行政区域管理的分散性之间存在偏差，合作风险较高，应采用中央与地方分工治理模式。国家在重要江河、湖泊设立流域管理机构，可以实现中央与地方分工合作，协调地方政府共同推动流域水资源综合管理。流域管理机构作为水利部的派出机构，在推动地方政府间合作中发挥积极作用。本节首先分析我国流域水资源综合管理的议题特征，其次

---

① 钟玉秀，刘宝勤. 对流域水环境管理体制改革的思考 [J]. 水利发展研究，2008(7)：10 - 14，31.

分析流域水资源综合治理中的府际关系及其合作风险，在此基础上提出流域水资源综合管理的纵向机构嵌入式治理机制选择。

一、我国流域水资源综合管理的议题特征

　　流域是以河流为中心、由分水线所包围的从源头到河口的完整、独立以及具有很强整体性的自然区域[①]。流域问题的特征体现在以下四个方面[②]：一是跨越边界的外部性，流域是按自然区域界定的，但在管理过程中受制于特定的行政边界的影响，自然边界与行政边界并不一致，而且一个流域往往流经多个行政区，例如长江干流流经 11 个省级行政区，海河干流流经 7 个省级行政区，由此就会涉及流域管理整体性与行政区管理之间的矛盾[③]；二是不可分割的公共性，流域水资源管理具有内在联系，不应由于分部门分区域管理而相互割裂，另外，流域水资源属于比较典型的准公共物品，具有一定的排他性和竞争性[④]，可能会导致在水资源开发利用、水污染治理方面存在一定的冲突；三是一定的政治性，流域治理受传统科层体制的影响，主要依靠政府权威机制运行，中央在流域治理中具有权威性；四是流域管理的层次性，既包括宏观跨省江河、湖泊的治理，也包括微观同一个行政区内的河道治理。流域问题的上述特征，决定了流域治理要涉及不同部门、不同区域和不同利益主体的关系，这使得流域水资源综合管理的议题十分复杂。具体而言，表现为以下特征。

1. 流域水资源管理的多维属性与政府部门之间的分工与合作

　　因为水与社会生活、生产和生态之间存在着诸多内在联系，所以

---

①　陈瑞莲，等. 区域公共管理理论与实践研究［M］. 北京：中国社会科学出版社，2008：201.

②　王佃利，史越. 跨域治理视角下的中国式流域治理［J］. 新视野，2013（5）：51-54.

③　李胜. 构建跨行政区流域水污染协同治理机制［J］. 管理学刊，2012，25（3）：98-101.

④　李正升. 从行政分割到协同治理：我国流域水污染治理机制创新［J］. 学术探索，2014（9）：57-61.

水呈现出社会属性、经济属性、生态属性等多维属性①。从社会属性来看，水是生命之源，水资源具有维持生命需要的社会属性；从经济属性来看，水是生产的基本要素，水资源具有保障生产正常运转的经济属性；从生态属性来看，水是生态环境的基础，水资源具有维持自然界各系统持续存在的生态属性。因为水具有多维属性，水资源管理与农业、工业、交通运输、水电和旅游等多个行业都有着紧密的内在联系，所以许多行业主管部门直接或间接地介入流域水资源综合管理过程②。另外，水资源具有多维属性的特点决定了在现实中很难将涉水问题完全集中于一个部门进行管理，而是要根据水资源与经济社会相结合的不同领域，由不同的部门分别承担相应职能。

根据 2018 年 3 月发布的《深化党和国家机构改革方案》，水利部负责全国水资源的统一管理和监督工作；自然资源部负责水资源调查和确权登记管理等职责；生态环境部负责编制水功能区划、排污口设置管理、流域水环境保护等职责。该方案健全了水资源资产管理体制与水资源监管体制，实现了统一行使全民所有自然资源资产所有者职责，统一行使所有国土空间用途管制和生态保护修复职责，统一行使监管城乡各类污染排放和行政执法职责等目标。除此之外，其他相关部门根据各自分工也行使部分涉水管理职责。例如住房城乡建设部负责城市供排水设施的建设和管理；交通运输部负责水路行业规划、水上交通安全监管、水路建设市场监管；自然资源部负责农村地下水管理；农业农村部负责农业生产工作、农田水利建设等领域的工作。另外，国家发展改革委、财政部、科技部、工业和信息化部等也分别从项目、资金、科技、信息等方面对涉水项目进行支持。

水资源多维属性之间具有内在的统一性。虽然部门分工是实现水资源有效管理的重要方式，但是如果它们不能进行有效合作，那么这种按部门组织管理的分部门方式也有可能会出现"九龙治水"的局面，这是造成水资源管理职能割裂的主要原因。

---

① 邢华．水资源管理协作机制观察：流域与行政区域分工［J］．改革，2011（5）：68-73；马捷，锁利铭．水资源多维属性与我国跨界水资源冲突的网络治理模式［J］．中国行政管理，2010（4）：81-84．

② 朱德米．构建流域水污染防治的跨部门合作机制：以太湖流域为例［J］．中国行政管理，2009（4）：86-91．

过去，水利部门负责入河排污口的审批和入河污染物的监测，但是没有污染执法权限，当发现重点污染物排放总量超过控制指标时，只能向环境保护部门通报，由环境保护部门加以解决，如果部门缺乏有效的配合，就会降低污染事件处理的效率。水利部与国家环保总局（现为生态环境部）曾协商建立双属的流域水环境保护局，但由于协调不畅，成立后的流域水环境保护局基本上是水利部在管，流域水环境管理工作仍是各管一摊。水利部与环保部门也曾协调提出方案，进入水体之前的污染源归环保部门管，进入水体后由水利部管，即"环保不下水，水利不上岸"，不过，由于水环境管理的不可分割性，两者的协调也未能取得预期效果。另外，从法律规定上看，我国《水法》规定水行政部门的职责是对水功能区水质进行监测，向环境部门通报，而《水污染防治法》则规定环境保护主管部门负责统一发布国家水环境信息，会同水行政等部门组织监测网络。两部法律对水环境保护的职责界定存在矛盾。新的机构改革方案将编制水功能区划、排污口设置管理、流域水环境保护职责统一到生态环境部，从水资源权属和统一监管角度进行整体设计，有助于克服分部门管理导致的弊端。

2. 流域水资源管理的外部性与地方政府间的冲突与合作

我国水资源时空分布不均，水资源稀缺特征明显，水环境污染问题比较突出。随着我国经济社会快速发展，水资源在国家发展中的战略地位日益突出。流域内地方政府间出于本辖区发展的需要，在进行流域水资源的开发、利用、节约、保护等水事活动时，会产生一定的外部性，由此导致上下游、左右岸、干支流等地方之间的矛盾与冲突。然而，流域整体性治理要求流域内地方政府间跨越行政边界开展合作，如何妥善处理好地方自身发展需要与流域整体性治理的要求之间的关系，是流域水资源治理需要解决的重要课题。

地方政府水事活动的目标是促进地区经济社会发展，主要包括以下四个方面[①]：一是防洪除涝抗旱，通过完善水利基础设施，减少洪涝干旱等灾害发生的概率，提高水安全，为经济社会发展创造安全稳

①　邢华. 水资源管理协作机制观察：流域与行政区域分工［J］. 改革，2011（5）：68－73.

定的环境；二是水资源的调配与开发利用，主要是为农业、工业、服务业提供良好的水资源要素，为城市、农村生活提供安全和充足的水源条件，为生态环境保持提供充分的用水保障；三是水资源管理，主要是设定水资源总量控制、用水效率和水功能区纳污总量三条控制红线，推进经济结构战略性调整；四是水生态环境保护，主要是保持河湖生态健康和水功能区水质达标，治理水土流失，开展湿地保护和保持生物多样性，保障生态系统的健康和稳定。

由于河流具有序贯性的特征，流域内相邻地区的地方政府在开展水事活动时可能会产生一定程度的外部性，包括负外部性和正外部性。例如，我国淮河流域存在上游拦蓄能力不足、中游行洪不畅、下游洪水出路不足等问题，导致淮河流域水害灾害频发。下游政府为了本地区安全和发展需要，可能会提出单方面提高防洪标准的要求。但是提高下游防洪标准将会对中上游防洪产生负面影响，而下游地方政府并不承担由此带来的成本。由于存在这种负外部性，流域内相邻地区的地方政府之间就可能会产生冲突和矛盾。在水资源管理方面，由于流域水资源总量和纳污能力是相对有限的，一个地方过量使用水资源或者大量排污，就会对其他地方产生负外部性；而一个地方限制水污染和保持生态环境的努力，则会对其他地方产生正外部性。水事活动的外部性要求流域内的地方政府之间进行协调以达成一致。根据科斯定理，在产权清晰界定的情况下，交易主体之间的自主协调可以达成有效率的结果。但是在我国流域水资源管理中，水资源的自然资产产权管理制度还在不断完善的过程之中，水资源资产产权界定还没有完成，在这种情况下，仅仅通过地方政府之间的自主协调，往往很难达成一致，在流域合作中存在着许多现实的困难。

二、我国流域水资源综合管理中的府际关系 及其合作风险

我国水资源综合管理中呈现相容或相斥的纵向政府间利益关系，在横向政府间利益关系上则表现为较强的竞争性利益关系，具有分配

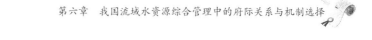

型或共建型合作的特征。流域水资源综合治理的府际关系中蕴含着较高的合作风险和高昂的交易成本。

1. 我国流域水资源综合管理中的纵向政府间关系及其合作风险

在我国单一制政府管理体制下，中央政府在水资源综合管理中具有统领全局的作用。中央政府通过分级、分部门和分区域等方式贯彻其战略意图和政策主张。其中，分级是发挥中央政府和地方政府两个积极性，承认行政区域管理在水资源综合管理中的作用，让地方政府承担其责任；分部门是以水行政部门为核心，多部门分工协调实现水资源管理；分区域是承认不同流域的独特性，从而选择不同的治理模式。

在流域水资源综合管理过程中，中央的大政方针和治水思路影响着治理机制的选择。中央的高位推动是我国水资源管理政策制定的重要特征。中央的治水方针经历了新中国成立初期以防洪减灾为主的相对单一职能的发展时期、分级分部门管理的水资源管理时期，以及流域管理与行政区域管理相结合的时期这三个阶段。水资源管理体制改革的核心是处理中央政府统一管理与地方政府分级管理、行业主管部门分部门管理以及流域管理的关系。然而，过去由于我国水资源权属缺乏明确界定，地方政府和流域管理机构的责任与分工不够清晰，流域水资源管理存在诸多矛盾和问题。

党的十八大以来，我国水资源管理逐步走向水资源资产产权管理体制与水资源监管体制相结合的发展方向，水资源综合管理的流域更加优化，水资源管理的目标更加清晰。党的十八大以来（至 2017 年）我国水资源管理的主要政策如表 6-1 所示。

表 6-1　党的十八大以来我国水资源管理的主要政策

类型	文件号	文件名
中发、国发文件	中发〔2011〕1 号	《关于加快水利改革发展的决定》
	国发〔2012〕3 号	《关于实行最严格水资源管理制度的意见》
	国发〔2015〕17 号	《关于印发水污染防治行动计划的通知》
	中发〔2015〕12 号	《关于加快推进生态文明建设的意见》
	中发〔2015〕25 号	《生态文明体制改革总体方案》
	国发〔2016〕82 号	《关于全民所有自然资源资产有偿使用制度改革的指导意见》

续表

类型	文件号	文件名
中办发、国办发文件	国办发〔2012〕55 号	《关于印发国家农业节水纲要（2012—2020 年）的通知》
	国办发〔2013〕2 号	《关于印发实行最严格水资源管理制度考核办法的通知》
	国办发〔2014〕69 号	《关于推行环境污染第三方治理的意见》
	中办发〔2015〕45 号	《党政领导干部生态环境损害责任追究办法（试行）》
	国办发〔2015〕82 号	《关于印发编制自然资源资产负债表试点方案的通知》
	中办发〔2015〕57 号	《关于印发〈生态环境损害赔偿制度改革试点方案〉的通知》
	国办发〔2016〕2 号	《关于推进农业水价综合改革的意见》
	国办发〔2016〕31 号	《关于健全生态保护补偿机制的意见》
	国办发〔2016〕81 号	《关于印发控制污染物排放许可制实施方案的通知》
部门文件	水建管〔2014〕303 号	《关于开展河湖管护体制机制创新试点工作的通知》
	水政法〔2016〕156 号	《水权交易管理暂行办法》
	水资源〔2016〕234 号	《关于加强水资源用途管制的指导意见》
	发改环资〔2016〕1629 号	《关于推行合同节水管理促进节水服务产业发展的意见》
	水资源〔2016〕379 号	《关于印发〈"十三五"水资源消耗总量和强度双控行动方案〉的通知》
	发改环资〔2016〕2259 号	《关于印发〈全民节水行动计划〉的通知》
	水规计〔2016〕397 号	《水流产权确权试点方案》
	环水体〔2016〕186 号	《关于印发〈排污许可证管理暂行规定〉的通知》
	厅字〔2016〕42 号	《关于印发〈关于全面推行河长制的意见〉的通知》
	厅字〔2017〕25 号	《关于建立资源环境承载能力监测预警长效机制的若干意见》

　　中央与地方间的利益关系是整体利益与局部利益的关系，在现实中体现为相容性或相斥性的利益关系。从水资源综合管理的整体利益上来看，中央政府的目标主要包括三个方面：一是要保障防洪安全，降低旱涝灾害；二是要实现水资源的合理调配和集约利用；三是推动

水环境质量改善和水生态修复。在这些方面，中央与地方既有共同利益，又可能存在一些利益分歧。例如，在水资源分配方面，地方政府出于本地区发展的需要，都会要求得到更多的水资源分配量，由此导致水量分配难以协调的矛盾。我国最早于 20 世纪 80 年代开展黄河"八七分水"，之后，由于地方利益难以协调，直到近年来流域水量分配才得以推动，这体现出中央和地方存在相斥性利益关系。在水污染防治中，地方政府需要兼顾经济发展与环境治理，当两者出现矛盾时，地方政府往往会更倾向于保障经济增长而牺牲生态环境，这与中央的战略意图相斥。在保障防洪减灾方面，地方政府为保障地方防洪安全，可能会单方面提高防洪标准，这与中央的统一标准和规划相斥。

当中央与地方存在相斥性利益关系时，会导致较高的合作风险。地方政府更多考虑局部利益，而中央则更多从整体利益加以考量，地方局部利益有可能会对整体利益产生不利影响。此时，流域内地方政府合作收益低于合作成本，合作的内在动力不足，如何让地方政府走向合作，从而在一定程度上满足地方局部利益的情况下实现整体利益，是中央政府的重要考量因素。在现实中，由于存在信息不对称问题，地方政府往往表面上积极表态支持中央的决策，而在执行中央的决策时则会"敷衍了事"，甚至"弄虚作假"[1]。在流域水污染治理纠纷中，中央政府积极出面协调，制定协调机制、处理意见或相关政策，但形成的意见和政策未必能够得到及时落实和有效贯彻，有法不依、执法不力现象长期存在，成为流域跨行政区污染防治矛盾协调低效的潜在诱因[2]。除此之外，中央的权力分散到各部委等行业管理部门而导致部门分割，也增加了地方政府间合作的难度。

2. 我国流域水资源综合管理中的横向政府间关系及其合作风险

流域内的水资源作为一个完整的系统，是天然的公共物品。当某

---

① 李正升. 从行政分割到协同治理：我国流域水污染治理机制创新 [J]. 学术探索，2014（9）：57-61.

② 施祖麟，毕亮亮. 我国跨行政区河流域水污染治理管理机制的研究：以江浙边界水污染治理为例 [J]. 中国人口·资源与环境，2007（3）：3-9.

一地区的公共品对其他地区产生显著的溢出效应时，称之为外溢性公共品①。流域水资源管理具有典型的外溢性，在流域中地方政府的任何行动都会对整个流域生态以及其他地方主体行为产生影响。由于流域水资源具有公共物品性质，地方政府比较容易存在搭便车、机会主义等行为，这增加了流域合作的风险。由于外溢性导致的地方政府横向矛盾和冲突主要表现为以下两个方面：

一是流域水环境污染防治问题。水环境污染问题是流域最为典型的负外部性问题。污染物借助水这一介质，可迅速蔓延至整个流域，对流域及周边地区带来重大影响。例如江苏省苏州市与浙江省嘉兴市的水污染纠纷就是典型例子。20世纪90年代以来，江浙交界的水质逐年恶化，上游苏州盛泽镇发展纺织印染业，其污水流入与嘉兴市的界河麻溪港，导致嘉兴市水域水环境污染。两地在国家和上级部门的协调下进行多次协商未果，进一步导致2001年11月的"零点事件"，嘉兴市北部长期受污染损失严重的渔民以沉船筑坝方式拦截苏州市南部排放的污水，引起国务院、水利部和环保总局的高度重视②。2007年5月发生的太湖蓝藻事件，在太湖的梅梁湾和贡湖湾交界的贡湖水厂发生取水口水源水污染，蓝藻及其腐烂衍生污染物被认为是导致此次水污染的主要原因。由于贡湖水厂是无锡市的主要供水水源，此次水污染导致无锡市70%的水厂水质、约200万人生活饮用水供应受影响，同样受影响的还有无锡下游及周边地区。由此可见，水污染问题是导致流域内地方政府矛盾的重要原因。

二是流域水资源开发利用问题。流域中水资源同时供应给多个使用主体，为了合理利用水资源，水资源利用主体应该在上下游之间确定合适的取水量以保证流域的健康稳定状态，也就是确定用水权。但在实际情况中，我国缺乏明确的水权制度，水资源统一归国家所有，导致流域水资源过度利用。例如，20世纪90年代，河北省密云水库的水资源大部分供应给北京，虽然三分之二的流域在河北省，但考虑

---

① 李光武. 外溢性公共品供给博弈分析及供给方式选择：以跨界污染治理为例 [J]. 地方财政研究, 2017 (7)：57-62.

② 施祖麟，毕亮亮. 我国跨行政区河流域水污染治理管理机制的研究：以江浙边界水污染治理为例 [J]. 中国人口·资源与环境, 2007 (3)：3-9.

到北京城市规模的不断扩大，对水资源的需求量大，河北省为此付出巨大代价，包括生态保护和治理、改变农作物种植布局等。随着国家对流域管理事务的日益重视，目前我国的七大流域均设有流域管理机构，制定了流域规划，一定程度上起到了协调的作用，但在规划实际实施中存在执行不严、监督不力的状况。例如，淮河流域覆盖总面积2.7万平方公里，横跨四省份，包括河南、安徽、山东和江苏的36个城市和189个县，流域内大约1.65亿居民，人口密度为每平方公里615人。由于降雨分布不均，干旱和洪水泛滥经常发生，水量分配和流动控制一直是水资源综合管理的重要任务。[①]

由于在水污染治理和水资源开发利用等方面存在较多矛盾和冲突，流域内地方政府间的关系较多表现为竞争性利益关系，具有分配型和共建型合作的特征。一方面，流域内水资源总量以及河湖纳污容量是有限的，地方取用水以及向河流排污存在明显的竞争性，一方取用水量或排污量更多就会导致其他各方的取用水量和排污量更少，具有分配型合作的特征；另一方面，流域内地方政府需要共同承担流域水资源可持续发展的任务，共同投资防洪减灾等水安全基础设施，又具有共建型合作的特征。在这种竞争性利益关系的情况下，流域内地方政府合作的风险很高。分配型合作的风险主要是公共池塘等公共资源的过度利用问题，如果缺乏明确的产权界定，水资源就会被过度使用，水环境也将受到严重影响；而共建型合作则面临搭便车和机会主义风险等问题，各方都希望对方投入更多的努力来改善水环境和保障水安全，但是自身却有可能存在机会主义行为。当面临较高的合作风险时，流域内地方政府合作的交易成本也会十分高昂。主要表现为：

一是信息成本。为了顺利开展合作，流域内的地方政府首先要获得必要的信息以确定一个好的合作伙伴。当信息不完善且信息资源有限时，以反复试验的方式寻找其他可信的合作伙伴是非常低效率的。所以，信息成本的存在会降低地方政府合作的潜在收益。为了获取流域内部利益相关者以及未来的合作者的信息，需要地方政府付出更多努力来协调利益主体的行动。

---

① 水利部淮河水利委员会．淮河流域基本情况［EB/OL］．http：//www. hrc. gov. cn/main/lyjs. jhtml.

二是谈判和协商成本。即交易双方为消除分歧而进行谈判和协商而产生的成本。在实际的流域合作治理中，地方政府之间存在经济实力或政治地位不对等的情况，当行政主体拥有相对完整的信息时，即使合作双方可以就方案达成一致，在成本或收益的分担方面也可能会难以形成共识。地方政府通过谈判和协调为本辖区争取有利的谈判结果，同时，谈判和协调的结果也会受到地方政府实力差别的影响。在考虑到合作的公平性因素的情况下，有些地方政府并不愿意与实力更强的地方政府合作。这些因素都会对合作的达成产生影响。

三是监督成本。为避免出现某一方违约的情况，地方政府只有在取得合作方的可信承诺后才能继续合作，以降低合作风险，否则如果一方或多方不遵守协议，就容易发生道德风险。为了保障合作的顺利实施，需要对合作方的投入和努力情况进行监督，从而带来监督成本。地方政府对于合作的偏好有可能随着时间而产生分歧，导致合作协议的预期收益发生改变，增加地方政府背信的风险。此外，地方政府对于协议的理解可能存在差异，如果保障地方政府合作的法律法规不够完备，就会提高监督成本。

三、我国流域水资源综合管理的纵向机构嵌入式治理机制选择

根据前述分析，流域水资源综合管理面临着较高的合作风险与高昂的交易成本，在这种情况下，中央政府应采取相对刚性的干预手段介入流域治理。一方面，流域水资源综合治理要求中央政府发挥统一管理的职责，在流域管理中承担应有责任；另一方面，流域水资源管理要求承认行政区域在水资源管理中的作用，回应地方政府的利益诉求。同时，流域水资源管理也需要从不同流域的自然特征和自身实际出发，提出不同的治理机制安排。

我国的水资源治理采取的是流域管理与行政区域管理相结合的管理体制，这种管理体制是将流域管理机构"嵌入"流域水资源管理

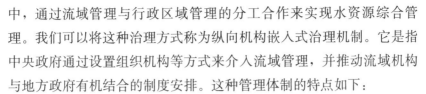

中，通过流域管理与行政区域管理的分工合作来实现水资源综合管理。我们可以将这种治理方式称为纵向机构嵌入式治理机制。它是指中央政府通过设置组织机构等方式来介入流域管理，并推动流域机构与地方政府有机结合的制度安排。这种管理体制的特点如下：

一是体现了中央的统一管理与地方分级管理的有机统一。国务院水行政主管部门负责全国水资源的统一管理和监督工作，县级以上地方人民政府水行政主管部门按照规定的权限，负责本行政区域内水资源的统一管理和监督工作。这种制度安排有助于发挥中央和地方两个积极性，共同承担水资源管理的责任。

二是中央通过设置流域管理机构的方式介入流域具体水资源管理事务。国务院水行政主管部门在国家确定的重要江河、湖泊设立的流域管理机构，在所管辖的范围内行使法律、行政法规规定的和国务院水行政主管部门授予的水资源管理和监督职责。这种制度安排能更好地贯彻中央水资源的治水战略，并根据不同流域特点探索不同的治理模式，流域管理与行政区域管理分工合作，共同提高水资源管理的有效性。

三是流域管理机构承担着流域水资源综合管理的职责，避免了分部门管理所导致的部门割裂问题，有助于流域水资源统一规划和管理。

从府际管理网络角度来看，流域管理机构处于网络结构洞的位置，成为沟通中央政府与地方政府、各行业主管部门以及地方政府间关系的纽带。我们可以将流域内的地方政府和职能部门分别视为具有稳定结构的子网络系统。省、市、县、乡各层次政府之间由于存在下级政府对上级政府负责的特征，而形成了明确的利益、权力、财政和行政关系。国家职能部门内部机构由于具有共同的隶属关系和相对明确的机构分工，其关系网络的特征也比较清晰。然而，从流域府际关系网络整体来看，地方政府之间、国家职能部门之间的联结关系并不明确，因此，在地方政府子网络之间、国家职能部门子网络之间存在明显的结构洞。根据社会网络理论，如果网络中存在结构洞，那么处于结构洞位置上的组织就能够获得主导整个网络行动的能力。随着流域水事活动的增多，跨界水污染问题、水资源跨区域调配等问题已经超出单个组织自身能力的范围，无法依靠地方政府自身能力得以解决。同样地，职能部门也需要与其他部门通力合作，才能达到预期的治理目标。在这种情况下，流域管理机构作为衔接各方的组织，就成为弥补结构洞的关键环节。流域管理机构与国家职能部门及流域内的地方政府的关系如图 6-1 所示。

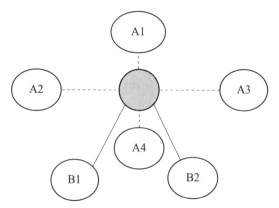

图 6-1　流域水资源管理中的府际关系网络

注：阴影部分代表流域管理机构，A1，A2，A3，A4 代表职能部门，B1，B2 代表地方政府。虚线表示流域管理机构与职能部门之间的协调关系，实线代表流域管理机构与地方政府之间的协调关系。

从图中可以看出：

（1）流域管理机构是我国《水法》规定的在所辖流域范围内行使法律、行政法规和水利部授予的水资源管理和监督职责的法定机构。作为水利部的派出机构，它需要与其他部门密切协作和配合。例如在水污染治理中与生态环境部合作，在城市供水保障方面与住房城乡建设部合作，在农田水利方面与农业农村部合作等。流域管理机构负责流域水资源统一管理，因此，可以将涉水部门联结起来，推动水资源相关职能的综合管理。

（2）流域管理机构具有联结流域内地方政府子网络的作用。地方政府具有相对独立的利益倾向，同时，水事活动的外部性也对地方政府之间的合作提出新的要求。流域管理机构的统一管理可以将具有独立利益的子网络联结起来，实现流域水资源管理与区域经济社会发展的有效衔接。这种联结不仅避免了地方政府各自为政所导致的水资源管理的割裂状态，也为区域公共管理问题的解决提供了可能的途径。

第三节 流域管理机构的性质及其与流域内地方政府的关系

 一、流域管理机构的职能定位与运行机制

流域管理机构是水利部根据流域问题的需要而在流域内设立的水行政主管部门。它代表水利部在其管辖的流域内行使水行政管理权，是具有行政权的事业单位。为了便于解决流域问题，实现流域有效治理，我国在新中国成立初期就着手组建流域管理机构，并于 20 世纪完成了在主要的七大流域均设立流域管理机构的工作。至 2022 年，我国在七大流域设立的流域管理机构分别是：长江水利委员会、黄河水利委员会、淮河水利委员会、海河水利委员会、珠江水利委员会、松辽水利委员会和太湖流域管理局。七大流域管理机构基本情况如表 6-2 所示。

表 6-2 七大流域管理机构基本情况表（2018 年）

流域管理机构	成立年份	驻地	流域面积（万平方公里）	覆盖的行政区	流域内人口（亿人）	编制内员工数（人）
黄河水利委员会	1949	河南省郑州市	79.5	青海、四川、甘肃、宁夏、内蒙古、陕西、山西、河南、山东 9 个省区	1.07	—
淮河水利委员会	1949	安徽省蚌埠市	27	湖北、河南、安徽、山东、江苏五省 40 个地（市）	1.65	710
长江水利委员会	1950	湖北省武汉市	180.7	青海、西藏、四川、云南、重庆、湖北、湖南、江西、安徽、江苏、上海 11 个省（区、市），支流延伸至贵州、甘肃、陕西、河南、广西、广东、浙江、福建 8 个省区的部分地区，总计 19 个省级行政区	4	—

续表

流域管理机构	成立年份	驻地	流域面积（万平方公里）	覆盖的行政区	流域内人口（亿人）	编制内员工数（人）
珠江水利委员会	1979	广东省广州市	45.2	云南、贵州、广西、广东、湖南、江西、福建、海南 8 个省区及香港、澳门两个特别行政区	1.78（未计入香港、澳门和海南）	664
海河水利委员会	1980	天津市	31.82	北京、天津、河北、山西、河南、山东、内蒙古	1.06	478
松辽水利委员会	1982	吉林省长春市	124.92	辽宁、吉林、黑龙江、内蒙古东部的四盟（市）、河北部分地区	1.16	860
太湖流域管理局	1984	上海市	24.5	江苏、上海、浙江、福建、安徽部分地区	1.42	220

资料来源：各流域管理机构官网及其年度公报.

　　流域管理机构不受地方政府领导，而是直属于水利部的派出机构。派出机构是由政府的工作部门根据需要在一定行政区域内设置的派出组织，是行政机关为更好地实现其对国家事务和社会事务的管理而设立的。我国水利部、自然资源部、生态环境部等部门根据管理目标的需要均设置了派出机构。流域管理机构的组织机构设置是一种对等分权的大区制的体现，即按流域设置而不是按行政区域划分，在流域内拥有垂直管理系统与地方部门管理系统两套组织体系的机构。

　　根据水利部的三定方案以及《水法》的规定，流域管理机构在所管辖的区域内开展规划协调、流域开发与水污染治理等方面的工作。同时根据具体的流域情况分为省级的流域管理机构与省级以下的地方流域管理机构。省级以下的流域管理机构行政隶属于覆盖所在省的流域管理机构，同时接受省级政府的管理。另外，生态环境部在七大流域设置了生态环境督察管理局作为生态环境部的派出机构，主要负责流域生态环境监管和行政执法相关工作，同时规定了在流域实行生态环境部和水利部双重领导、以生态环境部为主的管理体制。三定方案明确提出我国在流域管理中由水利部门派出的流域管理机构和生态环境部派出的生态环境督察管理局进行协同治理，以督察管理局为主。流域管理机构在所管辖的区域内进行规划协调、流域开发与水污染治理等工作，生态环境督察管理局主要负责流域监管和行政执法相关工作，职能分工较为明确。流域管理机构和生态环境督察管理局作为具有跨区域性协调职能的组织机构，代表了我国在解决跨域问题中通过部门派出机构嵌入的方式来协调部门和区域利益博弈的治理类型，其运作机制十分具有中国特色。

我国的水资源管理采取流域管理与行政区域管理相结合的管理体制。《水法》在水资源管理体制上强化了水资源的流域管理，明确了流域管理机构的法律地位，确定了管理的原则是以流域为单元对水资源实行统一规划、统一配置、统一监督。但是由于跨域合作的难度较大，流域管理涉及的问题十分复杂，流域管理机构只能承担流域管理职能，实际工作中还需要与地方政府配合行动。在行政区域管理方面，主要由地方政府负责本行政区域内水资源开发、利用、保护等有关工作，地方水利部门负责水资源的监督工作。在我国的行政体制下，相关政府部门受条块结合的领导，例如省水利厅不仅受到省级政府的领导和监督，也要接受水利部的业务指导。在权力配置方面，流域管理机构作为派出机构具有政策执行权，而地方政府除拥有上级部门的政策执行权外，还拥有政策决策权。也就是说，流域管理机构虽然有相关政策的执行权，但涉及地方行政区域内事务时，地方政府拥有最终的决策权，而地方政府更倾向于从本辖区利益出发进行决策。根据以上职能划分可以看出，在流域管理中，流域管理机构与地方政府部门之间存在一定的机构与部门职责交叉情况，如何协调流域管理机构与地方政府的关系是流域水资源综合管理的重要课题。

流域管理机构在国家的行政体系中是隶属于水利部的直属机构，具有一定的行政级别。我国的七大流域管理机构的行政层级并不相同。其中，长江水利委员会和黄河水利委员会的行政级别为副部级，行政级别较高，仅比省级政府（正部级）低一个级别。因此，长江水利委员会和黄河水利委员会对流域管理有较大的自主权。淮河水利委员会、海河水利委员会、珠江水利委员会、松辽水利委员会和太湖流域管理局的行政级别均为正局级，与地市级政府同级（副省级城市除外）。在具体工作中，涉及流域规划等流域事务时，要同各级地方政府及相关部门积极协调沟通。由于受到地方政府制衡，流域管理机构更多发挥协调作用，而流域管理机构不同的行政级别和管理能力也会影响与地方协调的效果。七大流域管理机构的行政级别及内设机构情况如表6-3所示。

表6-3　七大流域管理机构的行政级别及内设机构情况表（2018年）

流域管理机构	机构设置数量			
	机关	单列机构	直属事业单位	企业
长江水利委员会（副部级）	14	长江流域水资源保护局（正局级）	4（正局级）＋9（副局级）＋1（正处级）	4
黄河水利委员会（副部级）	17	黄河流域水资源保护局（正局级）	7（正局级）＋7（副局级）	2
淮河水利委员会（正局级）	12	淮河流域水资源保护局（副局级）	1（正局级）＋2（副局级）＋6（正处级）	0
海河水利委员会（正局级）	14	海河流域水资源保护局（副局级）	4（正局级）＋1（副局级）＋7（正处级）	1
珠江水利委员会（正局级）	14	珠江流域水资源保护局（副局级）	1（部直管）＋6（正处级）	1（直属）＋1（委控股）＋2（代部管理及参股）
松辽水利委员会（正局级）	16	松辽流域水资源保护局（副局级）	1（部直管）＋8（正处级）	0
太湖流域管理局（正局级）	13	太湖流域水资源保护局（副局级）	1（副局级）＋4（正处级）	0

资料来源：各流域管理机构官网及其年度公报．

流域管理机构在处理流域管理事务时，多采用牵头联席会议等方式协调地方政府关系。如黄河水利委员会为推进黄河流域河长制工作，召开流域（片）省级河长制办公室联席会议，流域内省区相关负

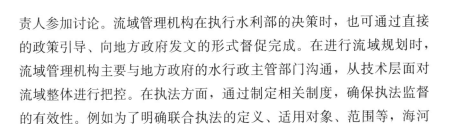

责人参加讨论。流域管理机构在执行水利部的决策时，也可通过直接的政策引导、向地方政府发文的形式督促完成。在进行流域规划时，流域管理机构主要与地方政府的水行政主管部门沟通，从技术层面对流域整体进行把控。在执法方面，通过制定相关制度，确保执法监督的有效性。例如为了明确联合执法的定义、适用对象、范围等，海河水利委员会协商在京津冀建立河流的联合执法制度等。

流域管理机构承担的职能主要包括：

一是协调与政策规划。编制规划是流域管理机构的主要职责。流域管理机构负责编制流域内相关综合规划、专业规划并进行监督，根据流域的实际情况因地制宜，不同流域规划的内容也相应有所调整。如长江水利委员会的规划工作包括编制长江流域水资源综合开发利用规划以及中下游、重点支流的河道整治规划，南水北调工程规划等。黄河水利委员会除了需要编制黄河流域水资源开发的综合规划和专项规划外，还负责黄河流域的水土流失区治理工作，编制多沙支流治理规划等。协调是流域管理机构的一项主要职责，设立机构也是为了协调不同行政区之间、不同部门之间的水利矛盾。

二是流域开发工作。流域开发工作包括工程建设管理及水利水电科技等事项，流域管理机构负责流域内水资源的开发利用、水利工程的开发维护等一系列技术性工作。这也是由水利部的部门性质决定的，体现了流域管理机构在流域管理中的专业性职能。

三是水资源管理及水资源节约与保护。流域管理机构拥有对流域水资源管理及水资源节约与保护的职责。水资源管理主要包括水量分配、水量调度等职责。流域管理机构在进行水量分配与调度时，会经过充分的调研、讨论，并最终通过审查出台计划。另外，水污染问题仍是当前流域内影响水环境安全的最大问题。由于流域的整体性，当水源地发生水污染问题时，其会影响到中下游的水质，对整个流域覆盖到的人民的生活产生重要影响。根据职责规定，流域管理机构在所辖流域内承担水源治理和水质监测的工作，并每年向社会发布流域内的水资源公报。

四是监督水安全。流域管理机构负责在流域内与地方政府共同防汛抗旱，同时要监督水安全，实施水文监测并定期发布报告，保证流域水文状况的稳定，从而保证流域内人民生产生活的正常进行。

五是流域内水行政执法工作。流域管理机构负责在流域内行使部分执法权力。在行政执法方面，流域管理机构与生态环境督察管理局是相互补充的关系。

六是水利部及上级部门交付的其他工作。流域管理机构须随时准备好执行水利部在特殊时期内下达的任务。如遭遇水旱灾害时，流域管理机构根据情况执行相关的应急保障任务。

 ## 二、流域管理机构与流域内地方政府的关系

流域管理机构与流域内地方政府的关系主要包括以下三个方面①。

1. 协调关系

流域管理机构在流域治理中承担着协调的职能。协调关系是流域管理与行政区域管理相结合的管理体系的最基本的关系，由二者的定位所决定。流域管理着眼于宏观和全局性问题，注重水资源的自然属性，而行政区域管理则比较微观，着眼于局部性问题，注重水资源的社会属性。流域管理机构实施流域水资源综合管理，保障流域水资源可持续利用，需要协调流域内地方政府之间的复杂关系。行政区域开发和保护水资源，保障经济社会可持续发展，也需要流域管理机构的统筹协调。

流域管理机构与流域内地方政府协调事项包括：流域综合规划、专业规划和专项规划的编制；流域性的水利政策法规拟订与实施；省际水事纠纷的调处；水资源综合科学调查与评价；省际水量分配方案和年度调度计划，以及旱情紧急情况下的水量调度预案的拟订和水量的统一调度；主要河流、河段的水文工作；水功能区的划分和向饮用水水源保护区等水域排污工作的控制；流域防汛抗旱；等等。

水事纠纷的调处是流域管理机构的重要工作，重点是省际水事纠

---

① 本部分内容参考和引用了以下研究报告的部分内容：水利部淮河水利委员会，水利部发展研究中心. 淮河流域与行政区域水行政管理事权划分研究报告［R］. 蚌埠：水利部淮河水利委员会，2006：96－98.

纷的调处。但是流域管理机构没有形成权威的民主决策和协商议事机制，对流域全局宏观决策、流域管理政策法规的制定，流域内不同地区、不同用水户及水资源的各种需求的协调，缺乏有效的管理体制。流域管理机构是水利部的派出机构，不属于国家行政序列，而是具有行政职能的事业单位，不具有完全的管理和处理流域有关水事务的自主权。流域管理机构主要依据相关法律、行政法规、部门规章及规范性文件，而行政区域在立法上比较灵活，出台的一些地方性水法规在法律效力上高于部门规章。上述因素导致流域管理机构的协调职能相对弱化，在协调具体事项时只能采取较为柔性的协商机制，或通过省际协商议事机构开展工作。例如，在太湖流域水环境综合治理中，水利部同江苏省、浙江省以及上海市人民政府成立了太湖综合治理水利工作协调小组，明确了各方的职责分工和相关安排，有利于解决合作主体间信息不对称等问题，对太湖流域的水环境治理起到十分积极的作用。

2. 分工合作与相互配合关系

流域管理涉及上下游、左右岸、干支流、城市与农村、流域与区域、开发与保护、建设与管理、近期与远期、水量与水质等诸多问题，需要流域管理与行政区域管理相结合，加强流域管理机构与地方水行政部门的合作。地方水行政部门主要负责辖区内具体事务的管理，当管理对象影响及受益范围、重要程度超出管辖区，地方水行政部门难以处理这些问题和矛盾时，就需要流域管理机构进行直接管理，从而形成流域与行政区域的分工关系。另外，地方水行政部门承担着水行政管理的具体业务，当一些业务涉及上下游、左右岸乃至整个流域的利益时，也需要流域管理机构的指导，以维护各方的利益。

我国《水法》规定，国家对水资源实行流域管理与行政区域管理相结合的管理体制，但是没有完全明确流域管理与行政区域管理如何结合、事权如何划分。在实际工作中，流域管理机构工作相对宏观，主要负责专业性的流域规划、流域水利工程的设计和维护、流域水环境监测、水量分配等职责；地方政府在流域事项的管理上则更为微观，专注于本行政区内的水质保护、水资源管理以及相关流域事项的配合。二者在流域管理一般事务的分工上较为明确，但是在涉及审批、发证、收费等行政权力和经济利益明显的领域，争议和矛盾比较多。例如，当涉及具体的江河湖库（如南四湖等）时，由于历史和现行体制方面的因素，流域管理与行政区域管理之间在发证和水资源费征收问题上争议比较大。随着我国水资源管理体制不断完善，这些问题目前正得到逐步解决。

流域管理机构与地方政府的合作事项主要包括：流域管理机构会同江河、湖泊所在地的地方政府水行政管理主管部门和有关部门编制跨省河流和湖泊流域综合规划、区域综合规划和防洪规划，拟定水功能区划，制定防御洪水方案，制定跨省的水量分配方案和旱情紧急情况下的水量调度预案，开展水土保持动态监测等。流域内大部分专业性的规划均由流域管理机构牵头制定。例如，长江水利委员会结合流域现状，联系流域内各地方政府水行政主管部门经过多次讨论交流，最终制定完成《长江流域（片）水资源保护规划（2016—2030 年）》，该规划的制定体现了流域管理机构的合作关系。

流域管理机构与地方政府的合作关系还体现在执法工作的配合上。水利部对流域管理机构的定位明确要求其承担《水法》《水污染防治法》等法律法规的组织实施和监督检查职责，同时《水法》第五十六条规定，不同行政区域之间发生水事纠纷的，应当协商处理；协商不成的，由上一级人民政府裁决，有关各方必须遵照执行。因此，在涉及流域跨界水事纠纷时，往往需要流域管理机构进行协调，并与各级政府共同解决。例如，长江水利委员会于 2016 年、2017 年连续两年召开丹江口水库水行政执法联席会议，总结相关的水行政执法工作情况并研究部署之后的工作，陕西、河南、湖北三省的地方政府代表积极交流经验，有力推动了丹江口水库协作治理。

3. 监督关系

流域管理是宏观尺度的管理，区域管理要服从、执行流域宏观管理。流域管理机构的监督职责包含在水资源开发利用、最严格水资源管理制度实施、节水型社会建设、河湖治理、水利工程建设与运行管理、水土保持、防汛抗旱、水政监察和水行政执法，以及重大政策实施等各个环节，是流域管理机构的主要职责。流域管理机构的监督有助于在流域管理中贯彻落实中央关于水利工作的方针政策以及水利部的工作部署，强化流域宏观规划、制度、政策和项目的组织实施与监督管理，也有助于加强地方水行政管理协调，促进地方政府水行政协同管理，是流域管理机构与地方政府关系的集中体现。

以黄河水利委员会的机构职能为例，其主要职责包括以下方面：

（1）负责保障流域内水资源的合理开发利用。组织编制并监督实施流域或流域内跨省（自治区、直辖市）江河湖泊的综合规划和有关专业、专项规划，依法依规开展有关评估、评价、审查工作。

（2）负责流域内生活、生产经营和生态环境用水的统筹和保障，统筹农业、工业、航运等用水需求。组织实施最严格水资源管理制度，依法实施流域范围内水资源的统一监督管理。负责黄河水量调度的组织实施和监督检查工作。按照规定或授权负责所管辖范围内取水许可制度的组织实施和监督管理，组织开展水资源论证、水资源调度等工作。

（3）按照规定或授权组织开展流域控制性水利项目、跨省（自治区、直辖市）重要水利项目与中央水利项目有关的前期工作，组织实施洪水影响评价类审批。

（4）根据国务院确定的部门职责分工，指导流域内水资源保护和水文工作。组织编制并实施流域水资源保护规划。指导河湖水生态保护与修复、河湖水系连通、地下水开发利用，以及地下水资源管理保护工作，组织实施河湖生态流量水量管理、保障工作。负责或指导水文水资源监测和水文站网的建设和管理。

（5）组织实施流域内节约用水工作。指导、监督流域内节水型社会建设工作，组织实施用水总量控制制度和用水效率控制制度，指导、监督计划用水和定额管理等制度实施。

（6）指导流域内江河湖泊及河口的治理、开发和保护。指导水利设施、水域及其岸线的管理、保护与综合利用有关工作。负责直管河道及授权河段河道采砂监督管理。根据授权负责河道管理范围内建设项目工程建设方案审批及监督管理有关工作。

（7）按照规定或授权指导监督流域内水利工程建设与运行管理。组织实施具有控制性的和跨省（自治区、直辖市）的重要水利工程建

设与运行管理有关工作。组织指导水利基础设施网络建设。

（8）负责或指导流域内水土保持监督管理工作。组织编制流域水土保持规划并监督实施，组织开展水土流失监测预报，指导水土流失综合防治。

（9）组织编制流域内洪水干旱灾害防治规划和防护标准并指导实施。承担水情旱情监测预警工作。按照规定和授权组织编制并实施流域及重要水工程的防御洪水、抗御旱灾调度以及应急水量调度方案。负责防御洪水应急抢险的技术支撑工作。负责承办黄河防汛抗旱总指挥部日常工作，负责流域内防汛抗旱协调指导和监督管理工作。

（10）组织指导流域内水行政监察和水行政执法工作，负责省际水事纠纷的调处工作。指导水利建设市场的监督管理，组织实施水利工程建设监督工作，指导水库、水电站大坝、农村水电站的安全监管。

（11）指导流域内农村水利及农村水能资源开发有关工作，指导农村饮水安全工程建设管理等有关工作。在授权范围内参与指导监督流域内大中型水利工程移民安置和水库移民后期扶持政策的实施。

（12）开展水利科技和外事工作。承办有关国际河流涉外事务。

（13）完成水利部交办的其他任务。

第四节　沂沭泗流域管理局案例研究

流域管理机构是流域水资源综合管理纵向机构嵌入式治理机制的主要方式。流域管理机构体现了中央对流域统一管理的治水方针，有利于贯彻中央政策意图，同时，流域管理机构又会对流域内地方政府合作产生积极影响。通过发挥其协调、指导和监督等职能，可以有效解决流域内地方政府间的水事纠纷和矛盾，促进流域内地方政府的合作。本节以沂沭泗流域管理局的设置及在调处流域内地方政府间水事纠纷中的作用为例，分析流域水资源综合管理纵向机构嵌入式治理机制的运行机理。

一、沂沭泗流域的环境变迁与水事纠纷

沂沭泗流域位于淮河流域东北部，北起沂蒙山，东临黄海，西至黄河右堤，南以废黄河与淮河水系为界，由沂河、沭河、泗运河三个水系组成。历史上沂沭泗河是淮河下游最大支流，现在沂沭泗水系已自成一体形成独立流域，与淮河干流水系以废黄河为界，与中运河、徐洪河和淮沭新河互联互通。沂沭泗流域面积 7.96 万平方公里，占淮河流域的 29％，行政区划跨江苏、山东、河南、安徽 4 省 15 个地市。

沂沭泗水系是淮河流域的重要组成部分，原本河道浚深，尾闾通畅，然而，在 1194 年至 1855 年间，黄河泛滥改道，侵泗入淮，打乱了水系，淤废了淮河下游及沂沭泗的干流河道，导致洪水漫流，灾害频繁。全国政协原副主席钱正英曾说过："沂沭泗流域面积不过 8 万平方公里，但是其河道变化的复杂情况，不但在全国，恐怕在世界也是少有的。在某种意义上，沂沭泗河道变化的历史也是中国江河治理历史的一个缩影。"[①]

沂沭泗水系的复杂性，使得沂沭泗流域成为我国水事纠纷多发地区。所谓水事纠纷，是指行政区、部门和用水单位在治水、用水、排水中出现的矛盾纠纷，还包括因水域界限变化、河道变迁引起的水域边界争端。水事纠纷的原因包括：河渠本身的模糊和不确定性、历史遗留问题、流域环境发生变化、水利工程或者水工设施的兴建改变流域环境等。沂沭泗流域的水利纠纷原因几乎包括了上述所有类型[②]。

在沂沭泗流域水事纠纷中，南四湖最为典型。南四湖是山东和江苏两省的界湖，是由昭阳湖、独山湖、微山湖、南阳湖等相连的湖泊组成，因在济宁以南，就有了与北五湖相对的南四湖之称，又以微山

---

① 郑大鹏．实践治水新思路 开创管理新局面：新中国成立以来沂沭泗流域水利治理综述［J］．治淮，2009（6）：7-10．

② 胡其伟．环境变迁与水利纠纷：以民国以来沂沭泗流域为例［M］．上海：上海交通大学出版社，2018：133-152．

湖面积最大，有时统称微山湖。微山湖是我国北方最大的淡水湖，面积1 226平方公里，周长550公里。其中山东与江苏接壤204公里，涉及山东省济宁市的微山、鱼台、金乡三县和江苏省徐州市的沛县、铜山、丰县三县。微山湖地区边界纠纷有近150年历史，矛盾的范围从湖田、湖产扩大到水利、交通、矿产，严重影响了当地经济发展和社会稳定①。

根据苏鲁两省1953年协议及1956年政务院批复，微山湖湖面归山东管辖，沿湖群众原以湖产为副业生产者，依其习惯不变。虽然微山湖名义上由微山县管辖，但是沛县等沿湖群众也有使用权，行政管理权和使用权的分离导致界线不清与权属不明。1995年启动的《中华人民共和国行政区划图》全国勘界，最终遗留三处省界未能勘定，其中之一就是苏鲁两省在微山湖地区的区划界线②。截至2001年，我国68条省级行政区域界线只有苏鲁边界微山湖段没有解决③。

1984年4月18日，国务院在北京召开了由田纪云副总理主持、苏鲁两省参加的微山湖工作会议，做出了"三个不变，一个小调整"的裁决。"三个不变"包括行政区划基本不变；水利统一管理不变；群众对湖田湖产现有经营权基本不变。"一个小调整"就是对湖产、湖田争议最大的问题，在行政区划上做些小的调整。中发〔1984〕11号文件、国发〔1984〕109号文件等分别对湖田湖产以及湖区管理进行调整，但两省争议纠纷依然不断。

二、沂沭泗流域管理局的设置及作用

1981年8月11日，水利部向国务院提交的《关于对南四湖和沂沭河水利工程进行统一管理的请示》认为，南四湖和沂沭河地区由于

① 淮委．化解水事矛盾 为构建省际边界和谐社会做贡献［EB/OL］．（2007－01－19）．http：//www．chinawater．com．cn/ztgz/hy/2007sz/2/200701/t20070119_123371.htm.
② 田雷．继往以为序章：中国宪法的制度展开［M］．桂林：广西师范大学出版社，2021.
③ 胡其伟．环境变迁与水利纠纷：以民国以来沂沭泗流域为例［M］．上海：上海交通大学出版社，2018：217－218.

多年来不断发生水利纠纷，影响该地区的安定团结和生产发展，对水利工程实行统一管理是很有必要的。该请示指出：20多年来，苏鲁两省边界附近的南四湖和沂沭河地区，水利矛盾不断发生，根本原因还是这个地区的水利问题关系到两省人民的切身利益，必须统一规划，统一管理，才能较好地处理各种矛盾；建议在治淮委员会领导下成立沂沭泗水利工程管理局，统一规划，统一计划，统一管理[①]。国务院〔1981〕148号文批转了水利部《关于对南四湖和沂沭河水利工程进行统一管理的请示》，批准成立沂沭泗水利工程管理局，对沂沭泗流域的主要河道、湖泊、控制性枢纽工程及水资源实行统一管理和调度使用。

1981年10月，沂沭泗水利工程管理局成立。1983年6月，南四湖水利管理处成立。1992年，沂沭泗水利工程管理局更名为沂沭泗水利管理局（以下简称沂沭泗局）。2003年，南四湖水利管理处更名为南四湖管理局。2012年批准的沂沭泗局"三定方案"明确，沂沭泗局是淮河水利委员会（以下简称淮委）在沂沭泗流域的水利管理机构，在所辖范围内行使水行政管理职责，为具有行政职能的事业单位，下辖南四湖、沂沭河、骆马湖三个管理局，直管河湖包括沂河、沭河、新沭河、韩庄运河、中运河等河道959公里，以及南四湖和骆马湖两个湖泊。

沂沭泗局成立40多年来，秉持"统一管理、团结治水"的工作方针，紧紧围绕治淮大局，深深扎根苏鲁大地，在水事纠纷调处、水旱灾害防御、水资源管理、河湖保护治理、工程建设管理方面开展了卓有成效的工作[②]。主要创新做法包括以下几个方面。

1. 探索"五联"工作机制

充分发挥流域机构统筹协调的作用，在实践中探索出"水事纠纷联处、防汛安全联保、水资源联调、非法采砂联打、河湖四乱联治"

① 郑胡根. 实施沂沭泗水资源统一管理的缘由与成效［J］. 治淮，2014（12）：11-12.

② 刘冬顺. 牢记治水初心 践行统管使命 奋力开创沂沭泗水利管理高质量发展新局面：写在沂沭泗水系统一管理40周年之际［J］. 治淮，2021（10）：4-7.

的"五联"工作机制。该机制的主要内容包括①：

（1）在水事纠纷联处方面，坚持团结治水、依法管水，将水资源利用、工程调度运行、涉河建设项目审批等省际涉水方面的矛盾基本都化解在基层。2007年，沂沭泗局下属的南四湖管理局被中央社会治安综合治理委员会办公室和水利部联合授予"全国调处水事纠纷创建平安边界先进集体"荣誉称号。同年3月，江苏徐州与山东济宁签订了《经济社会发展全面合作框架协议》，良好的边界水事关系拓展了湖区周边地市间合作空间。

（2）在防汛安全联保方面，1987年成立了由江苏徐州、山东济宁、沂沭泗局等组成的湖西大堤联防指挥部，负责湖西苏鲁省界地区防洪安全的联防联控，创新了工作机制。

（3）在湖水资源联调方面，积极协调地方政府化解跨省跨市调水难题，有效解决了地区生态、抗旱、航运等用水需求。

（4）在非法采砂联打方面，2006年，沂沭泗局协调成立了打击南四湖非法采砂工作协调领导小组，负责南四湖省际边界水域非法采砂的打击工作。领导小组每年定期召开会议，并开展了"闪电2007""曙光2008""亮剑2009"等一系列打击非法采砂专项行动。跨区域、跨部门的联合执法机制，在打击南四湖省际边界非法采砂中发挥了至关重要的作用。

（5）在河湖四乱联治方面，沂沭泗局主动搭建省际边界河长沟通平台，积极协调开展水利部"清四乱"、江苏省"两违三乱"、山东省"清河行动"等专项整治工作，有效解决了省际边界地区诸多管理难题及历史遗留问题。

2. 构建预防和调处水事矛盾工作机制

加强省际边界协调，签署省际水事协调工作规约，强化省际工作联络和相互监督，建立水事纠纷应急处置预案，完善省际边界自我监督约束机制，预防和化解水事矛盾。

（1）20世纪90年代初，邳苍郯新（邳县、苍山、郯城、新沂）四县政府一致同意建立以"例会交流、边界农田水利基本建设监督管

---

① 淮委沂沭泗水利管理局. 构建"五联"机制 百年恩怨化和谐［N］. 中国水利报，2020－06－24.

理、协商处理水事矛盾"为主要内容的边界协调制度，签订了《关于解决苏鲁两省邳苍郯新地区水利问题的协议》，解决了一些多年未解决的水利矛盾。

（2）1994 年，淮委和流域四省水行政主管部门共同签订《淮河流域省际水事协调工作规约》（1998 年和 2005 年先后两次对此规约进行了修订），建立由流域各省水行政主管部门有关负责人组成的淮河流域省际边界水事协调工作联络小组。流域四省互相监督、共同维护，化解了以前许多难以协调的水利矛盾，对预防和处理省际水事纠纷起到了积极作用。

（3）2005 年 12 月淮委发布的《淮河流域省际水事纠纷应急处置预案》，规定了流域机构和省级水行政主管部门预防和处置省际水事纠纷的工作机构及职责；对省际边界水事纠纷进行了分类，并针对分类规定了预案启动级别；规定了省际水事纠纷的预防、预测、预警制度，报告、响应、处置措施等。该文件对水事纠纷预防、通报情况、调查处理等做出规定，流域四省水行政主管部门间协调共同化解危机，取得了良好效果。

（4）河湖长制实施以来，淮委协调建立省级河长联席会议制度，合力推进河湖长制流域统筹与区域协作，实现河长制湖长制"有名""有实"。沂沭泗局成立河长制领导小组，与地方各级河长及河长制办公室对接，协同配合，全面融入地方各级河长制组织体系，协同推进各项工作。

3. 坚持流域统一规划、系统治理和科学调度

加强流域水利统一规划、科学规划是流域取得共识、促进团结的最大公约数；统筹建设、兼顾平衡，是落实规划、化解纠纷的工程条件；统一管理和调度是实现公平合理、保障各方利益诉求的有效保证[①]。沂沭泗局在淮委领导下，积极协调，做好规划、建设和管理调度，为解决流域水事纠纷提供了保障。

（1）编制边界水利规划，为解决水利矛盾提供科学依据。1992 年淮委组织苏鲁两省水利部门编制淮河流域省际边界矛盾重点敏感区

---

①　郑胡根. 实施沂沭泗水资源统一管理的缘由与成效［J］. 治淮，2014（12）：11-12.

《邳苍郯新地区水利规划》，在彻底解决该地区的省际边界水事纠纷方面取得良好效果。1998 年淮委又组织苏鲁两省编制《苏鲁边界绣针河下游省界段水利规划》。2005 年淮委组织完成了治淮工程建设规划。2006 年淮委牵头编制《全国省际重点水事矛盾敏感地区水利规划工作大纲》，为化解、调处省际边界水事矛盾提供科学依据。

（2）加强水利工程建设管理。沂沭泗流域治理经历了"导沭整沂""东调南下""东调南下续建"工程等发展阶段。通过东调南下一期工程、续建工程实施、病险水闸除险加固等，提升了南四湖、骆马湖等湖泊蓄洪能力，基本形成了主要河湖相通互联、控制性工程合理调蓄、拦分滞排功能兼备的防洪工程体系，为实施统一管理提供了工程基础条件。

（3）积极协调，加强调度，统筹兼顾上下游、左右岸、干支流地方利益。1992 年鲁南苏北遭遇大旱，沂沭泗局与江苏沛县协调，通过顺堤河送水到鱼台县，满足了该县用水需求。1994 年，苏北地区干旱，沂沭泗局利用二级坝从南四湖上级湖调水 1.2 亿立方米支援江苏抗旱。2002 年，南四湖遭遇百年一遇特大旱情，同年 12 月 28 日实施南四湖应急补水，挽救了南四湖的湖区生态。2014 年 8 月 5 日，再次对南四湖实施应急调水，湖区生态明显改善。在两次调水中，沂沭泗局主动配合调水方案制定和执行，同时对整个调水入湖过程及后续水资源管理进行监督，确保应急生态调水目标实现。

4. 加强直管河湖的河湖长制工作

沂沭泗局直管河湖包括沂河、沭河、新沭河、韩庄运河、中运河等河道 959 公里，南四湖和骆马湖 2 个湖泊，涉及江苏、山东、河南、安徽 4 省 15 个地（市）、77 个县（市、区）[①]。全面推行河湖长制以来，沂沭泗局积极融入地方河湖长制工作，参与河湖长制督导检查，协同属地开展专项清理行动，提高了协同治理效果。

（1）主动融入地方河湖长制工作。沂沭泗局积极参与直管河湖所在行政区域河湖长制工作，沂沭泗局及所属的各直属局、基层局均为流域省、市、县级河长制工作机构的成员单位。直管河湖共涉及省级

---

① 刘小勇，陈健，王佳怡. 加强中央直管河湖河湖长制工作对策研究：以沂沭泗水利管理局直管河湖为例 ［J］. 水利发展研究，2019（2）：1-4.

河长 6 位、市级河长 18 位、县级河长 46 位。主动参加地方河湖长制工作会议、方案制度讨论、河长巡河调研等工作，牵头组织编制完成山东境内南四湖、韩庄运河、沂河、沭河、新沭河等河湖综合整治方案，报省级总河长审定印发。

（2）开展问题调查摸底等基础工作，全面排查梳理"四乱"问题台账。2017 年河长制推行之后，沂沭泗局组织开展了直管河湖全面排查工作。各直属局、基层局出动管理技术人员 177 人次，前后历时 2 个多月，对直管河湖现状、存在的问题进行了拉网式排查。2019 年 1 月 25 日，沂沭泗局会同山东省水利厅等单位印发《关于进一步做好中央直管河湖"清四乱"相关工作的通知》，明确要求地方市县和中央直管河湖管理单位联合排查、共同确认直管河湖问题清单、清理成果和问题销号。

（3）参与河湖长制度督导检查等工作。沂沭泗局先后 14 次（21 人次）参加水利部和淮委对地方河长制工作的督导检查或暗访，参加 2017 年底水利部、环境保护部组织的中期评估工作，下发《关于加强直管河湖河长制湖长制有关工作的通知》，转发水利部《关于开展全国河湖"清四乱"专项行动的通知》，召开"清四乱"部署推进会，对直管河湖"清四乱"工作进行了进一步的要求和安排部署。

（4）合力开展河湖整治专项行动。在"清四乱"整治工作中，促进建立属地政府牵头、流域管理单位协同的流域区域协作机制。参与配合苏鲁两省专项清理行动，如山东省"清河行动"、环保督察清理行动，江苏省"治理三乱""两减六治三提升"专项行动等。2017 年共出动 768 人次配合地方清除违章建设项目 36 个，拆除违章搭建 600 余处，清除违章种植 1 200 余亩，清理违章养殖 106 处，清理违章堆放 110 余处，直管河湖的一些历史遗留问题得到了妥善解决。

三、案例研究启示

通过前述对沂沭泗流域管理局案例梳理，可以得出以下三个方面的启示。

1. 流域管理机构通过协调、分工合作与指导监督等职能推动流域水资源综合管理

沂沭泗局在淮委的领导下发挥着重要的协调作用。根据前述分析，流域管理机构处于地方政府子网络以及政府职能部门子网络的结构洞，起着联结属地政府间关系、涉水职能部门间关系以及条块关系的作用。沟通协调是流域管理机构的主要职能。在沂沭泗局案例中，为了调处省际边界水事纠纷，淮委和四省水行政主管部门签订了《淮河流域省际水事协调工作规约》，制定了《淮河流域省际水事纠纷应急处置预案》，牵头编制《邳苍郯新地区水利规划》《苏鲁边界绣针河下游省界段水利规划》，协调建立淮河流域省际边界水事协调工作联络小组、省级河长联席会议，充分体现流域管理机构在协调各方中所发挥的作用。实践表明，流域内各利益相关方加强沟通协调，有利于增加社会资本和各方信任，形成流域统筹管理和各方相互配合的协同治理格局。

流域管理机构与行政区域在流域治理中各有优劣势，通过分工合作可以放大协同治理效应，提高流域治理成效。流域管理机构侧重宏观方面的问题，专业性和系统性能力比较强，但是流域管理机构只是水利部的派出机构，不属于国家行政序列，不具有完全的管理和处理流域有关水事务的自主权。在本案例中，沂沭泗局属于淮委领导下的二级管理局，不享有淮委的完整权限，在执法过程中面临诸多障碍。而行政区域在立法上则比较灵活，行政执行能力也比较强。因此流域管理机构需要将自己的专业性与行政区域的执行力进行结合才能有效履行流域管理职责。例如在全面推行河湖长制过程中，流域管理机构主动融入地方河湖长制组织体系，侧重开展问题调查、摸清底数等基础工作，牵头制定河湖综合整治方案，配合地方开展专项清理行动，将流域管理与行政区域管理有机结合起来，提高了中央直管河湖整治力度。

流域管理机构还发挥着重要的监督管理职责。一方面，流域管理机构是国家水行政部门在流域上的"望远镜"，对行政区域管理负有指导监督职责。另一方面，流域管理机构作为河湖"代言人"，对流域河湖健康负有监管责任。例如，在全面推进河湖长制工作中，沂沭

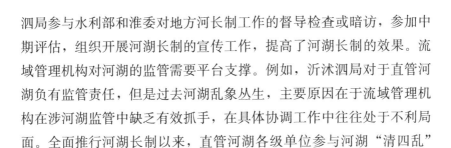

泗局参与水利部和淮委对地方河长制工作的督导检查或暗访，参加中期评估，组织开展河湖长制的宣传工作，提高了河湖长制的效果。流域管理机构对河湖的监管需要平台支撑。例如，沂沭泗局对于直管河湖负有监管责任，但是过去河湖乱象丛生，主要原因在于流域管理机构在涉河湖监管中缺乏有效抓手，在具体协调工作中往往处于不利局面。全面推行河湖长制以来，直管河湖各级单位参与河湖"清四乱"等工作，成为河湖真正的"代言人"。

2. 流域管理机构职能发挥既依赖于法律授权，也取决于主动作为搭建协作平台

流域管理机构要在流域水资源综合管理中发挥作用，需要依赖以下条件：

一是要有明确的法律法规授权。《水法》确立了国家对水资源实行流域管理与行政区域管理相结合的管理体制，明确了流域管理机构的法定职责。1981 年国务院 148 号文件明确，针对苏鲁两省边界附近的南四湖和沂沭河地区水利矛盾不断发生的情况，必须统一规划、统一管理。因此，沂沭泗局的设立具有法定性，目标是解决沂沭泗地区省际水利纠纷，路径和手段是沂沭泗统一管理，不仅包括工程项目的统一管理，也包括水资源的统一管理。

2022 年 5 月，水利部办公厅印发《关于强化流域管理机构河湖管理工作的通知》，从加强河湖长制统筹协调、强化水域岸线空间管控、抓好监督检查和考核评价、推进智慧河湖建设等方面，对流域管理机构承担的河湖管理职责任务进行了明确规定。该通知提出，流域管理机构要发挥流域省级河湖长联席会议机制作用，完善与省级河湖长制办公室协作机制，建立健全"河（湖）长＋"机制，如"河（湖）长＋警长""河（湖）长＋检察长"机制。这些规定为新时代流域管理机构工作提供了行政依据。

二是主动作为搭建协调平台。流域管理机构虽然具有法定授权，但是其作用的发挥取决于主动协调各方，构建水事矛盾调处和协商机制。在本案例中，沂沭泗局在淮委的领导下，针对沂沭泗地区水事矛盾调处形成了许多行之有效的协作机制，这些针对不同议题所形成的协商机制构成了利益相关方联系紧密的政策网络，有助于解决各类水

事纠纷。

除了联席会议、联络小组等相对柔性的协作机制外，流域管理机构还应主动融入河湖长制等具有明确责任链条的刚性协作机制。河湖长制是任务导向的责任制，依赖层级制传导责任，具有刚性工具的特点。流域管理机构融入地方河湖长制工作机制，按照省级总河湖长的布局，合力开展河湖整治，有助于提升河湖治理效果。

三是强化规划引领，加强工程管理和调度。沂沭泗流域水事矛盾突出的原因之一是缺乏有效的规划。编制规划是流域管理机构参与流域统一管理的重要职能。规划编制的过程也是各方协商参与的过程，科学的规划编制可以为处理流域水事纠纷提供科学依据，需要积极推进。除了编制规划之外，流域管理机构还应加强水利工程管理，强化水资源管理调度，通过工程技术手段为流域统筹管理提供基础条件。

四是强化执法能力建设。执法能力建设是流域管理机构履行职能的重要保障。1996年12月，淮委直属沂沭泗水政监察总队成立，为依法治水、维护流域水事秩序稳定创造了条件。在"清四乱"专项行动①中，沂沭泗局各级水政监察队伍落实"3＋3"水政工作机制，即"三级巡查"和"监控、巡查、通报"三项机制，实现水政监察"强监管"工作的常态化，在"清四乱"专项行动中发挥积极作用。

3. 调处流域水事纠纷的核心在于"一个预防、两个机制、三项措施"

在本案例中，沂沭泗局在水利部、淮委的领导和苏鲁两省的支持配合下，充分发挥流域机构统筹协调的作用，有效调处水事纠纷。其经验可以总结为"一个预防、两个机制、三项措施"。

首先，坚持预防为主、预防与调处相结合的方针。加大从源头上预防和化解水事纠纷的力度。在边界河流上建设水资源开发利用工程，必须符合经批准的水资源规划，严格按照《水法》的规定，报送共同的上一级人民政府水行政主管部门或者流域管理机构批准，切实维护相邻地区的合法权益，避免引发新的水事纠纷。加强水事纠纷排

---

① 2018年7月7日，水利部办公厅印发了《关于开展全国河湖"清四乱"专项行动的通知》，要求自2018年7月20日起，用1年时间，在全国范围内对乱占、乱采、乱堆、乱建等河湖管理保护突出问题开展专项清理整治行动。该通知明确中央直管河湖"清四乱"专项行动纳入属地职责范围，流域管理机构要主动配合。

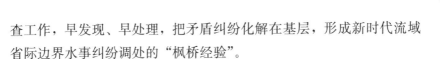

查工作，早发现、早处理，把矛盾纠纷化解在基层，形成新时代流域省际边界水事纠纷调处的"枫桥经验"。

其次，健全和完善两个机制。一是完善属地为主、条块结合的水事纠纷调处机制，强化地方政府主体责任，构建"政府负责、部门配合，齐抓共管、形成合力"的工作体系。二是完善水事纠纷调处的内部协调机制，建立和完善由水政机构牵头、各有关职能机构协调配合、共同调处水事纠纷的工作制度，建立健全归口管理、分工明确、措施到位、密切配合的水事纠纷调处工作机制，使化解水事纠纷的各项工作真正落到实处。

最后，着力落实好三项措施。一是编制好水事矛盾焦点地区的水利规划，为预防和处理水事纠纷提供依据和准则。二是建立稳定的水事纠纷调处工程建设投资渠道，按照中央和地方事权划分，落实中央和地方投资。三是落实水事纠纷调处责任制，将调处工作任务和责任层层分解，强化督查，落实奖惩，建立责任追究制度，扎实做好水事纠纷调处工作①。

---

① 陈雷. 妥善处理水事纠纷，促进社会和谐稳定：在全国调处水事纠纷创建平安边界表彰大会上的讲话［N］，中国水利报，2017－09－28.

第七章

我国区域大气污染治理中的
府际关系与机制选择

  区域大气污染是最为复杂的环境治理议题之一。我国大气污染区域性复合型特征明显,《重点区域大气污染防治"十二五"规划》显示,我国京津冀、长三角、珠三角等 13 个重点区域占国土面积的 14%,集中了近全国 48% 的人口,产生了 71% 的经济总量,消费了 52% 的煤炭,排放了 48% 的二氧化硫、51% 的氮氧化物、42% 的烟粉尘和约 50% 的挥发有机物,单位面积污染物排放强度是全国平均水平的 2.9～3.6 倍。大气污染具有典型的外溢性和无界化的特征,对我国现行以行政区划为边界的属地管理模式提出了巨大挑战,单靠地方政府的自发性行动无法有效解决区域复合型大气污染,必须加强区域大气污染联防联控,统筹解决区域大气环境突出问题。

  区域大气污染治理中的府际关系比较复杂。从纵向政府间关系来看,区域统筹治理与行政区分割之间存在矛盾和冲突,中央从国家全局角度提出区域治理目标,而地方政府则更多考虑大气污染治理与地方经济增长之间的权衡,中央与地方具有一定的相斥性利益关系。从横向政府间关系来看,由于大气污染治理涉及区域能源结构调整、淘汰落后产能和工艺、提高企业清洁生产水平、降低污染物排放强度等强制措施,必然会对地方利益产生影响,加之区域内行政区之间经济社会结构存在差异,区域大气污染治理对地方利益影响的分布不均匀,进而导致地方政府之间出现竞争性利益关系[1]。总体来看,区域

---

  ① 王红梅,邢华,魏仁科. 大气污染区域治理中的地方利益关系及其协调:以京津冀为例 [J]. 华东师范大学学报(哲学社会科学版),2016,48 (5):133-139,195.

大气污染治理的合作风险比较高，需要采取中央主导推动地方政府合作的模式，以更为刚性的政府工具介入区域治理。在实践中，主要采用设置领导机构、督促监督、考核奖惩等行政干预方式贯彻中央意志，督促地方开展区域联防联控。我们将这种中央以行政干预方式嵌入区域大气污染的治理模式称为纵向行政嵌入式治理机制。纵向干预不是替代地方政府作用，而是缓解合作中的沟通协调、利益分配与机会主义风险，降低交易成本，提升区域大气污染治理绩效。

本章对我国区域大气污染治理中的府际关系和纵向行政嵌入式治理机制选择进行研究。首先梳理了区域大气污染治理的缘起以及政策与实践的发展过程；其次分析了区域大气污染治理中的府际关系及合作风险，提出了纵向行政嵌入式治理机制选择的思路，分析了行政干预的类型与作用；最后对京津冀区域大气污染治理进行案例研究。

第一节 我国区域大气污染治理的政策与实践

一、我国区域大气污染治理的政策演变

大气污染是指由于人类活动或自然过程引起某些物质进入大气中，呈现出足够的浓度，达到足够的时间，并因此危害了人体的舒适、健康和福利或环境的现象①。其本质是通过复杂物理、化学和生物过程对人体本身及其所处的环境带来不利影响②。随着我国经济发展不断加快，大气污染问题也日益突出。

2005 年以来，酸雨、煤烟尘、PM2.5 和光化学污染开始在我国部分地区出现，成为我国区域治理的重要议题。当时，2008 年北京奥运会已进入筹备阶段，深入推进区域大气污染治理刻不容缓。2006

---

① 赵哲伟. 环境资源法学［M］. 北京：对外经济贸易大学出版社，2017：120.

② BILDE M, BARSANTI K, BOOTH M, et al. Saturation vapor pressures and transition enthalpies of low-volatility organic molecules of atmospheric relevance：from dicarboxylic acids to complex mixtures［J］. Chemical reviews，2015，115（10）：4115-4156.

年，为保证 2008 年北京奥运会期间的空气质量，经国务院批准，环保总局和北京市牵头，联合天津、河北、山西和内蒙古等省区市建立了涵盖京津冀地区的"北京奥运会空气质量保障工作协调小组"。这打开了区域大气污染治理的"机会之窗"。

同期，珠三角和长三角也开展了环境保护合作工作。2005 年 1 月，泛珠三角区域内福建、江西、湖南、广东、广西、海南、四川、贵州、云南九个省区和香港、澳门两个特别行政区（简称"9＋2"）签署《泛珠三角地区环保合作协议》，各方同意建立环保合作协调机制，不定期举行泛珠三角区域环境保护合作联席会议，建立专题工作小组，以及环境保护工作交流和情况通报制度。2008 年 12 月，沪苏浙共同签署《长江三角洲地区环境保护工作合作协议（2008—2010 年)》，建立两省一市环境保护合作联席会议制度，联席会议邀请环境保护部华东督查中心参加。这些环保合作虽然没有明确聚焦大气污染治理，但是为区域大气污染合作治理奠定了良好的制度基础，表明我国大气污染治理进入了以区域合作治理为基础、区域地方政府共同进行政策工具设计的新阶段①。

2010 年，环境保护部、国家发展改革委、科技部等九部委共同制定《关于推进大气污染联防联控工作改善区域空气质量的指导意见》。该意见提出，要以科学发展观为指导，以改善空气质量为目的，以增强区域环境保护合力为主线，以全面削减大气污染物排放为手段，建立统一规划、统一监测、统一监管、统一评估、统一协调的区域大气污染联防联控工作机制。坚持属地管理与区域联动相结合，提升区域大气污染防治整体水平。将京津冀、长三角和珠三角地区作为开展大气污染联防联控工作的重点区域，明确了联防联控的重点行业和重点污染物等内容。该意见还提出要建立区域大气污染联防联控的协调机制。在全国环境保护部际联席会议制度下，不定期召开由有关部门和相关地方人民政府参加的专题会议。这是中央开始介入区域大气污染治理，推动联防联控工作的重要标志。

2012 年 9 月，国务院批复了《重点区域大气污染防治"十二五"

---

① 赵新峰，袁宗威．区域大气污染治理中的政策工具：我国的实践历程与优化选择[J]．中国行政管理，2016（7）：107－114.

规划》。这是我国第一部综合性大气污染防治的规划，标志着我国大气污染防治工作逐步由以污染物总量控制为目标导向向以改善环境质量为目标导向转变。该规划指出，区域性复合型的大气环境问题给现行环境管理模式带来了巨大的挑战，仅从行政区划的角度考虑单个城市大气污染防治的管理模式已经难以有效解决当前愈加严重的大气污染问题，亟待探索建立一套全新的区域大气污染防治管理体系。北京奥运会、上海世博、广州亚运会空气质量保障工作，以及国际上区域空气质量管理的成功经验证明，实施统一规划、统一监测、统一监管、统一评估、统一协调的区域大气污染联防联控工作机制，是改善区域空气质量的有效途径。该规划明确了以二氧化硫、氮氧化物、工业烟粉尘、挥发性有机物等为主的多污染物协同控制，和以联席会议、联合执法、会商评价、信息共享、应急预警为内容的联防联控机制；进一步强化了联防联控与属地管理相结合的原则，并在一定程度上将区域大气污染治理的制度安排确定为纵向协调和横向协商相结合的形式①。

2013 年 1 月，我国出现大范围、跨省域、连续多天的雾霾天气，PM2.5 污染持续"爆表"，影响波及东北、华北、华中和四川盆地的大部分地区，最大影响面积 270 万平方公里，持续 11 天②。2014 年 2 月 19—27 日，我国再次出现大面积持续重污染天气过程，最大影响面积 181 万平方公里③。大气污染的严峻形势要求实施更加严格的治理政策，强化区域统筹和联防联控。

2013 年 9 月，国务院印发《大气污染防治行动计划》，将大气污染提升到战略高度。该行动计划指出，大气环境保护事关人民群众根本利益，事关经济持续健康发展，事关全面建成小康社会，事关实现中华民族伟大复兴的中国梦。该行动计划还明确要建立区域协作机制，统筹区域环境治理，具体如下：

一是建立区域协作机制。建立京津冀、长三角区域大气污染防治

① 锁利铭. 区域战略化、政策区域化与大气污染协同治理组织结构变迁［J］. 天津行政学院学报，2020，22（4）：55‐68.
② 王文兴，柴发合，任阵海，等. 新中国成立 70 年来我国大气污染防治历程、成就与经验［J］. 环境科学研究，2019，32（10）：1621‐1635.
③ 孙秀艳. 打响治霾攻坚战［N］. 人民日报，2014‐03‐04（6）.

协作机制，由区域内省级人民政府和国务院有关部门参加，协调解决区域突出环境问题，组织实施环评会商、联合执法、信息共享、预警应急等大气污染防治措施，通报区域大气污染防治工作进展，研究确定阶段性工作要求、工作重点和主要任务。

二是分解目标任务。国务院与各省（区、市）人民政府签订大气污染防治目标责任书，将目标任务分解落实到地方政府和企业。将重点区域的细颗粒物指标、非重点地区的可吸入颗粒物指标作为经济社会发展的约束性指标，构建以环境质量改善为核心的目标责任考核体系。

国务院制定考核办法，每年初对各省（区、市）上年度治理任务完成情况进行考核；2015 年进行中期评估，并依据评估情况调整治理任务；2017 年对行动计划实施情况进行终期考核。考核和评估结果经国务院同意后，向社会公布，并交由干部主管部门，按照《关于建立促进科学发展的党政领导班子和领导干部考核评价机制的意见》《地方党政领导班子和领导干部综合考核评价办法（试行）》《关于开展政府绩效管理试点工作的意见》等规定，作为对领导班子和领导干部综合考核评价的重要依据。

三是实行严格责任追究。对未通过年度考核的，由环保部门会同组织部门、监察机关等部门约谈省级人民政府及其相关部门有关负责人，提出整改意见，予以督促。

对因工作不力、履职缺位等而未能有效应对重污染天气的，以及干预、伪造监测数据和没有完成年度目标任务的，监察机关要依法依纪追究有关单位和人员的责任，环保部门要对有关地区和企业实施建设项目环评限批，取消国家授予的环境保护荣誉称号。

该行动计划正式将中央政府作为合作行动者纳入区域大气污染治理的过程中，构建了较为完善的区域协作机制，确定了区域内省级人民政府和国务院有关部门在京津冀、长三角区域大气防治协作中的作用。中央政府通过建立目标责任制，加强考核评估、实行责任追究等方式加强行政领导、行政监督和督察监察，强化属地责任，实现了区域协作与属地责任的有机协调。

2013 年 9 月，环境保护部、国家发展改革委、工业和信息化部等六部委联合印发了《京津冀及周边地区落实大气污染防治行动计划实施细则》。2014年，上海、浙江、江苏和安徽建立了长三角区域大气污染防治协作机制，并发布《长三角区域落实大气污染防治行动计划实施细则》。同年，珠三角区域各地制定了珠江三角洲区域大气重污染应急预案，签署了粤港澳区域大气污染联防联治合作协议书。

2015年8月修订的《大气污染防治法》规定，地方各级人民政府应当对本行政区域的大气环境质量负责，国务院环境保护主管部门会同国务院有关部门，按照国务院的规定，对省、自治区、直辖市大气环境质量改善目标、大气污染防治重点任务完成情况进行考核。此次修订的《大气污染防治法》明确了重点区域大气污染联合防治的法律规定。国家建立重点区域大气污染联防联控机制，统筹协调重点区域内大气污染防治工作。重点区域内有关省、自治区、直辖市人民政府应当确定牵头的地方人民政府，定期召开联席会议，按照统一规划、统一标准、统一监测、统一防治措施的要求，开展大气污染联合防治，落实大气污染防治目标责任。国务院环境保护主管部门应当加强指导、督促，确定了中央政府在建立和统筹协调重点区域大气污染联防联控机制及其工作中的法定地位。

2015年12月，北京、天津和河北环保部门签署了《京津冀区域环境保护率先突破合作框架协议》。该协议提出，三地将从立法、规划、监测、治污等多个方面实现联防联控，改善区域环境质量。

2017年是《大气污染防治行动计划》的收官之年，但京津冀的空气质量状况并不乐观。环境保护部发布的2017年1月重点区域和74个城市空气质量情况表明，京津冀区域13个城市平均空气质量优良天数比例为36.2%，远低于其他重点区域。在74个空气质量排名靠后的城市中，京津冀区域内的城市占6个。针对上述情况，环境保护部牵头制定了《京津冀及周边地区2017年大气污染防治工作方案》《京津冀及周边地区2017—2018年秋冬季大气污染综合治理攻坚行动方案》及6个配套文件①，其后每年出台攻坚行动方案，强力推动京津冀大气污染协同治理。

---

① 邢华，邢普耀. 大气污染纵向嵌入式治理的政策工具选择：以京津冀大气污染综合治理攻坚行动为例［J］. 中国特色社会主义研究，2018（3）：77-84.

2018年6月，国务院发布《打赢蓝天保卫战三年行动计划》，作为《大气污染防治行动计划》的后续政策。该三年行动计划提出，以京津冀及周边地区、长三角地区、汾渭平原等区域为重点，持续开展大气污染防治行动，坚决打赢蓝天保卫战。该三年行动计划还提出，建立完善区域大气污染防治协作机制。将京津冀及周边地区大气污染防治协作小组调整为京津冀及周边地区大气污染防治领导小组；建立汾渭平原大气污染防治协作机制，纳入京津冀及周边地区大气污染防治领导小组统筹领导；继续发挥长三角区域大气污染防治协作小组作用。相关协作机制负责研究审议区域大气污染防治实施方案、年度计划、目标、重大措施，以及区域重点产业发展规划、重大项目建设等事关大气污染防治工作的重要事项，部署区域重污染天气联合应对工作。另外，该三年行动计划还提出，建立中央大气污染防治专项资金安排与地方环境空气质量改善绩效联动机制，调动地方政府治理大气污染积极性。2021年2月25日，生态环境部举行例行新闻发布，宣布《打赢蓝天保卫战三年行动计划》圆满收官。

2010—2021年我国主要区域大气污染治理的政策法规见表7-1。

表7-1　2010—2021年我国主要区域大气污染治理政策法规

发布时间	名称	主要内容	发布方
2010年5月	《关于推进大气污染联防联控工作改善区域空气质量的指导意见》	明确提出要建立区域大气污染联防联控工作机制；将京津冀、长三角和珠三角地区视为联防联控工作的重点区域	环境保护部、国家发展改革委、科技部、工业和信息化部、财政部、住房城乡建设部、交通运输部、商务部、能源局
2012年12月	《重点区域大气污染防治"十二五"规划》	明确了多污染物协同控制；明确了联防联控机制的具体内容；确定纵向协调和横向协商相结合的形式	环境保护部、国家发展改革委、财政部
2013年9月	《大气污染防治行动计划》	将区域大气污染治理上升到极为重要和紧急的战略高度；正式将中央政府作为合作者纳入区域大气污染治理	国务院

续表

发布时间	名称	主要内容	发布方
2013年9月	《京津冀及周边地区落实大气污染防治行动计划实施细则》	对京津冀地区大气污染治理的主要目标和重点任务提出要求	环境保护部、国家发展改革委、工业和信息化部、财政部、住房城乡建设部、能源局
2014年1月	《长三角区域落实大气污染防治行动计划实施细则》	对当前和今后一个时期长三角区域大气污染防治重点工作进行协调和部署	上海市、浙江省、江苏省、安徽省
2014年1月	《珠江三角洲区域大气重污染应急预案》	对广东省区域大气重污染响应的组织体系、运行机制、应急保障、监督管理提出要求	广东省
2014年9月	《粤港澳区域大气污染联防联治合作协议书》	对推进三地大气污染联防联治合作，持续改善珠江三角洲地区空气质量提出要求	广东省、香港、澳门
2015年8月	《中华人民共和国大气污染防治法》（第二次修订）	确定了中央政府在建立和统筹协调重点区域大气污染联防联控机制及其工作中的法定地位	全国人大常委会
2015年12月	《京津冀区域环境保护率先突破合作框架协议》	在立法、规划、监测、治污等方面对京津冀区域环境联防联控提出要求	北京市、天津市、河北省三地环保部门
2016年6月	《京津冀大气污染防治强化措施（2016—2017年）》	在总体目标、工作重点、强化措施等方面对京津冀大气污染治理提出要求	环境保护部、北京市、天津市、河北省
2017年2月	《京津冀及周边地区2017年大气污染防治工作方案》	提出2017年京津冀及周边地区大气污染防治的实施范围、主要任务、保障措施	环境保护部、国家发展改革委、财政部、能源局、北京市、天津市、河北省、山西省、山东省、河南省
2018年6月	《打赢蓝天保卫战三年行动计划》	对精准施策、源头控制、长效机制等方面的要求进行了优化和提升；在大气环境质量上提出更高要求	国务院

续表

发布时间	名称	主要内容	发布方
2018—2021年	《京津冀及周边地区秋冬季大气污染综合治理攻坚行动方案》	在总体要求、重点任务、保障措施等方面提出要求（每年出台一次方案）	生态环境部、国家发展改革委、工业和信息化部、公安部、财政部、住房城乡建设部、交通运输部、商务部、市场监督管理总局、能源局、北京市、天津市、河北省、山西省、山东省、河南省
2018—2021年	《长三角地区秋冬季大气污染综合治理攻坚行动方案》	在总体要求、重点任务、联防联控、保障措施等方面提出要求（每年出台一次方案）	生态环境部、国家发展改革委、工业和信息化部、公安部、财政部、住房城乡建设部、交通运输部、商务部、市场监督管理总局、能源局、上海市、浙江省、江苏省、安徽省

二、我国区域大气污染治理实践发展

随着国家关于区域大气污染治理的法律、规划、各类行动计划和指导意见的不断出台，京津冀、长三角、珠三角等重点区域地方政府之间以及省部际的协同治理机制逐渐发展起来，推动了我国区域大气污染治理实践发展。

早在 2004 年，泛珠三角地区就已经建立起包含广东、福建、江西等九个省（区）和香港、澳门的泛珠三角区域环境保护合作联席会议制度，并在广东省环保厅设置了联席会议秘书处，共同商讨酸雨和二氧化硫污染的区域防范途径，建立泛珠三角区域环境监测网络和环境信息交换平台等。虽然当时国家还没有提出区域联防联控的概念，但泛珠三角地区已经开始采取联防联控的措施。

2008 年，长三角地区也建立了类似的联席会议制度。根据《长江三角洲地区环境保护工作合作协议》的要求，上海市、浙江省和江苏省共同建立环境保护合作联席会议制度，并设置办公室。联席会议的主要工作是制定长三角地区环境保护年度工作计划和推进合作协议内容的具体落实。

与泛珠三角和长三角地区相比，京津冀区域大气污染治理更具有纵向干预的特征。当时京津冀地区的区域大气污染治理的重点是为2008 年北京奥运会提供空气质量保障。2006 年，经国务院批准，北京市政府和环保总局牵头，联合天津、河北、山西、内蒙古成立"北京奥运会空气质量保障工作协调小组"，通过区域合作治理统筹解决大气污染问题。协调小组虽然只是为保证北京奥运会空气质量而建立的临时性组织机构，却打破了京津冀地区原有的大气污染治理属地管辖策略和权责分工，形成了具有一定行政管理职权的区域管理机构[1]。

2013 年，受持续大范围雾霾天气的影响，国务院印发《大气污染防治行动计划》，提出建立京津冀、长三角区域大气污染防治协作机制，由区域内省级人民政府和国务院有关部门参加。根据该行动计划的要求，京津冀和长三角分别建立了区域大气污染防治协作小组。其中，京津冀及周边地区大气污染防治协作小组由北京市、天津市、河北省、山西省等七个省（区、市）和环境保护部、国家发展改革委、工业和信息化部、财政部等八部委组成，采用联席会议的机制开展工作[2]。长三角区域大气污染防治协作小组由上海市、浙江省、江苏省、安徽省三省一市会同环境保护部、国家发展改革委等八部委建立组成，同样以联席会议的机制进行合作。协作小组具有"条块结合"的特点，体现了地方政府与国家部委多元共同参与的多元协同治理，能够较高地契合大气污染治理所具有的区域性复合型特征[3]。与此同时，珠三角地区的区域大气污染治理实践更多依赖已经较为成熟的联席会

---

① 王清军. 区域大气污染治理体制：变革与发展［J］. 武汉大学学报（哲学社会科学版），2016，69（1）：112 - 121.

② 魏娜，孟庆国. 大气污染跨域协同治理的机制考察与制度逻辑：基于京津冀的协同实践［J］. 中国软科学，2018（10）：79 - 92.

③ 同①.

议制度，表现为珠三角内部城市之间多个层面的合作协议，例如《粤港澳区域大气污染联防联治合作协议书》《深莞惠大气污染防治合作协议》《深莞惠经济圈（3+2）大气污染联防联控工作机制协议》等。

协作小组的建立为更为细致的大气污染治理措施的出台提供了条件，有助于推动重点区域大气污染联防联控的常态化发展。2015年11月，京津冀三省市的环保部门召开京津冀环境执法与环境应急联动工作机制联席会议，确立了京津冀执法联动机制。三省市还共同编制了《京津冀及周边地区大气污染防治中长期规划》，明确了区域大气污染治理的目标、原则和措施。在协作小组的基础上，长三角地区成立了空气质量预测预报中心、大气污染防治协作专家小组、大气复合污染成因与防治重点实验室等，为长三角区域大气污染治理提供预测、研判和技术支持。除此之外，协作小组还发布工作指导和建议，为区域大气污染治理提供专业技术支持，例如《长三角区域大气污染防治协作2015年重点工作建议》等。

随着区域大气污染治理进入攻坚阶段，《打赢蓝天保卫战三年行动计划》提出进一步完善区域大气污染防治协作机制，将京津冀及周边地区大气污染防治协作小组调整为京津冀及周边地区大气污染防治领导小组。2018年7月，京津冀及周边地区大气污染防治领导小组成立。领导小组由国务院副总理担任组长，生态环境部部长、北京市市长、天津市市长、河北省省长担任副组长，国务院相关部委和地方政府负责人为成员。领导小组办公室设在生态环境部，承担领导小组日常工作。办公室主任由生态环境部副部长兼任，成员为领导小组成员所在单位有关司局级负责同志。协作小组调整为领导小组提高了领导小组的行政领导能力，小组行政级别的跃升使得京津冀大气污染治理直接进入战略层面，可以为合作争取更多的资源[①]。此次调整也使得小组由非正式的协调组织转变为正式的领导组织，工作方式更为常态化，提高了京津冀区域大气污染治理效能。2018年9月，生态环境部大气环境司加挂京津冀及周边地区大气环境管理局的牌子，该管理局成为全国首个跨区域大气污染治理行政管理职能部门。

---

① 锁利铭.区域战略化、政策区域化与大气污染协同治理组织结构变迁［J］.天津行政学院学报，2020，22（4）：55-68.

　　《打赢蓝天保卫战三年行动计划》提出，继续发挥长三角区域大气污染防治协作小组的作用，因此长三角没有建立类似京津冀的领导小组和区域行政机构。2018 年，长三角成立区域合作办公室，作为上海市、浙江省、江苏省和安徽省三省一市共同设立的跨行政区域的常设机构，意在通过行政化的常设机构解决跨省公共事务的合作问题，为长三角区域大气污染治理提供更为便捷的平台。2021 年 5 月 21 日，区域大气、水污染协作小组正式调整为长三角区域生态环境保护协作小组，上海市委书记任组长，生态环境部部长任副组长，推动长三角区域全方位的生态环境保护协作工作。

　　2004—2020 年我国主要区域大气污染治理的实践发展情况见表 7-2。

表 7-2　2004—2020 年我国主要区域大气污染治理实践发展

启动时间	区域大气污染治理机制	主要职能	参与方
2004 年 7 月	泛珠三角区域环境保护合作联席会议机制	共同商讨酸雨和二氧化硫污染的区域防范途径；建立泛珠三角区域环境监测网络和环境信息交换平台	福建省、江西省、湖南省、广东省、广西壮族自治区、海南省、四川省、贵州省、云南省、香港、澳门
2006 年 12 月	北京奥运会空气质量保障工作协调小组	为 2008 年北京奥运会期间的空气质量提供保障	环保总局、北京市、天津市、河北省、山西省、内蒙古自治区
2008 年 12 月	上海、浙江、江苏环境保护合作联席会议制度	制订长三角地区环境保护年度工作计划；推进合作协议内容的具体落实	上海市、浙江省、江苏省
2013 年 10 月	京津冀及周边地区大气污染防治协作小组	明确京津冀及周边地区区域大气污染治理的合作原则和工作制度	环境保护部、国家发展改革委、工业和信息化部、财政部、住房城乡建设部、交通运输部、气象局、能源局、北京市、天津市、河北省、山西省、山东省、河南省、内蒙古自治区

续表

启动时间	区域大气污染治理机制	主要职能	参与方
2014年1月	长三角区域大气污染防治协作小组	明确长三角区域大气污染防治协作的基本原则和基本职能	环境保护部、国家发展改革委、工业和信息化部、财政部、住房城乡建设部、交通运输部、气象局、能源局、上海市、浙江省、江苏省、安徽省
2015年11月	京津冀环境执法与环境应急联动工作机制联席会议	确立京津冀执法联动的机制，包括定期会商、联动执法、联合检查、联合督察、信息共享	北京市、天津市、河北省三省市的环保部门
2018年7月	京津冀及周边地区大气污染防治领导小组	组织推进区域大气污染联防联控工作；确定区域大气环境质量改善目标和重点任务，指导、督促、监督有关部门和地方落实，组织实施考评奖惩；组织制定重大政策措施，研究审议相关规划等文件；确定区域重污染天气应急联动相关政策措施	国务院、生态环境部、国家发展改革委、工业和信息化部、公安部、财政部、住房城乡建设部、交通运输部、气象局、能源局、北京市、天津市、河北省、山西省、山东省、河南省、内蒙古自治区
2018年1月	长三角区域合作办公室	跨行政区合作的常设机构，下设9个专项工作小组	上海市、浙江省、江苏省、安徽省
2018年9月	京津冀及周边地区大气环境管理局	全国首个跨区域大气污染治理行政管理职能部门	生态环境部
2021年5月	长三角区域生态环境保护协作小组	坚持"共商、共建、共治、共享"，推动长三角区域全方位的生态环境保护协作工作	上海市、浙江省、江苏省、安徽省

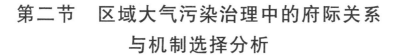

第二节　区域大气污染治理中的府际关系与机制选择分析

区域空气质量是一种公共物品，具有非竞争性和非排他性特征。良好的空气质量有赖于各方的共同投入，区域大气污染治理机制是指通过各方合作来提供区域物品的制度安排[①]。然而，由于在区域公共物品中存在搭便车和机会主义等问题，常常会出现合作风险和集体行动困境。大气污染问题是典型的"避害型"区域公共事务[②]，与共建经济区、合作规划和共同提供公共服务等存在互惠机会的区域公共事务不同，这类问题存在明确的利益受损方，如果不能补偿受损方的成本或解决利益受损问题，区域问题很难解决。因此，区域大气污染治理中存在着纵向政府间相斥性利益关系和横向政府间竞争性利益关系，需要通过中央政府以行政干预等较为刚性的政府工具推动地方政府协同治理。本节对我国区域大气污染治理的议题特征进行分析，探讨区域大气污染治理中府际关系及其合作风险，提出区域大气污染纵向行政嵌入式治理机制选择的思路。

 一、区域大气污染的议题特征

区域大气污染的议题特征是影响其区域合作风险的重要因素，可以从以下三个方面进行分析。

1. 自然条件特征

首先，大气污染具有空间外溢性。大气污染不存在地理条件上的

---

① 陈瑞莲，等.区域公共管理理论与实践研究［M］.北京：中国社会科学出版社，2008：45－50.

② 李辉，黄雅卓，徐美宵，等."避害型"府际合作何以可能?：基于京津冀大气污染联防联控的扎根理论研究［J］.公共管理学报，2020，17（4）：53－61，109，168.

限制，具有流动性、弥漫性和空间分布的不确定性，因此，仅依赖单一政府的属地管理模式很难真正解决区域大气污染问题。其次，大气污染溯源困难。相比水、土壤和固体废弃物的治理，大气污染涉及的污染物复杂，而且存在多种污染物并存、污染源叠加的现象。一般性的溯源性分析难以准确揭示污染源与大气污染之间的因果关系①。

2. 社会影响特征

大气污染对公众的健康和生活产生不利影响，属于重大民生性问题。公众对大气污染治理有很高的社会关注度，污染治理成效会影响公众对政府的信任，其影响具有战略性和全局性，同时也体现出一定的政治性。

3. 利益分配特征

首先，大气污染问题难以通过政府间服务购买予以解决。大气污染治理的效益是空气质量改善，这种效益具有无形性、综合性和长期性，难以直接转化为货币价值②，大气污染治理的成本难以在合作方之间进行分担。其次，大气污染治理需要地方政府在环境治理与经济增长之间进行权衡。大气污染问题与地方经济和产业发展密切相关，追求更高经济增长的地区一般会产生更多的污染排放③，对地方利益产生不利影响。另外，地方经济发展存在异质性，地方政府会在环境保护投入和责任分担方面存在分歧。

4. 环境治理特征

由于大气污染具有流动性、无界性和扩散性，大气污染治理出现资产专用性不足和治理绩效难以测量等特征④。一方面，大气污染空间分布的不确定性，使得区域内很难建立起稳定的合作关系，专用性合作关系资本比较低。另一方面，大气污染治理绩效可测量性较低，

---

① 徐骏. 雾霾跨域治理法治化的困境及其出路：以 G20 峰会空气质量保障协作为例 [J]. 理论与改革，2017 (1)：38 - 43.

② LEE T, PAIK W. Asymmetric barriers in atmospheric politics of transboundary air pollution: a case of particulate matter (PM) cooperation between China and South Korea [J]. International environmental agreements: politics, law and economics, 2020, 20 (1)：123 - 140.

③ HARRIS P G, LEE T. Compliance with climate change agreements: the constraints of consumption [J]. International environmental agreements: politics, law and economics, 2017, 17 (6)：779 - 794.

④ 锁利铭，阚艳秋，李雪. 制度性集体行动、领域差异与府际协作治理 [J]. 公共管理与政策评论，2020, 9 (4)：3 - 14.

监督合作过程和衡量合作结果存在难度①。

二、我国区域大气污染治理中的府际关系及其合作风险

1. 区域大气污染治理中的府际关系

从 2010 年以来，我国大气污染问题日益突出，引起了社会的广泛关注。针对《人民日报》中大气污染的话语分析发现，2011 年后"雾霾"一词逐渐频繁地出现在《人民日报》刊登的文章当中②（见表 7-3）。针对这种情况，中央领导高度重视，多次对大气污染问题做出重要批示，表达了中央强力治污的明确态度。

表 7-3 1946—2016 年《人民日报》刊载包含"雾霾"内容的文章数量

	1946—2010 年	2011 年	2012 年	2013 年	2014 年	2015 年	2016 年 1—6 月
文章数量	23	9	28	466	455	274	144

资料来源：ZHANG X. The reemerging concern over air pollution in China：the smog of the state's efforts to guide public opinion [J] . Journal of Chinese political science，2018，23 (4)：519-536.

中央政府介入区域大气污染治理的原因主要是两个方面：一是区域大气污染治理具有较强的外溢性，本质上是跨界公共事务，属于中央事权范围。中央出于国家全局发展的战略考量，统筹协调加以解决。二是区域大气污染治理与经济社会发展和公众利益密切相关，涉及基本民生事务，具有一定的政治性。环境治理质量会影响公众对政府的信任。在大气污染的影响下，公众对政府的信任可能受到负面影响③，而

---

① ANDREW S A, HAWKINS C V. Regional cooperation and multilateral agreements in the provision of public safety [J] . The American review of public administration，2013，43 (4)：460-475.

② ZHANG X. The reemerging concern over air pollution in China：the smog of the state's efforts to guide public opinion [J] . Journal of Chinese political science，2018，23 (4)：519-536.

③ FLATØ H. Trust is in the air：pollution and Chinese citizens' attitudes towards local，regional and central levels of government [J] . Journal of Chinese governance，2022，7 (2)：180-211.

积极的环境治理则有助于提高公众信任。有学者认为，我国的环境治理在保持经济增长的同时缓解了社会的不稳定，巩固了党的执政地位①。对于理性的中央政府来说，无论是基于环境事务还是基于政府信任的考量，都会倾向于采取严格的大气污染治理行动。

地方政府面临的激励结构与中央政府有很大差异，主要体现在地方政府的意愿和能力两个方面。首先，地方政府治理大气污染的意愿不足。地方政府需要贯彻中央的方针政策和决策部署，但同时也要为辖区的经济社会发展负责。当中央的政策取向与当地发展情况不够匹配时，地方政府的政策优先级选择就显得尤为重要。在经济增长优先导向下，即使中央实施了严格的环境保护政策和惩罚措施，地方政府仍有可能以牺牲环境来发展当地经济②。其次，地方政府面临能力短板。在中央环境保护意图明确的情况下，由于地方政府政策制定水平有限、环境治理观念落后，中央意图与地方实践之间可能出现"鸿沟"，在大气污染治理中采取"一刀切"政策③。例如，重化工业的产业结构、以煤炭为主的能源结构和以私家车为主的交通结构，是京津冀区域大气污染的主要原因，在这种经济社会结构没有发生根本改变的情况下，只能通过行政压力体制来改变地方政府的意愿，而这种压力有可能导致地方政府的短期行为，对地方经济社会发展产生不利影响④。

区域大气污染治理属于典型的"避害型"合作议题，地方政府间的合作更多是针对矛盾和现实问题的被动回应，起点是区域公共问题的压力传导⑤。在该类合作中，地方政府之间不易在合作中找到共同的利益点，对成本的分担存在较大的分歧。地方政府在区域大气污染

① WANG A L. Symbolic legitmacy and Chinese environmental reform [J]. Environmental law，2018，48（4）：699－760.

② VAN ROOIJ B，ZHU Q，NA L，et al. Centralizing trends and pollution law enforcement in China [J]. The China quarterly，2017，231：583－606.

③ KOSTKA G，NAHM J. Central-local relations：recentralization and environmental governance in China [J]. The China quarterly，2017，231：567－582.

④ 邢华，邢普耀，姚洋涛. 京津冀区域大气污染的纵向嵌入式治理机制研究：交易成本的视角 [J]. 天津行政学院学报，2019，21（1）：3－11.

⑤ 李辉，徐美宵，黄雅卓. 如何推开"避害型"府际合作的门？：基于京津冀大气污染联防联控的过程追踪 [J]. 公共管理评论，2021，3（2）：47－67.

政策、技术和指标等方面存在博弈关系。在治理指标方面，例如，根据《京津冀及周边地区落实大气污染防治行动计划实施细则》，到2017年，北京、天津、河北 PM2.5 浓度要在 2012 年基础上下降25％左右，对钢铁、水泥等高耗能、高污染行业发展严格控制。但是，据统计，2015 年天津和北京的第二产业比重均在 45％以上，煤电、钢铁和石化等产业比重较高，在重点行业污染治理方面要承担更大压力。尤其是到 2017 年钢铁产能削减 6 000 万吨，压减粗钢产能6 726万吨等指标要求，使河北钢铁企业面临大面积停产关闭的境地[①]。在治理目标方面，各地经济发展水平、区域功能定位不同，致使在区域合作治理过程中存在目标不一致的现象，这加剧了协同治理的难度。在污染源解析方面，各地污染来源有很大差异，清楚解析大气污染的原因及其运动规律比较困难。另外，地方政府需要针对其境内的工业源、面源、移动源污染进行严格管控，包括但不限于关停污染企业、限制施工环境、限制超标排放车辆等，这会对经济发展产生较大影响。

综上可见，在区域大气污染治理中纵向政府间呈现相斥性利益关系，而横向政府间呈现竞争性利益关系，合作风险比较高。中央希望地方通过制定减排政策和实施严格的环保措施以改善区域环境质量，而地方则往往较多考虑经济发展目标。在传统工业化发展模式下，经济增长与环境保护之间存在较多矛盾。即使中央政府已经将发展战略转向绿色发展和生态文明建设，地方政府囿于惯性、自身利益诉求和治理能力，也经常会强调经济发展目标而直接或间接地忽视环境保护要求，由此导致中央与地方之间以及地方政府之间的利益冲突。

2. 区域大气污染治理府际关系中的合作风险

区域大气污染治理中复杂的议题特征和府际关系导致较高的沟通协调、利益分配和机会主义风险，其主要体现在三个方面：

一是地方政府缺乏治理大气污染的内在激励。我国目前地方官员政绩考核制度仍以经济指标为主，环保指标激励相对比较弱，地方官员在考虑贯彻上级意图时，会展开围绕 GDP 增长的"晋升锦标赛"，

① 王红梅，邢华，魏仁科. 大气污染区域治理中的地方利益关系及其协调：以京津冀为例［J］. 华东师范大学学报（哲学社会科学版），2016，48（5）：133－139，195.

而对于治理污染积极性不高。另外，大气污染治理手段多以关停"散乱污"企业为主，可能会影响地方经济增长，降低居民就业和收入水平，难以取得多数居民的支持。

二是地方政府的协作意愿不强。合作机制的构建涉及多个行政辖区的利益，各地区在政策偏好上存在差异，当区域内各地经济发展水平、人口规模、行政层级结构差异较大时，很难保证政府合作符合区域内所有地方的利益，从而降低地方政府参与大气污染协同治理的意愿。

三是地方政府协同治理实施难度较大。受到经济社会发展水平差异的影响，各地在环保治理方面承担着不同的责任。另外，各地污染治理中存在目标不一致的现象，污染来源有较大差异。因此各方在利益分配方面存在较多矛盾和冲突，同时在协议的执行方面也存在搭便车和机会主义风险，这些因素都会提高协同治理的难度。

三、我国区域大气污染的纵向行政嵌入式治理机制选择

大气污染具有扩散性、无边性、外部性等特点，传统政府模式由于科层制碎片化的弊端和行政边界的限制，难以在区域大气污染治理中发挥作用。单纯依靠地方政府合作可能会由于沟通协调、利益分配、监督执行等问题面临障碍，通过中央政府的纵向行政干预，推动地方政府开展区域联防联控，成为区域大气污染治理的现实选择。

根据前述分析，区域大气污染治理中存在着纵向政府间的相斥性利益关系以及横向政府间的竞争性利益关系，合作风险比较高。当大气污染引起广泛的社会关注，成为具有较强的战略性和全局性的议题后，中央政府开始介入构建区域协作治理机制。由于区域大气污染治理具有"避害型"公共事务的特征，地方政府只有在外部压力下才会被动参与到区域协作中来。因此，中央政府应采用行政干预等较为刚性的政府工具推动地方政府联防联控，实现区域协作与属地管理的结合。我们把这种中央政府通过行政干预介入区域大气污染治理，实现

纵向干预机制与横向协作机制有机配合的治理模式称为纵向行政嵌入式治理机制。在这种治理机制安排中，地方政府在中央政府干预下，根据地方实际情况协商建立联防联控的制度安排。纵向干预没有抑制地方政府的自主性合作，反而有机地嵌入区域大气污染治理，并为地方政府间合作提供了充分的制度空间，形成中央政府主导下的地方政府被动性合作模式。

区域大气污染纵向行政嵌入式治理机制选择的逻辑思路如图 7-1 所示。

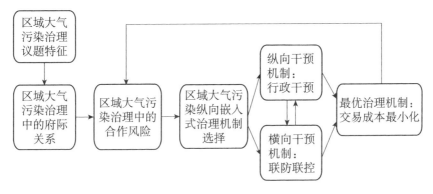

图 7-1　区域大气污染纵向行政嵌入式治理机制选择的逻辑思路

首先，区域大气污染治理的议题特征和府际关系导致高合作风险。大气污染具有空间外溢性，污染溯源困难，难以在合作方之间进行成本分担，而且污染治理专用性资产较低，绩效可测量性较差，这些使得地方政府间形成竞争性利益关系。另外，中央和地方在区域大气污染治理的目标约束和激励机构有较大差异，形成纵向政府间相斥性利益关系。这些因素导致区域大气污染治理具有较高合作风险。

其次，区域大气污染治理采用刚性的行政干预嵌入方式会降低交易成本。面临较高的合作风险时，地方政府自主性合作的交易成本会迅速上升，此时依靠中央政府以行政干预等刚性政府工具介入能够能够实现交易成本最小化。纵向干预机制依赖政府层级体制，机制自身的交易成本较高，但是在应对高合作风险时的交易成本要低于横向协作机制。

最后，纵向干预机制需要与横向协作机制相互配合才能取得最优效果。纵向行政嵌入式治理机制不同于中央主导的科层制治理，它将行政干预嵌入区域大气污染治理，意在通过压力体制的传导激发地方政府的内在动力，缓解合作风险，为构建区域联防联控提供法律、组织和机制保障，推动地方政府走向协调合作。

第三节　行政干预及其在区域大气污染治理中的作用

纵向行政嵌入式治理机制的目标是通过中央的行政干预推动地方开展联防联控，统筹推进区域大气污染治理。行政干预根植于我国纵向政府间层级体制，同时受到横向政府间协作关系的影响。行政干预的主要工具包括法律法规、议事协调机构、绩效评估、监督监察等。行政干预有助于更有效地发挥中央政府和地方政府的作用，降低协作治理的交易成本。本节对行政干预的性质、类型和作用进行分析，深入探讨纵向行政嵌入式治理机制运行机理。

一、行政干预的性质

行政干预是指中央以政治或行政手段介入区域协同治理，协调和推动地方政府间合作，以贯彻中央战略意图，实现区域协调与属地管理结合的治理模式。行政干预是纵向政府间公共行政关系的体现，同时也受到横向政府间关系的影响。

行政干预依靠自上而下的层级体系发挥作用，与联邦制国家相比，我国中央政府在处理跨行政区问题方面的效率更高[1]。这源于我国政治制度和行政体制优势。一方面，在我国单一制政府体制下，中央政府处于核心地位，可以基于层级系统的政治和行政压力将决策切实向下传导至地方政府，从而对地方政府行为产生影响。另一方面，

---

[1]　MOORE S M. Dilemmas of regional governance: sub-national territorial politics and river basin management in the USA, France, China, and India [D]. Oxford: University of Oxford, 2013.

我国地方政府在财政权和部分行政权力方面具有一定的自主性，可以实现纵向干预机制和横向协作机制的结合。

首先，中央集权的政治体制为行政干预提供制度基础。中央集权体制使得中央政府对地方政府有着相当大的控制力，从而产生环境权威主义①。在环境权威主义的影响下，中央政府总能够通过政治或经济激励让地方政府与中央保持一致，并执行中央环境政策。党的十八大以来，政治与环境目标结合更加紧密，环境治理力度进一步加大②。在环境治理中实行"党政同责、一岗双责"，提高了环境治理的成效。

其次，组织任命和绩效评估体系为行政干预提供内在激励。我国的地方政府官员，特别是省级政府官员的组织任命在很大程度上依赖于中央政府③。省级行政区党政领导班子换届选举或部分调整前要征求党中央和国务院的意见④。这种组织任命体系有助于地方官员形成执行中央决策的内在激励⑤。绩效评估体系将中央决策通过层层嵌套的行政网络落实到基层，提高了行政干预的有效性。

最后，层级政府体制为行政干预提供组织支撑。中央政府可以利用其在层级体制中的优势地位，协调地方政府行为，通过中心化的决策方式调解行动者面临的冲突或障碍⑥。同时，中央在层级体制中的优势地位还可以约束地方政府的机会主义倾向，提高合作治理绩效。中央政府还可以通过设置财政奖励等方式改变地方政府的预期净收益，推动地方政府参与区域大气污染协同治理。

纵向干预是纵向政府间行政领导关系、行政监督关系和行政合作

①　EATON S, KOSTKA G. What makes for good and bad neighbours? an emerging research agenda in the study of Chinese environmental politics [J]. Environmental politics, 2018, 27 (5): 782 - 803.

②　KOSTKA G, NAHM J. Central-local relations: recentralization and environmental governance in China [J]. The China quarterly, 2017, 231: 567 - 582.

③　ZENG Q. Party institutions and authoritarian power-sharing: evidence from China's provincial leader appointment [J]. Japanese journal of political science, 2018, 19 (2): 173 - 196; BULMAN D J, JAROS K A. Loyalists, localists, and legibility: the calibrated control of provincial leadership teams in China [J]. Politics & society, 2020, 48 (2): 199 - 234.

④　朱光磊. 当代中国政府过程 [M]. 天津: 天津人民出版社, 2008.

⑤　XU C. The fundamental institutions of China's reforms and development [J]. Journal of economic literature, 2011, 49 (4): 1076 - 1151.

⑥　MCNAMARA M. Unraveling the characteristics of mandated collaboration [M]. Advancing collaboration theory: models, typologies, and evidence, 2016: 65 - 86.

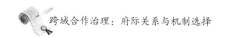

关系的体现。

从行政领导关系来看，我国中央政府和地方政府是领导与被领导关系，全国各级人民政府都是国务院统一领导下的国家行政机构，都服从国务院领导。行政领导关系遵循"上级领导下级，下级服从上级"的原则，中央的决策一旦做出，就需要地方政府执行。在面对具体的工作任务时，中央往往会采用目标责任制的方式对任务进行分解，并通过检查考核与激励分配等手段加以落实①。另外，中央对地方政府的领导还会通过中央部委加以实现。通过协作小组、领导小组等方式进行省部际合作也是行政领导关系的一种方式。

从行政监督关系来看，中央对地方的监察和督导有助于确保地方政府贯彻中央决策部署。行政监督通常采用督查、巡查等方式。其中督查着力推动工作落实，巡查着力解决突出问题。根据督查巡查结果进行问责，压实地方政府责任。近年来，国家监督体系深度嵌入政府治理中，强化了监督的激励效果。

从行政合作关系来看，区域大气污染治理任务需要由中央与地方合作完成。地方政府是污染治理的第一责任人，中央的决策部署需要地方加以落实，地方也需要参与到中央决策制定中来。

纵向干预受到横向政府间关系的影响。大气污染治理最终还是要靠地方政府间的协作才能取得长期效果。纵向干预需要立足于推动地方政府构建长期信任和协作机制，推动地方建立联防联控工作机制，实现统一规划、统一标准、统一环评、统一监测、统一执法目标。同时，要为地方政府搭建协作平台，通过条块结合、省部际合作，推动区域协同治理。

二、行政干预的类型

常用的行政干预类型主要包括制定法律法规、设立组织机构、开展绩效评估、实施监督监察等。

---

① 何艳玲，肖芸.问责总领：模糊性任务的完成与央地关系新内涵［J］.政治学研究，2021（3）：114-126，163-164.

1. 制定法律法规

法律法规是中央政府对地方政府行使行政领导的主要手段，在实际工作中表现为法律、规划、政策、决定、命令等。区域大气污染治理中综合运用了上述手段，强化中央对环境治理的领导。

一是修订发布《大气污染防治法》，明确地方各级人民政府对本行政区域的大气环境质量负责，明确国务院环境保护部门会同有关部门对各地环境保护重点任务完成情况进行考核，同时明确国家建立重点区域大气污染联防联控机制，重点区域确定牵头地方政府开展大气污染联合防治等。这些法律规定明确界定了中央政府和地方政府的职责，在法律上赋予重点区域大气污染联防联控机制的合法性，为区域协同治理提供了法律保障。

二是发布《重点区域大气污染防治"十二五"规划》，分析了重点区域大气污染问题的成因、大气污染防治管理模式的问题，指出建立区域大气污染防治管理体系的必要性，明确了统一规划、统一监测、统一监管、统一评估、统一协调的区域大气污染联防联控工作机制的主要思路和具体对策，为开展区域联防联控提供了方向和指引。

三是实施《大气污染防治行动计划》《打赢蓝天保卫战三年行动计划》等，提出建立区域协作机制，统筹环境治理的具体方案，要求建立京津冀、长三角大气污染防治协作机制，分解目标任务，实行严格责任追究等，明确了区域大气污染治理工作的内容。

四是由重点区域地方政府和国务院有关部门共同实施《京津冀及周边地区落实大气污染防治行动计划实施细则》《长三角区域落实大气污染防治行动计划实施细则》，制定《京津冀及周边地区秋冬季大气污染综合治理攻坚行动方案》《长三角秋冬季大气污染综合治理攻坚行动方案》等，推动行动计划落实见效。

2. 设立组织机构

区域大气污染协同治理需要相应组织机构提供保障。由于大气污染具有区域性复合型特征，仅依靠单个行政区自发性合作无法实现区域大气污染治理目标，需要建立地方政府与国家部委共同参与的多元协同治理机制。在原有行政体制基础上建立的协作小组/领导小组、区域管理机构成为各方沟通协调的平台，有助于区域大气污染治理的专业化和高效化。

一是建立重点区域大气污染防治协作小组，协调解决突出问题，组织实施联防联控，通报工作信息，确定工作任务等。协作小组由区域内省级人民政府和国务院有关部门参加，办公室设在牵头地方环保部门。例如京津冀及周边地区大气污染防治协作小组由北京、天津、河北、山西、山东、河南、内蒙古七省区市人民政府与环境保护部、国家发展改革委、工业和信息化部、财政部、住房城乡建设部、交通部、气象局、能源局八部委参与，办公室设在北京市环保局。

根据京津冀及周边地区大气污染治理形势，《打赢蓝天保卫战三年行动计划》将京津冀及周边地区大气污染防治协作小组调整为京津冀及周边地区大气污染防治领导小组，由国务院领导担任组长，进一步加强了议事协调的力度，体现了高位推动的特征。

有研究认为，协作小组或领导小组属于机动性纵向一体化议事协调机构，其特点在于实现了协调性和专业化的权衡，在保持成员单位独立的基础上提高了成员单位的协调程度，同时，机动性纵向一体化议事协调组织设置非常灵活，运行成本较低，有助于解决区域协调中的突出问题①。还有学者分析了牵头任务制中的部门合作逻辑，对于分析协作小组的运行机制也有一定的启发性②。

二是建立区域大气环境管理机构。2018年9月，生态环境部大气环境司加挂京津冀及周边地区大气环境管理局的牌子，成为全国首个跨区域大气污染治理行政机构。京津冀及周边地区大气环境管理局在管理职能上不同于我国已有的华北、华东、华南、西北、西南、东北六个环保督查中心，这六个环保督查中心是国家环保部门的派出机构，不具有完全的行政职能，而京津冀及周边地区大气环境管理局属于行政机构，具有明确的法定授权和监督协调权，有助于打破条块分割，实现环保机制联动。

我国在中央政府和省级政府之间没有建立跨区域的行政机构，在

---

① 鲁宇.议事协调机构设置的制度逻辑：基于外部比较与内部比较的双重视角 [J].中国行政管理，2022（2）：28–35.

② 马翔.牵头任务制中的部门合作逻辑：基于"放管服"改革案例的定性比较分析 [J].公共行政评论，2022，15（1）：89–109，198.

协调跨区域事务时主要采用省部际联席会议等机制，在解决突出协调问题时力度不够。早在 2015 年中央在制定"十三五"规划时就提出要"探索建立跨地区环保机构"。2017 年 5 月，中央全面深化改革领导小组第三十五次会议审议通过《跨地区环保机构试点方案》。京津冀及周边地区大气环境管理局的建立是跨区域环保机构设置的有益尝试。

3. 开展绩效评估

绩效评估是政府治理的重要工具，一般由确定目标任务、制定考核办法、实行责任追究等环节组成，体现了代表性、回应性与可问责性的公共价值观。在区域大气污染治理中，国务院与地方政府签订目标责任书，对任务实施情况进行考核，并进行责任追究，强化地方政府属地责任。

一是建立目标责任制。改革开放后，我国一方面实施"放权让利"改革，另一方面实施"行政发包"和属地化管理，通过确定目标任务和行政责任，促使地方政府强化政策执行和政绩意识，形成了目标责任模式，目标责任制以政府责任制和部门责任制为主，以专项工作责任制为补充，具有以经济增长为导向、逐层分解目标任务、责任与利益相链接、重大任务"一票否决"等特征，改变了以"总体性控制"为特征的纵向政府间关系，但也存在选择性偏向等问题①。在区域大气污染治理中，国务院通过目标责任制将目标任务落实到地方政府和企业，构建以环境质量改善为核心的责任考核体系。

二是考核评估。考核评估是构建目标责任制的重要环节，一般由中期评估和终期考核组成。根据中期评估结果动态调整治理任务，督促地方政府完成目标任务。考核和评估的结果可以向社会公布，以提高考核评估的效果。考核评估结果作为对领导班子和领导干部考核评价的重要依据。

三是责任追究。责任追究是强化目标责任制执行的重要保障，一般由相关业务部门会同组织部门、监察机关对未完成目标任务的相关责任人，通过约谈等方式予以惩戒。在《大气污染防治行动计划》

---

① 杨宏山. 超越目标管理：地方政府绩效管理展望［J］. 公共管理与政策评论，2017，6（1）：55-61.

中，还规定了对有关地区和企业实施建设项目环评限批、取消国家授予的环境保护荣誉称号等责任追究措施。

有学者认为，在面临确定性任务时，无论行政发包制、目标责任制、压力型体制还是锦标赛体制，都指向一个类似的组织过程，即中央政府通过在目标设定、检查验收、激励分配上制造确定性来推动任务的完成，中央政府通过制造确定性来实施对地方的管理，从而塑造了确定性任务下的"强目标设定＋弱检查验收＋正向激励分配"的治理模式①。

4. 实施监督监察

行政监督关系是纵向政府间公共行政关系的主要内容，一般包括督查、巡查等方式，目的是通过督查巡查激励工作，发现问题，促进工作落实。随着国家监督体系深度参与，在国务院行政监督之外，中央纪委国家监委等监察机关也参与监督监察，进一步压实了工作责任。

我国国家监察机关包括国务院下设的督查机关和审计机关以及中央纪委国家监委下设的监督检查机关和巡视机关。改革后的国家监督机关由中央统一领导，实行分级负责的垂直领导体制，即国办督查室、中央审计委员会、中央监察委员会、中央纪委领导各级地方机构工作，下级对上级监督机关负责，并直接将检查结果向上级机关报告，各级监督机构组织对本级政府或下级政府的监督。这种监督方式的转变改变了传统自上而下的检查方式，改由垂直向上负责的第三方监督机关负责。随着国家监督体系的政治责任监督职能越来越运用于任务完成过程，原有的检查验收上升为总领政府行政和任务完成全过程的政治权力，它被赋予全新的内涵，成为总领性的"问责权"，在模糊性任务下呈现"强问责＋弱目标设定＋反向激励分配"的特征②。

我国在重点区域大气污染治理中既设定了具有明确可量化指标的目标任务，又提出许多改善区域大气质量的综合性和模糊性任务，此时国家监督体系的深度嵌入对于任务的执行就显得十分重要。我国在

---

① 何艳玲，肖芸. 问责总领：模糊性任务的完成与央地关系新内涵 [J]. 政治学研究，2021（3）：114-126，163-164.

② 同①.

区域大气污染治理中将行政监督与中央环保督察相结合，形成了督察、交办、巡查、约谈、专项督察的"五步法"，对于强化地方政府问责发挥了重要作用。

三、行政干预的作用①

行政干预有助于降低区域大气污染协同治理的交易成本，主要体现在以下几个方面：

一是通过改变地方官员激励机制降低代理成本。行政干预强调通过监督、问责等手段，改变地方官员的激励机制，促使地方官员做出开展大气污染治理的承诺，以降低内部代理成本。一方面，要改变目标函数，增加正向激励；另一方面要加强问责，强化负向约束。在制定官员政绩考核标准时，将环保指标纳入进来，可以从正向激励角度提高地方官员环境治理的积极性。目前环保指标在地方官员晋升中的影响正在逐步加大②。地方政府官员作为理性人，当环境治理与晋升的激励具有较强的内在关联性时，就会更加努力采取措施加强环境治理。问责机制的构建是一种负向约束，它主要从问责和约束角度来降低交易成本。问责机制虽然属于事后监管，但对地方政府官员的行为会起到很大的威慑作用。通过改善绩效考核方式，坚持"党政同责、一岗双责"，强化督查问责和专项督察，可以有效降低内部代理成本，增加地方政府治理大气污染的积极性。

在晋升激励和问责威慑的双重作用下，地方政府官员采取行动进行环境治理的积极性将得以大幅提高。同时，这种激励作用还会倒逼地方政府和相关企业进行产业升级和技术革新，从而得以在进行大气污染治理的同时保持经济稳步发展。

二是建立区域大气污染协作机制以降低沟通协调成本。要使地方

---

① 本部分内容主要来自以下文献：邢华，邢普耀，姚洋涛. 京津冀区域大气污染的纵向嵌入式治理机制研究：交易成本的视角［J］. 天津行政学院学报，2019，21（1）：3－11.

② 黎文靖，郑曼妮. 空气污染的治理机制及其作用效果：来自地级市的经验数据［J］. 中国工业经济，2016（4）：93－109.

政府采取一致行动，就需要增大沟通和协调的力度，构建良好的利益协调机制。通过建立区域大气污染协作小组/领导小组等方式，以省部际合作以及行政领导的介入促进地方政府之间的利益协调，可以有效降低沟通协调成本。对于地方政府来说，有纵向干预介入的利益协商机制的构建可以有效减少区域协同治理中的沟通和协调障碍，充分体现各参与方的利益诉求，协调合作中出现的矛盾和冲突，形成良好的利益分配机制，提高各方参与合作的积极性。利益协调是区域大气污染治理的关键①，地方政府作为参与主体都有着自己的利益诉求，但这种利益诉求可能与其他参与方的诉求存在冲突。当参与者之间出现利益冲突时，协调的难度就会增加。当利益冲突难以通过一般的协调加以解决时，中央政府的介入就成为推动各方沟通和协调的必要前提。中央政府作为高位协调的主体，可以动用更多的资源来调停地方政府间的利益矛盾，构建协调平台，满足各方要求，从而提高地方政府参与协同治理的意愿。

三是设定区域大气污染治理任务清单以降低信息成本。要降低协同治理的难度，首先需要参与合作的地方政府有共同的信息基础，信息机制的建立是实现良好治理的重要基础和外在保障②。在行政干预下，区域可以通过统一发布大气污染来源解析、设定区域大气污染治理任务清单，为大气污染治理提供科学依据并指明方向，以降低信息成本。大气污染具有外溢性、无界化等特点，根据北京、天津、石家庄公布的大气污染来源解析结果可以看出，不同地区同类污染源排放分担率并不相同，而且各地的污染源也会对相邻区域造成影响，仅靠各个地方政府分别进行解析会造成分析报告"相互打架"、各地目标的确定产生偏差、部分参与者搭便车等问题，使协同治理信息成本过高。由中央政府组织专业机构在相关区域内进行大气污染来源解析，可以更好地明确污染物来源及组成，减少各个地方政府分别解析所带来的"碎片化"问题。

---

① 汪伟全. 空气污染的跨域合作治理研究：以北京地区为例 [J]. 公共管理学报，2014，11（1）：55-64，140.

② 张成福，李昊城，边晓慧. 跨域治理：模式、机制与困境 [J]. 中国行政管理，2012（3）：102-109.

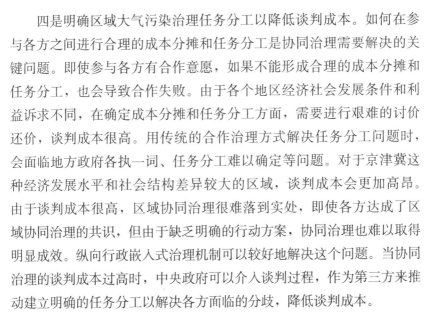

四是明确区域大气污染治理任务分工以降低谈判成本。如何在参与各方之间进行合理的成本分摊和任务分工是协同治理需要解决的关键问题。即使参与各方有合作意愿，如果不能形成合理的成本分摊和任务分工，也会导致合作失败。由于各个地区经济社会发展条件和利益诉求不同，在确定成本分摊和任务分工方面，需要进行艰难的讨价还价，谈判成本很高。用传统的合作治理方式解决任务分工问题时，会面临地方政府各执一词、任务分工难以确定等问题。对于京津冀这种经济发展水平和社会结构差异较大的区域，谈判成本会更加高昂。由于谈判成本很高，区域协同治理很难落到实处，即使各方达成了区域协同治理的共识，但由于缺乏明确的行动方案，协同治理也难以取得明显成效。纵向行政嵌入式治理机制可以较好地解决这个问题。当协同治理的谈判成本过高时，中央政府可以介入谈判过程，作为第三方来推动建立明确的任务分工以解决各方面临的分歧，降低谈判成本。

五是加强监测和巡查以降低监督成本。在区域大气污染治理过程中，中央政府可以通过完善监测网络覆盖、加强巡查和推动联合执法等手段，监督地方政府履行合作义务，提高地方政府背信的成本。对于地方政府来说，当其面临的信息有限、其他参与组织存在机会主义倾向时，制定出的政策就会面临较高的风险①。这种风险的存在使协同治理的监督成本大大增加，而单纯依靠地方政府自行监督或简单协作很难解决这种问题，因此可以采用纵向嵌入的方式来降低监督成本。中央政府需要建立完善的监测网络，以提高区域信息共享水平，增加地方政府瞒报漏报、背弃合作的成本，以减少其机会主义倾向。此外，地方政府之间也应该建立相应的联合执法机制以及统一的区域应急联动机制，配合完善的监测网络，做到"齐抓共管、多措并举"，着力强化协同治理的监督水平。

统一的大气污染来源解析，中央政府适时介入谈判过程，完善的监测、巡查和联合执法手段都可以在大气污染协同治理的过程中尽量减少各地方政府为完成共同目标所做的额外努力，使有限的人力、物力、财力更多投向污染治理领域，提高协同治理的效率，降低协同治

① BROWN T L, POTOSKI M. Transaction costs and contracting: the practitioner perspective [J]. Public performance & management review, 2005, 28 (3) 326-351.

理的实施难度。

第四节　京津冀及周边地区大气污染治理
案例研究①

一、案例背景

秋冬季节是大气污染问题频繁发生的时期，特别是在京津冀及周边地区，虽然经过多年的治理，但问题依旧严重。为做好京津冀及周边地区秋冬季大气污染治理工作，环境保护部、国家发展改革委、工业和信息化部等十部委以及北京、天津、河北等六省市人民政府联合发布了《京津冀及周边地区 2017—2018 年秋冬季大气污染综合治理攻坚行动方案》（简称《方案》），实施京津冀及周边地区秋冬季大气污染综合治理攻坚行动计划。《方案》的出台和攻坚行动计划的实施在一定程度上体现了纵向行政嵌入式治理机制的运用，其中所包含的许多举措都在不同层面起到了降低交易成本的作用。但是，攻坚行动具有临时性和"运动式治理"特点，因此也存在诸多问题。

二、攻坚行动中的纵向行政嵌入式治理的逻辑

1. 发挥京津冀及周边地区大气污染防治协作小组的作用，落实主体责任

《方案》提出"以北京、天津、河北、山西、山东、河南省（市）人民政府为责任主体，京津冀及周边地区大气污染防治协作小组协调推进，分解任务，落实责任，各有关部门严格按照职责分工落实任务

---

① 本节内容在以下文献基础上补充修改：邢华，邢普耀，姚洋涛．京津冀区域大气污染的纵向嵌入式治理机制研究：交易成本的视角［J］．天津行政学院学报，2019，21（1）：3－11．

要求"。可以看出，攻坚行动计划是一个由中央政府有关部门与地方政府紧密协作的多元协同治理机制。在这个行动中，京津冀及周边地区大气污染防治协作小组发挥了非常重要的作用，主要体现在利益协商、落实责任和协调行动三个方面。

首先，由中央政府介入组成的协作小组提供了良好的沟通和协调平台，有利于各参与方的利益协商，也为协调各参与方利益诉求差异提供了解决方案。京津冀及周边地区的地方政府可以依托这个平台，在贯彻国家战略的基础上，根据各地实际情况进行充分讨论和利益表达。当各方意见不一致时，中央可以进行协调。由于京津冀各地政治地位和经济社会发展水平存在较大差异，协同治理存在较高的沟通协调成本。协作小组等协调机制的构建，可以降低交易成本，激发地方合作意愿。

其次，协作小组有利于各方明确任务和责任，开展共同行动。《方案》提出，由协作小组负责分解任务，落实责任，有助于强化其在促进地方政府沟通和协调方面的作用；在利益协商的基础上明确地方政府的任务分工，也会使得各方的责任更加容易得到落实。《方案》不仅明确了各地方政府和有关部门的任务分工，还加强了对责任落实的监督考核，使得协作小组的工作有了比较具体的抓手，因此可以在攻坚行动计划中发挥积极作用。

最后，协作小组还促进了各方的交流协作。大气污染区域协同治理问题单纯依靠各部门自我界定责任难免会出现"多头管理""相互推诿"等问题，协作小组可以提供平台以增进各有关部门之间的相互沟通，并对难以达成一致的问题进行纵向协调，广泛动员各类治理资源参与到区域大气污染治理工作中来，有效降低协同治理的交易成本。

《方案》明确了 2017—2018 年攻坚行动中有关部门的职责分工，见表 7-4。

表 7-4　2017—2018 年攻坚行动中有关部门职责分工

部门	职责分工
环境保护部	统筹协调；会同有关部门对空气质量改善目标和重点任务完成情况进行考核；指导督促各地大气污染治理和重污染天气应对落实

续表

部门	职责分工
国家发展改革委	指导督促各地严格控制煤炭消费、制定清洁取暖价格政策等
工业和信息化部	会同环境保护部指导各地开展工业行业错峰生产
公安部	指导各地公安机关交管部门依法查处排放检验不合格的机动车上路行驶违法行为
财政部	落实中央大气污染防治专项资金支持、中央财政支持北方地区冬季清洁取暖试点工作
住房城乡建设部	指导各地加强扬尘污染治理、集中供暖等工作
交通运输部	指导各地对营运车辆超载、超限等问题进行检查；加快淘汰高排放的老旧船舶和港作机械；配合开展机动车遥感监测网络建设工作
工商总局	指导各地对加油站销售的车用油品质量进行监督检查；依法查处销售质量不合格油品违法行为
质检总局	指导各地开展车用油品、车用尿素生产企业的产品质量监督检查；指导各地按相关规定注销超出淘汰时限燃煤锅炉的使用登记证
国家能源局	指导北方地区冬季清洁取暖、电源气源和合格油品供应保障落实

资料来源：根据《京津冀及周边地区2017—2018年秋冬季大气污染综合治理攻坚行动方案》制作。

2. 做好大气污染来源解析，明确锁定污染源，以统一标准推进污染治理

大气污染来源解析与分类的精确程度直接影响大气污染治理的成效。京津冀及周边地区面临的污染问题具有一定的相似性，但碎片化的来源解析使得大气污染治理的标准各不相同，地方政府在污染的"地方问题"与"区域问题"的界定上存在差异。地方政府"各扫门前雪"，就会降低大气污染区域治理的效果。在传统的横向协同治理机制下，由于没有统一的大气污染来源解析信息渠道，地方政府合作的信息成本很高。在纵向行政嵌入式治理机制下，通过中央政府的介入，统一进行大气污染来源解析，明确锁定污染源，对污染来源进行统一分类，建立区域统一标准，可以起到降低交易成本的效果。

《方案》在大气污染来源统一解析的基础上将污染来源分为8类29项，其中涉及能源结构、产业结构、工业污染、煤炭污染、移动源、面源、生产与运输、取暖等（见表7-5），并在各个地方政府的具体任务分工中加以明确。中央政府通过明确锁定污染来源，以统一标准推进污染治理，不仅减少了因地方政府各自解析而带来的解析结果相互矛盾等问题，也避免了地方政府对污染来源分类不同而导致的任务分工难以确定等问题。此外，统一的分类标准还可以降低少数地方政府利用信息不对称的漏洞来搭便车的风险。

表 7-5　京津冀及周边地区大气污染来源分类

类别	细分
能源结构	燃煤
产业结构	"散乱污"企业、非首都功能企业、煤电机组、过剩产能
工业污染	高污染行业、挥发性有机化合物（VOCs）
煤炭污染	散煤、燃气锅炉、工业企业燃煤
移动源	重型柴油营运货车、老旧车、非道路移动机械、油品、油气、交通运输结构、新生产机动车、黑加油站、黄标车
面源	扬尘污染、秸秆燃烧、烟花爆竹、矿山、储售煤场
生产与运输	行业企业、物料运输
取暖	煤炭、锅炉

资料来源：根据《京津冀及周边地区 2017—2018 年秋冬季大气污染综合治理攻坚行动方案》制作。

3. 发挥行政干预在应对复杂任务分工中的作用，权衡各方利益，明确任务分担

京津冀及周边地区涉及地方政府主体较多、差异较大，各地方政府之间在进行任务分工和利益分配谈判时所耗费的成本也较高。当协作的公平性难以保证时，参与者有可能会拒绝收益较多者所提出的建议。在纵向行政嵌入式治理机制下，中央政府作为第三方与地方政府共同解决任务分工和利益分配问题，有助于降低交易成本，促成地方政府间的合作。

《方案》根据污染来源的分类及污染治理面临的问题类型，将治理任务分为 10 类 27 项，并提出了各地方政府的任务清单（见表 7-6）。其中，河北省涉及企业清理整治、减少过剩产能、相关行业改造与治理等 20 项任务，天津市涉及燃煤总量控制、企业清理整治、电力行业改造等 19 项任务，北京市涉及燃煤总量控制、企业清理整治、相关行业改造与治理等 17 项任务。此外，《方案》根据各地具体情况，提出了任务完成时限与相应的工程措施。

表 7-6　攻坚行动任务清单

任务类别	重点工作	主要涉及区域
能源结构调整	燃煤总量控制	北京、天津、山东
产业结构调整	企业清理整治	京津冀及周边地区
	减少过剩产能	河北、山西、河南
	电力行业改造	天津
工业深度治理	相关行业改造与治理	京津冀及周边地区
	排污许可	
清煤降炭	燃煤治理	北京
	锅炉改造	
移动源治理	车辆及机械治理	京津冀及周边地区
	燃料治理	京津冀及周边地区
	运输结构调整	天津、唐山、廊坊、沧州、邢台、邯郸、太原、聊城、郑州、开封、濮阳
	治理与监管	天津、河北、山西、山东、河南
	岸电建设	天津
面源治理	扬尘控制	京津冀及周边地区
	禁烧禁放	京津冀及周边地区
	矿山煤场整治	北京、河北、山西、山东、河南
错峰生产与运输	企业错峰生产	京津冀及周边地区
	错峰运输	
重污染天气应对	完善应急预案	京津冀及周边地区
	预报预警能力建设	
能力建设	具体来源解析	天津、河北、山西、山东、河南
	污染源排放清单编制	京津冀及周边地区
	监测与督察	北京、河北
	污染物传输研究	山西
清洁取暖	散煤、锅炉治理	天津、河北、山西、山东、河南
	集中供暖问题	河北、山西、山东、河南
	煤炭减量化	山西

资料来源：根据《京津冀及周边地区 2017—2018 年秋冬季大气污染综合治理攻坚行动方案》制作。

从任务清单来看，既有产业结构调整、工业深度治理等长期难以解决的"老大难"问题，也有错峰生产与运输、重污染天气应对等应急性问题，地方政府治理污染所面临的成本和压力非常大。如果单纯让地方政府之间就污染减排和应急预案的制定等问题进行讨价还价，必然会导致过高的交易成本。由中央政府介入进行协调，发挥纵向行

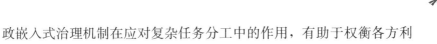

政嵌入式治理机制在应对复杂任务分工中的作用，有助于权衡各方利益，明确任务分担，降低谈判成本。

4. 建设完善的监测网络体系，强化监测和监督，促进信息共享

要完成《方案》所确定的任务分工，需要地方政府投入大量的人力、物力和财力，如果缺乏强有力的监测网络和监督机制，就会导致地方政府采取数据造假、"偷懒"等机会主义行为。《方案》提出，要建设完善的空气质量监测网络体系，到 2017 年 10 月底前，京津冀及周边地区 327 个区县全部建成空气质量自动监测站点，且每个县（市）建成 2 个以上，区建成 1 个以上，所有站点原始监测数据实时上传中国环境监测总站。各个地方政府做到了信息共享。

至 2022 年，各地已建立了在线监测类、监测管理类、综合性监测管理平台类 3 类共 7 种监测机制。其中在线监测类包括遥感监测、空气质量监测网络、大气微观监测站 3 种机制。每种机制仅发挥在线动态监测及上传的功能，不涉及数据分析、决策支持等管理功能，一般用于移动源监测、市级以下行政区监测。监测管理类包括小型趋势网、网格化精准监测、在线监测管理 3 种机制。每种机制在发挥动态监测功能的同时，也具有相应的数据分析、在线管理功能，可为政府决策提供技术支撑，已应用于京津冀及周边地区部分城市。综合性监测管理平台类包括"智慧环保"管理平台等，其不仅拥有动态监测、数据分析、在线管理等功能，还将移动源监管、环境移动执法、建筑施工远程监管、重点大气污染源监控等功能整合，融监测、预警、指挥、执法为一体，做到智慧治理、综合治理。

多层次监测网络体系的构建为京津冀及周边地区的地方政府提供了一个公开透明的信息共享及监测平台。通过建设强有力的监测和监督网络，减少了地方政府的机会主义行为。

5. 将强化督查与中央专项环保督察相结合，压实地方政府环保责任

过去由于我国地方政府的政绩考核较多考虑经济指标，环保考核力度较弱，对地方政府参与环境治理的激励不足。《方案》将强化督查与中央专项环保督察相结合，压实了地方政府环保责任。《方案》指出，要持续开展大气污染防治强化督查工作，采取督查、交办、巡查、约谈、专项督察"五步法"，进一步强化地方党委政府的主体

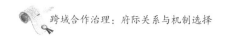
责任。

在督查及交办方面，环保部出台了相关强化督查方案：2017 年 11 月 10 日前重点对 28 个城市所有县（区）的治理任务进行督查；进入采暖季后，重点通过热点网格、高架源排放情况、"12369"环境举报热线等掌握的线索，调度督查组和各地环保部门对存在问题的区域和行业进行"双向反馈式"督查，并对督查组发现的问题通过发文的方式正式移交给地方政府处理。在巡查方面，环保部从其直属单位抽调人员组成巡查工作组，对环境问题整改情况进行核查并督查相关方案的各项任务措施落实情况，发现并督促解决新问题。在约谈及专项督察方面，巡查工作组针对巡查中发现的地方政府治理进度缓慢、整改不力等问题，约谈地方政府有关责任人，督促其尽快整改。对于仍无动于衷的地方政府责任人，将采取中央专项督察的方式，进行调查取证、移交移送，对相关责任人实施严肃问责。

"五步法"的开展是中央政府从行政嵌入到政治嵌入的一个过程，其嵌入强度逐渐提高，负向激励强度逐渐加大，增加了地方官员不作为、乱作为的成本，通过监督问责形成倒逼机制，使地方官员对环境负责，切实转变了地方政府所面临的激励约束条件。

三、结论与进一步讨论

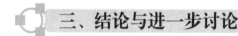

1. 结论

本节以京津冀及周边地区秋冬季大气污染综合治理行动计划为例，运用交易成本视角对京津冀及周边地区大气污染的纵向行政嵌入式治理机制进行案例研究，认为纵向行政嵌入式治理机制可以提供一条调动各类治理主体以实现多元治理的可行途径。其基本思想是，针对区域协同治理的代理成本、沟通成本、信息成本、谈判成本、监督成本等交易成本高昂的情况，中央政府策略性地介入区域大气污染治理中，以有效改变地方政府官员参与区域大气污染治理激励不足、合作意愿不强以及横向合作成本高昂等问题。在攻坚行动计划中采取的行之有效的措施，表明了这种机制的有效性。

对于深陷雾霾困境的京津冀及周边地区而言，能否找到有效的治理机制是区域大气污染治理能否取得良好效果的关键。在我国传统政府体制下，单纯依靠地方政府横向协同面临很高的交易成本，地方政府横向协同治理面临诸多困境。在纵向行政嵌入式治理机制下，中央政府可以从改变地方官员考核方式、建立区域大气污染治理协商机制、设定区域大气污染治理任务清单、明确区域大气污染治理任务分工、加强监测和巡查等方面介入区域大气污染治理，从而起到降低交易成本和推动协作治理环境的效果。

攻坚行动计划是纵向行政嵌入式治理机制应用的典型案例。在攻坚行动中，形成了中央政府有关部门与地方政府各负其责、协同共治的良好格局，明确锁定污染来源，制定了任务清单并确定了任务分工，建设、完善了监测网络体系，形成了督查、交办、巡查、约谈、专项督察的"五步法"。这些措施有效地降低了协同治理的代理成本、协调成本、信息成本、谈判成本和监督成本，调动了各方面的积极性和主动性，使得京津冀及周边地区在产业结构、能源结构、运输结构等没有发生根本转变的情况下取得了区域大气污染治理的明显效果。

2. 进一步讨论

攻坚行动计划的效果能否持续还存在很多质疑。一是攻坚行动计划虽然采用了环保督查和中央专项督察强度较高的监督和问责手段，具有较强的威慑作用，但并未从根本上改变地方官员的目标函数。另外，由于监管体系不够完善，当中央环保部门追责力度加大时，地方官员有可能会选择突击关停污染企业等做法，带来不良的社会影响。二是虽然协作小组在攻坚行动计划中发挥了重要作用，但从协作小组的成员构成和运作机制看，它只能作为议事协调机构发挥作用，缺乏行政权威。三是区域大气污染联防联控仍面临许多制度性难题，需要长期不懈的努力，通过中央政府更加有效的纵向嵌入加以解决。

京津冀及周边地区大气污染治理是一项长期工作，不可能一蹴而就。未来需要继续优化治理机制，做好以下工作：

一是推动将攻坚行动中形成的好的做法和经验上升为制度和法律，通过制度化和法治化来规范相关工作，为京津冀及周边地区大气污染治理提供稳定的制度和法律保障。治理大气污染不仅需要短期性的攻坚行动，更需要长期性的持续努力。只有通过制度和法律的保障才能让治理行动产生持续效果。

二是优化完善京津冀及周边地区大气污染治理管理机构。管理机构要有正式的组织机构和明确的职责分工，并且要具有规划、环评、监测和执法等权力，既要体现中央权威，又要体现多元协同，充分发挥中央政府和地方政府的积极性和主动性。只有这样才能有效推进跨地区大气污染联防联控工作，实现统一规划、统一标准、统一环评、统一监测、统一执法的目标。

三是真正发挥地方政府第一责任人的角色，将中央政府加强区域环境污染治理的要求切实转化为地方政府的内生行动。中央政府要解决好地方政府在合作中面临的现实难题，提高地方政府参与区域环境治理的积极性和主动性。只有发挥好中央政府和地方政府两个方面的积极性，才能取得京津冀及周边地区大气污染治理的长期成效。

四是着力解决京津冀及周边地区在产业结构、能源结构和交通运输结构等方面的深层次结构性问题，深入推进供给侧结构性改革，建立高质量现代化经济体系，从根本上寻求京津冀及周边地区大气污染的破解之道。

有人认为，京津冀及周边地区大气污染治理是传统科层制主导型治理，难以取得持续效果。例如"APEC蓝"只有短期效应却并没有长期可持续性，这就是政府行政力量强力介入的结果①。本书认为，与过去科层制主导型治理明显不同，京津冀及周边地区大气污染治理主要体现为纵向干预机制与横向协作机制的有机配合。中央政府介入的目的主要是降低地方政府横向协同治理的交易成本，所采用的方式具有一定的制度化和法律化特征，有助于推动形成包括中央政府和地方政府在内的多元主体协同共治的格局。如果未来能够在攻坚行动的基础上建立稳定的制度和法律，将会进一步优化京津冀及周边地区大气污染治理机制的制度环境。京津冀及周边地区大气污染治理既不同

---

① 赵新峰，袁宗威．京津冀区域政府间大气污染治理政策协调问题研究［J］．中国行政管理，2014（11）：18-23.

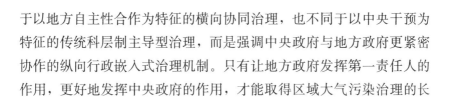

于以地方自主性合作为特征的横向协同治理，也不同于以中央干预为特征的传统科层制主导型治理，而是强调中央政府与地方政府更紧密协作的纵向行政嵌入式治理机制。只有让地方政府发挥第一责任人的作用，更好地发挥中央政府的作用，才能取得区域大气污染治理的长期效果。

索　引

后　记

　　本书从酝酿到成稿十有余年。研究中深感中国情境下公共管理理论创新之不易。理论从实践中来，必须要在实践中检验和发展。中国的公共管理实践为跨域合作治理研究提供了丰富的土壤，须吸收一切优秀成果之精华，以中国之治和中国智慧浇灌，方能绽放理论之花。跨域合作深受国际公共管理学术研究关注，但不能采取拿来主义，须到实践中去淬炼，才能提出中国方案。本书聚焦地方政府跨域合作，提出纵向嵌入式治理机制概念，致力于建立在实践上的理论创新，希望在我国区域协调发展实践中探索公共管理新视角。新时代的公共管理者需要跨域合作思维。跨域合作治理超越了政府边界，对传统政府层级管理构成挑战。面对日益增多的跨域公共事务，公共管理者需要在层级管理体系的基础上发展出新的治理工具。本书是协作性治理研究的成果。未来公共管理者不仅需要在政府之间，而且需要在政府与社会组织之间、政府与公众之间开展广泛的协作性治理，我们将持续扎根实践继续探索。本书成稿之时，恰逢中共二十大胜利召开，大会提出，高质量发展是全面建设社会主义现代化国家的首要任务。区域协调发展是高质量发展的应有之义，须久久为功，笃行不怠。是以为记。

壬寅金秋十月于北京